Gut gelaunt zum Wohlstand

So leben Sie finanziell frei

Augustus Quandt

Entdecken Sie die Geheimnisse wohlhabender und erfolgreicher Menschen. Leben Sie ein erfülltes Leben mit Familie, Freunden und Dingen, die Sie lieben.

Ihr heutiger Job kostet Sie viel Zeit und Sie verdienen nicht besonders gut? Gleichzeitig wird alles teurer, egal ob Essen gehen, Miete oder Urlaube. Dieses Buch zeigt Ihnen den Schlüssel zur finanziellen Freiheit.

- Wie erreichen Sie persönlichen Wohlstand mit genug Geld auf der hohen Kante?

- Welches sind die besten Hebel, um Ihr Einkommen deutlich zu steigern?

- Wie legen Sie Ihr Geld in Zeiten von niedrigen Zinsen sicher an und vermehren es?

Augustus Quandt hilft seit drei Jahrzehnten Menschen erfolgreich beim Aufbau von Wohlstand. Der Finanzexperte verfeinerte seine Strategien im Laufe der Jahre immer weiter. Erstmals verrät Quandt seine besten Erfolgsrezepte und Tipps. Dabei legt er Wert auf verständliche Strategien und konkret umsetzbare Ideen.

Aufgrund der großen Nachfrage erscheint dieses Buch in der zweiten und aktualisierten Auflage.

Gut gelaunt zum Wohlstand

So leben Sie finanziell frei

Augustus Quandt

Bibliografische Information der Deutschen Nationalbibliothek: Die Deutsche Nationalbibliothek verzeichnet diese Publikation in der Deutschen Nationalbibliografie; detaillierte bibliografische Daten sind im Internet über http://dnb.dnb.de abrufbar. Herstellung und Verlag: BoD – Books on Demand, Norderstedt ISBN: 978-3-7568-3984-1

Inhalt

INTRO: LEBEN IM WOHL-STAND

Das Radio spielt Sabines Lieblingslied. Sie kuschelt sich an ihren Mann Thomas. Die Sonne scheint durch die großzügigen bodentiefen Fenster. Sabine öffnet die Vorhänge und genießt den atemberaubenden Blick über die Weinberge. Vor drei Jahren bauten sie ihr luxuriöses Traumhaus auf einem riesigen Grundstück. Thomas und Sabine bezahlten ihr Haus ohne einen Cent Kredit von der Bank.

Nach dem Frühstück fährt Thomas in seine eigene Firma. Er hat sein Hobby zum Beruf gemacht und programmiert Online-Shops für mittelgroße Unternehmen. Zwei Tage die Woche fährt er ins Büro, zwei Tage arbeitet er zu Hause. Einen Tag die Woche hat er frei, um genug Zeit für Familie, Freunde und sein Hobby Fußball zu haben. Sabine bringt die Kinder zur Schule. Anschließend radelt Sie zu ihrem Projekt für behinderte Jugendliche. Sie liebt ihren sozialen Beruf, den Sie an vier halben Tagen in der Woche ausübt.

Sabine und Thomas unternehmen regelmäßig längere Reisen. Sie freuen sich, dass es nach der langen Corona-Zeit wieder möglich ist, normal zu verreisen. Beim Abendessen denken sie über ihre nächsten Reise-Ziele nach. „Wie wärs mit Thailand?", fragt Sabine, „dort gibt es kilometerlange Strände mit feinem Sand". Ihre Tochter würde lieber in eine abgelegene Berghütte mit viel Schnee fahren. Die Familie bespricht die möglichen Ziele für den nächsten Urlaub. Was der Urlaub kostet, spielt für die Familie keine Rolle.

Sabine ist glücklich, dass sie vor acht Jahren begonnen hat, ihre finanzielle Unabhängigkeit selbst in die Hand zu nehmen. Ohne Anlageberater, die auf hohe Provisionen aus sind. Ohne obskure Ratgeber, die in kurzer Zeit viel Geld versprechen, die allerdings mit enormen Risiken verbunden sind. Stattdessen baute Sabine ihren Wohlstand selbst und mit Spaß auf.

Manchmal denkt Sabine an ihr vorheriges Leben zurück. Oft lag Sie nachts wach. Thomas und sie hatten hohe Kredite für eine Eigentumswohnung aufgenommen. Die Finanzierung war eng genäht. Sie mussten beide arbeiten, um die Raten zu stemmen. Damals grübelte Sabine, was passieren würde, falls Thomas oder sie krank würden und nicht mehr arbeiten könnten. Thomas hatte zu dieser Zeit einen cholerischen Chef. Eigentlich wollte Thomas jeden Tag kündigen. Das war jedoch aufgrund der hohen Kredite nicht möglich. Sabine und Thomas hätten ihre Wohnung verkaufen müssen. Und demnächst müssten sie auch noch ein Pflegeheim für Sabines Mutter finanzieren. Sie wussten nicht wie.

Sabine ist sehr froh, dass Sie heute glücklich ist und genug Geld hat. Sie verbringt viel Zeit mit ihren Kindern, kann ihre Hobbys pflegen oder einfach nur faulenzen. Sabine und Thomas lieben ihre Jobs. Sie könnten jeden Tag damit aufhören, wenn sie wollten. Denn sie haben ein dickes Plus auf ihren Konten. Zwar macht viel Geld nicht automatisch glücklich. Gleichwohl ermöglicht genug Geld ein erfülltes und schönes Leben. Hört sich prima an, oder?

Zu schön um wahr zu sein? Keinesfalls. Mit der richtigen Strategie gelingt es Ihnen, ein Leben wie Sabine und ihre Familie zu führen. Oder ein anderes Leben, von dem Sie träumen. Wünschen Sie sich ein einsames Haus am Strand? Lieben Sie ausgedehnte Wanderungen in der Natur? Oder denken Sie an ein Leben in einer pulsierenden Metropole wie Singapur oder Boston? Vielleicht möchten Sie auch viel Zeit darauf verwenden, anderen Menschen zu helfen? Es gibt viele Möglichkeiten, wie Sie Ihr Leben gestalten können. Sobald Sie finanziell unabhängig sind.

Viele Menschen glauben nicht daran, dass auch sie wohlhabend und reich werden können. Sie haben Vorbehalte und festgelegte Meinungen zu Menschen, die im Wohlstand leben. Schauen wir uns einige dieser Vorurteile an:

Reich wird man nur mit sehr viel Glück

Reiche Menschen erben große Vermögen. Sie erfinden ein geniales Produkt, zum Beispiel das iPhone oder den Impfstoff gegen Corona. Menschen mit viel Geld kaufen zum richtigen Zeitpunkt die richtige Aktie. Sie gewinnen im Lotto - so oder ähnlich stellen sich viele Menschen den Weg zum Reichtum vor. Als einmaliges Ereignis, das alles verändert und Geld und Wohlstand bringt. Nur mit sehr viel Glück tritt so ein Ereignis überhaupt ein. Folglich glauben viele Menschen, dass es sehr unwahrscheinlich ist, reich zu werden.

Diese Vorstellung ist nicht richtig. In den meisten Fällen bauen Menschen ihren Reichtum über einen längeren Zeitraum auf. Es ist ein Prozess, kein einmaliges Ereignis. Stück für Stück vergrößern Menschen ihren Wohlstand. Mit der richtigen Einstellung und der richtigen Strategie. Reichtum entsteht meist im Laufe der Zeit. Dieser neue Zeitabschnitt in Ihrem Leben startet heute für Sie.

Sich mit Geld zu beschäftigen macht keinen Spaß

Zugegeben, ganz ohne Einsatz schafft es kaum jemand, wohlhabend zu werden. Doch noch nie war es einfacher als heute. Vor vierzig Jahren besorgten Sie sich Informationen in Papierform. Sie füllten Formulare aus, steckten sie in die Post und warteten tagelang auf Antwort.

Heute erledigen Sie die meisten Dinge an Ihrem Notebook oder Handy mit wenigen Klicks. Wann und wo bleibt Ihnen überlassen. Das ist ein riesiger Vorteil. Denn heute gestalten Sie sich Ihre Zeit, in der Sie sich mit Geld beschäftigen genauso, wie

Sie es möchten. Je mehr Sie sich damit befassen, umso faszinierender erscheint Ihnen die Welt des Wohlstands und des Geldes. In diesem Buch erfahren Sie, worauf es dabei ankommt. Und so erreichen Sie Ihren Wohlstand mit guter Laune.

Reich wird man nur, wenn man sich richtig reinhängt

Viele Menschen glauben, dass Reichwerden mit sehr viel Arbeit verbunden ist. Eine Gründerin arbeitet Tag und Nacht für ihre Firma, um erfolgreich zu sein. Ein Finanzexperte analysiert stundenlang trockene Bilanzen und Kennzahlen. Immobilienunternehmer diskutieren monatelang mit Behörden, bevor sie anfangen, ein Haus zu bauen. Das alles klingt nicht besonders verlockend. Es gibt viele andere schöne Dinge im Leben. Daher schreiben viele Menschen das Projekt „Reichtum" für sich persönlich ab. So verzichten sie darauf, ihre Konten zu füllen und ihr Vermögen zu vergrößern.

Auch diese Vorbehalte sind nicht richtig. In Wahrheit gilt es, die richtigen Hebel in Bewegung zu setzen und Reichtum mit wenig Arbeit zu erreichen. Die Arbeit, die notwendig ist, soll möglichst viel Spaß machen. Dafür gibt es viele Wege, die wir uns in den folgenden Abschnitten gemeinsam anschauen.

Menschen mit Geld haben keinen guten Charakter

Über reiche Menschen existieren jede Menge Vorurteile. Menschen mit viel Geld seien eingebildet, arrogant und materialistisch. Sie denken nur an sich selbst. Sie verdienen ihren Reichtum zu Lasten anderer Menschen. Jeder von uns kennt den bösen Unternehmer aus Filmen oder Büchern. Er beutet seine Angestellten aus und verschmutzt die schönen Flüsse mit seinem Abwasser aus der Fabrik.

Selbstverständlich gibt es Menschen, die so sind. Doch die Mehrheit der wohlhabenden Bürger ist völlig normal. Wie jeder von uns. Viele reiche Menschen helfen mit ihrem Geld anderen und tun Gutes. Der Softwareunternehmer Bill Gates stiftet jedes Jahr Milliarden, um schwere Krankheiten zu heilen. Die Tennisspielerin Steffi Graf hilft Kindern aus Kriegsgebieten. Schauspieler Leonard Di Caprio engagiert sich für die Umwelt.

Umweltschutz und ein sozialer Umgang mit Mitarbeitern gewinnen bei Unternehmen immer mehr an Bedeutung. Um das Thema Kinderarbeit bei Kleidungsstücken hat sich vor vierzig Jahren kaum ein Käufer Gedanken gemacht. Heute achten alle großen Textilfirmen sehr darauf, keine Fabriken in denen Kinder arbeiten zu beauftragen. Von daher verbessern sich in Unternehmen und in der Gesellschaft viele Dinge immer weiter. Auch wenn die Fortschritte vielleicht schon weiter sein könnten, als wir es uns manchmal vorstellen.

Und unabhängig davon verhalten sich auch Menschen mit wenig Geld oft alles andere als sozial. Das Bankkonto sagt nun mal meistens nichts über den Charakter eines Menschen aus.

An der Börse verliert man schnell sein ganzes Geld

Viele Menschen glauben, dass man an der Börse sehr viel Geld verliert. Manchmal haben sie selbst Geld verloren, beispielsweise mit Aktien von Telekom oder Wirecard. Oder sie lesen im Internet immer wieder über große Kursabstürze. Es ist verständlich, dass sie ihr hart erarbeitetes Geld behalten möchten und keine unkalkulierbaren Risiken eingehen wollen.

Und ja, man kann an der Börse Geld verlieren, wenn man nicht richtig vorgeht. Egal ob bei Aktien, Anleihen, Fonds oder anderen Produkten. Genauso bieten Anlagen an der Börse auch Chancen auf Gewinne, die die Voraussetzung sind, um Ihr Vermögen zu vergrößern. In den meisten Fällen geschieht dies über einen längeren Zeitraum. Entscheidend ist die richtige Strategie, mit der Sie Gewinnchancen steuern und eventuelle Verluste begrenzen. Dabei entscheiden Sie selbst, welche Risiken Sie bereit sind einzugehen. So können Sie reich werden, ohne dass Sie große Teile Ihres Vermögens an der Börse riskieren. Wie das am besten funktioniert, erfahren Sie in diesem Buch.

Nur Experten wissen, wie man Geld vermehrt

Die Welt der Finanzen empfinden viele Menschen als kompliziert. Bilanzen, Geschäftsberichte, Allgemeine Geschäftsbedingungen und Fachbegriffe erscheinen oft nur für Eingeweihte verständlich. Wer möchte sich damit schon beschäftigen? Stattdessen wählen viele Menschen Sparbücher für ihre Geldanlage, weil diese einfach zu verstehen sind. Sie wählen zudem Finanzprodukte hauptsächlich danach aus, ob sie die Beraterin oder den Berater sympathisch finden.

Viele Menschen machen lieber mehr oder weniger gar nichts, aus Angst etwas falsch zu machen. Genauso ging es mir in jungen Jahren auch. Ein Freund von mir machte seine Ausbildung bei einer Bank und erzählte mir immer wieder von seinen Abenteuern an der Börse. Irgendwann wollte ich es auch versuchen und fragte ihn, was ich dafür lernen muss. „Wieso lernen?", fragte er erstaunt, „Eröffne ein Depot und los geht's!". Und genauso machte ich es, einfach loslegen und ausprobieren. Schnell lernte ich, wie Ankäufe und Verkäufe funktionieren. Und dann begann ich im Laufe der Jahre eine Strategie zu entwickeln und umzusetzen, zunächst mit kleinen Beträgen. Bis heute bin ich meinem Freund dankbar, dass er mich dazu brachte, einfach anzufangen. Auch wenn ich schnell merkte, dass es wichtig ist, eine Strategie zu haben. Diese erarbeitete ich dann im Laufe der Jahre.

Ähnlich wie mir damals fehlt Privatanlegern meistens eine klare Strategie zur Geldvermehrung. Sie eröffnen ein Depot und kaufen hier und da mal einen zufällig ausgewählten Fonds oder eine Aktie über die sie etwas gelesen haben. Menschen schauen nur gelegentlich auf ihr Konto. Ist es im Plus, ist alles gut. Ist das

Konto im Minus, versuchen sie irgendwie gegenzusteuern. Mit so einer Strategie wird man kaum wohlhabend.

Sie brauchen nicht viel Wissen. Die meisten Experten kochen auch nur mit Wasser. Wichtig ist es, ein paar wesentliche Grundlagen und Vorgehensweisen zu kennen und diese dann konsequent umzusetzen. Wie genau, erläutern wir in den folgenden Kapiteln.

Sie wünschen sich ein wohlhabendes Leben? So wie Sie es sich vorstellen? Dieses Ziel verfolgen viele Menschen. Die Realität im Leben vieler sieht jedoch oft ganz anders aus. Menschen stecken sehr viel Zeit in einen Job, bei dem sie nicht besonders gut verdienen. Früher ging es der Firma oder der Organisation besser. Heute sparen die Chefs, wo sie nur können. Gleichzeitig steigen die Preise in nahezu allen Bereichen, egal ob für Brot, Butter oder für ganz normales Sonnenblumenöl. Bei der Einführung des Euro rechneten viele Restaurants ihre Preise einfach eins zu eins von D-Mark in Euro um. Kostete die Pizza vorher neun Mark, so betrug der Preis nach der Umstellung der Währung neun Euro. Spätestens seit dem Ende der Corona-Zeit erhöhten Gastronomen die Preise nochmal massiv. Oft überklebten sie einfach die alten Preise auf ihren Speisekarten mit Aufklebern. Eine schöne Wohnung können sich Bürgerinnen und Bürger kaum noch leisten. Zuletzt stiegen die Gas- und Strompreise in abartige Höhen. Damit zahlen sie allein für Gas zusätzlich ein Mal im Jahr einen Betrag, der locker so hoch ist wie eine gesamte Monatsmiete. Zwei Fernreisen im Jahr an schöne Strände waren früher selbstverständlich. Heute verlangen Hotels, Airlines und Autovermieter deutlich höhere Preise als noch vor Corona. Die Kredite für das Auto oder die eigene Immobilie laufen trotzdem unverändert weiter. Zusätzlich möchten Sie Ihren Kindern ein Studium finanzieren, das auch eine Menge Geld verschlingt. Lassen Sie diese Situation hinter sich und starten Sie neu durch.

Viel schöner ist ein freies und unabhängiges Leben ohne sich groß Gedanken darüber zu machen, was Sie sich leisten können. Arbeiten um zu leben. Das ist das Motto für Ihr neues Leben. Vielleicht sind Ihnen schon Menschen begegnet, die ein wohlhabendes Leben leben mit genug Geld auf der hohen Kante. Vielleicht haben Sie sich gefragt, wie diese Personen ihren Wohlstand erreicht haben. Was haben diese Menschen anders gemacht als andere? Auf den ersten Blick erkennen Sie die wesentlichen Erfolgshebel zu einem wohlhabenden Leben nicht so leicht. Kaum jemand erzählt Ihnen die entscheidenden Themen, die es zu beachten gilt. Das erzählen Kundinnen und Kunden, die berate, regelmäßig.

Wir starten jetzt unsere Reise zum Wohlstand und Reichtum. Sie werden auf dem Weg sehr wahrscheinlich einige Ratschläge und Glaubenssätze von Eltern, Freunden und Bekannten über Bord werfen. Das ist gut so. Bilden Sie sich Ihre eigene Meinung.

In den letzten Jahrzehnten habe ich selbst unglaublich viele Fehler rund um das Thema Wohlstand und Geld gemacht, davon später mehr. Entscheidend ist, aus seinen Fehlern zu lernen. Sie bekommen in diesem Buch ausschließlich Ideen und Tipps, die einfach umzusetzen sind. Und die nachweislich in der Praxis funktionieren. Das alles ohne Lehrgeld zu zahlen. Denn das habe ich bereits für Sie im Laufe der Jahre bezahlt.

Mit nur wenig Einsatz und Zeit schaffen Sie sich Wohlstand. Schnallen Sie sich an, und nehmen Sie teil an unserer inspirierenden, spannenden und abwechslungsreichen Reise. Und das Wichtigste: Sie erschaffen Ihren Wohlstand gut gelaunt.

TEIL I: WOHLSTAND MIT SPASS ERREICHEN

Was ist eigentlich Wohlstand?

Im ersten Schritt schauen wir uns an, was Wohlstand konkret bedeutet. Was verstehen Sie unter Wohlstand? Kreuzen Sie in der folgenden Liste bis zu drei Antworten an, die aus Ihrer Sicht am besten zum Begriff Wohlstand passen.

o Ich kaufe mir was ich will

o Ich lebe in meiner Traumvilla

o Ich arbeite nur, wenn ich Lust dazu habe

o Ich lasse mir von niemandem etwas sagen

o Ich helfe anderen Menschen

o Ich verwirkliche mich selbst

o Ich reise alleine oder mit meiner Familie um die Welt

o Ich treibe Sport und lebe gesund

o Ich lese inspirierende Bücher

o Ich lebe ein spirituelles Leben

o _____
_____

Wohlstand stellen sich Menschen sehr unterschiedlich vor. Vielleicht denken Sie spontan an eine Familie, die in einer schicken Villa mit Blick über die Stadt wohnt und genug Geld für schöne Dinge hat. Oder an die Besitzerin einer weißen Jacht, die im Hafen von Saint-Tropez auf einer flauschigen Decke den Sonnenuntergang genießt. Vielleicht sehen Sie auch an einen Oldtimer-

Fan vor sich, der vormittags sein Garagentor öffnet, um zu überlegen, mit welchem seiner zehn wertvollen Autos er heute über die kurvige Landstraße durch das Herbstlaub düst.

Jeder von uns hat sein eigenes Bild von Wohlstand im Kopf. Oft stehen materielle Dinge wie Autos, Häuser oder teure Urlaube im Vordergrund. Mein Haus, mein Auto, mein Boot.

Wohlstand kann, darf und soll allerdings auch Erlebnisse und Lebensmodelle beinhalten, die wenig oder gar nichts mit Geld zu tun haben. Spazieren Sie durch den Herbstwald und lauschen Sie dem Rauschen der Blätter. Verbringen Sie einen lustigen Grillabend mit Ihren Freudinnen und Freunden bis tief in die Nacht. Freuen Sie sich über die Fortschritte eines siebenjährigen Flüchtlingsjungen, mit dem Sie zweimal in der Woche Deutsch üben. Genießen Sie schöne Gefühl, wenn Sie das erste Mal in Ihrer selbst gebauten Gartenhütte Kaffee trinken und dem Gesang der Vögel zuhören. All diese Momente tragen zu unserem Glück bei, auch wenn Sie nicht unbedingt viel Geld kosten. Und all diese Momente zeichnen ein schönes Leben aus.

In diesem Buch verstehen wir Wohlstand nicht nur als Geld und materiellen Besitz, sondern wir beziehen ihn auf unser gesamtes Leben. Einfach nur sehr viel Geld anzusammeln macht wenig Sinn. Entscheidend ist vielmehr, wofür wir unser Geld ausgeben. Geld ist Mittel zum Zweck, um unsere Wünsche zu erfüllen. Und die können sehr unterschiedlich aussehen.

Lebensmodell eins: Martin, der Kontaktmensch

Martin, 43, liebt es, mit anderen Menschen zusammen zu sein und sich mit ihnen auszutauschen. Er spielt seit über fünfzehn Jahren in einer Hobby-Fußball-Mannschaft. Jeden Donnerstag treffen sie sich nach dem Spiel in einem Restaurant und unterhalten sich beim Feierabend-Bier. Wann immer Martin Zeit hat, unternimmt er mit seiner Frau und seinen beiden Töchtern Ausflüge, gerne an den Strand. Einmal im Jahr fährt er mit

Freunden zum Skifahren in die Schweizer Berge.

Martin lebt in einem Einfamilienhaus am Ortsrand. Besonders stolz ist er auf seine große Terrasse, die genug Platz bietet für schöne Sommerfeste mit Freunden und Familie. Leider kann Martin diese nicht so oft nutzen, wie er möchte, da er beruflich oft auf Reisen unterwegs ist. Martin möchte sich seinen Wohlstand aufbauen, um noch mehr Zeit mit Freunden und Familie zu verbringen.

Lebensmodell zwei: Katrin, die Weltenbummlerin

Schon als Kind konnte Katrin, 44, es kaum erwarten, das nächste Mal mit ihren Eltern in den Urlaub zu fahren. Besonders spannend findet sie ferne Länder wie Indien, Costa Rica oder Malaysia. Katrin lernt wahnsinnig gerne andere Kulturen kennen, egal ob die Menschen, das exotisch duftende Essen oder beindruckende Tempel, Paläste und Kirchen in anderen Ländern.

Um möglichst oft reisen zu können, plant Katrin schon im Oktober für das nächste Jahr ihre Urlaube. Mit Brückentagen und unbezahltem Urlaub schafft sie mindestens drei ausgedehnte Fernreisen im Jahr. Auch wenn Katrin ihren Job gerne mag, ist sie noch lieber irgendwo weit weg. Katrin ist jetzt Mitte vierzig und möchte ihren Wohlstand aufbauen, um in den nächsten zehn Jahren auszuwandern und sich eine neue Existenz in Malaysia aufzubauen. Dort möchte sie eine Tauchschule eröffnen.

Lebensmodell drei: Tanja, die Helferin

Schon seit ein paar Jahren hat Tanja, 29, einen alten Bauernhof im Blick, der seit einiger Zeit leer steht. Sie möchte ihn kaufen, restaurieren und anschließend Tieren ein neues zu Hause geben. Tanja liebt besonders Pferde und Hunde.

Bereits als Schülerin half Tanja regelmäßig auf einem Reiterhof mit. Sie versorgte die Pferde und verbrachte viel Zeit mit ihnen. Besonders intensiv kümmerte sie sich um ältere Tiere, die keiner mehr haben wollte. Tanja spürte die Dankbarkeit der Tiere, dass sich doch noch jemand um sie kümmert.

Tanja ist außerdem ein großer Naturfan. Nachts beobachtet sie die funkelnden Sterne, möglichst weit weg von den großen Städten. Dazu lauscht Tanja gerne dem wunderschönen Gesang der Grillen.

Sie sehen, die Wunschbilder für ein wohlhabendes Leben fallen sehr unterschiedlich aus. Und das ist gut so. Wieviel Geld Sie benötigen, um wohlhabend zu sein, hängt ganz von Ihren Wünschen und Vorstellungen ab. In diesem Buch verwenden wir übrigens die Begriffe „wohlhabend" und „Wohlstand" synonym.

Der erste Schritt auf Ihrem Weg zum Wohlstand besteht darin, dass Sie sich darüber klar werden, was Sie persönlich erreichen möchten. Denn sonst häufen Sie nur eine Menge Geld an, ohne Ziel und Sinn. Sie haben noch keine feste Vorstellung von Ihrem Wohlstandsziel oder können noch nicht so weit in die Zukunft blicken? Keine Angst, Ihre Wohlstands-Vision können Sie im Laufe der Jahre immer wieder anpassen. Wie wir gleich sehen werden, bleibt Ihnen genug Zeit dafür. Überlegen Sie sich also im ersten Schritt, wie Sie sich Stand heute Ihren Wohlstand wünschen, ohne groß zu überlegen.

Als Hilfestellung ergänzen Sie einfach Ihre Gedanken zu den folgenden Aussagen. Die besten Antworten erhalten Sie, wenn Sie einfach drauf los schreiben, was Ihnen gerade in den Sinn kommt. Dann legen Sie Ihre Antworten beiseite. In ein paar Tagen schauen Sie wieder darauf und prüfen, ob Sie Ihre Formulierungen anpassen oder neue Aspekte hinzufügen möchten. Überlegen Sie sich bei Ihren Visionen auch ungefähr, zu welchem Zeitpunkt Sie ein Ziel erreichen möchten. Denn wenn Sie später Ihre Vision konkret umsetzen, macht es einen großen

Unterschied, ob Sie Ihr Ziel in fünf, in zehn oder in dreißig Jahren erreichen.

Vision für meinen persönlichen Wohlstand

In fünf Jahren möchte ich gerne …

_____

_____

_____

In zehn Jahren möchte ich folgendes erreicht haben:

_____

_____

_____

Wenn ich im Alter auf mein Leben zurückblicke, möchte ich folgende Dinge erlebt haben:

_____

_____

_____

Wenn mein bester Freund/ meine beste Freundin aus seiner/ ihrer Sicht mein Leben beschreibt, wünsche ich mir folgende Aussagen:

_____

_____

_____

Stück für Stück zum Wohlstand

Was ist das große Geheimnis, um wohlhabend zu werden? Das fragen sich viele Menschen. Die Wahrheit ist: Es gibt kein großes Geheimnis. Es kommt darauf an, die richtigen Dinge zu tun und sie konsequent zu erledigen. Außerdem gibt es Dinge, die wir besser unterlassen, weil sie uns nicht zum Wohlstand führen. Von daher beschäftigen wir uns im Folgenden einerseits mit der Frage, welche Dinge uns helfen, wohlhabend zu werden und welche nicht. Außerdem schauen wir uns an, wie wir diese Themen Schritt für Schritt konkret umsetzen. Es ist schön, zu wissen, was zu tun ist. Wahrscheinlich haben viele Menschen auch heute schon eine ungefähre Vorstellung, wie sie zu Wohlstand gelangen. Die Dinge konkret zu erledigen steht dann allerdings nochmal auf einem ganz anderen Blatt.

Es gibt nicht den einen Weg zum Wohlstand, sondern mehrere. Stattdessen gibt es wichtige Grundsätze und Regeln, die zu beachten sind. Und einige Dinge sind schlicht und einfach zu erledigen. Hört sich einfach an, ist es oft aber nicht. Wie häufig erzählen uns Freude, dass sie sich längst um dies oder das kümmern wollten. Egal, ob die Steuererklärung erstellen, den Stromanbieter wechseln oder nicht genutzte Abos abbestellen. Nur sind sie leider immer noch nicht dazu gekommen. Und uns selbst geht es oft genauso.

Wohlstand erreichen Sie nicht durch eine einmalige Aktion. Sehr viele Ratgeber behaupten, sie hätten das exklusive Geheimnis zum Wohlstand gefunden. Geld anlegen in obskure Kryptowährungen, Immobilien günstig kaufen und mit Gewinn veräußern, sich selbstständig machen mit einem Online-Shop oder auf Aktien-Geheimtipps setzen oder ähnliches.

Das klingt natürlich verlockend. Wie schön wäre es, wenn man einfach den richtigen Zauberschlüssel ins Schloss steckt und automatisch wohlhabend wird? Aus diesem Grund lesen viele Menschen entsprechende Ratgeber. Meistens sind sie von Autoren geschrieben, die sich wie die Gurus einer Sekte benehmen. Nur sie kennen die Wahrheit. Nur ihnen darf man vertrauen. Alle anderen haben keine Ahnung. Sobald Ihnen solche

Gurus begegnen, machen Sie am besten einen weiten Bogen um sie.

Wir bewundern Menschen, die über Nacht reich wurden, beispielsweise die Chefs von Biontech, die eine Impfung gegen Corona erfanden. Oder die Startup-Gründer, deren Firma von Microsoft für viele Millionen Dollar gekauft wurde. Diese Geschichten begeistern uns. Egal, ob im Internet, in Filmen oder in Büchern. Natürlich gibt es Fälle, in denen Menschen in kurzer Zeit sehr viel Geld verdient haben. Doch die Wahrscheinlichkeit dafür ist gering. Die Chance, genau die passende Geschäftsidee oder die perfekte Geldanlage zu finden, ist nun mal recht klein. Ähnlich gering wie die Wahrscheinlichkeit, im Lotto zu gewinnen.

Meist überschätzen wir die Wahrscheinlichkeit für einen plötzlichen Erfolg stark. Der Grund dafür ist recht einfach. Auf Instagram, Facebook, im Fernsehen und im Internet begegnen uns viele Menschen, die es geschafft haben, schnell reich zu werden. Daher glauben wir, es sei einfach und viele würden es schaffen. Was wir nicht sehen, sind die vielen Menschen, die ihr Geld verlieren. Weil sich ihr Ferienhaus in Portugal als Bauruine herausstellt, weil die ultimative Aktie des Unternehmens mit dem angeblich einzigartigen Geschäftsmodell um neunzig Prozent gefallen ist, weil das Bistro in der Seitenstraße zwar schick eingerichtet ist, aber nicht genug Kunden anlockt. Wir sehen auch nicht die Menschen, die viele Jahre hart arbeiten, um irgendwann festzustellen, dass ihre Geschäftsidee doch nicht funktioniert.

Sollten Sie darauf spekulieren, schnell reich zu werden, brauchen Sie sehr viel Glück. Daher ist der bessere Weg zum Wohlstand, diesen Stück für Stück über die Jahre aufzubauen. Sie steigern Ihr Vermögen in kleineren Schritten immer weiter und weiter. Die Wahrscheinlichkeit, über diesen Weg reich zu werden, ist deutlich größer. Gleichzeitig ist Ihr Risiko, größere

Summen zu verlieren, deutlich geringer. Wenn Sie alles auf eine Karte setzen, um schnell reich zu werden, können Sie schnell sehr viel Geld vernichten.

Nehmen Sie als Beispiel den Fall von Wirecard. Jahrelang steigerte die Firma aus dem Süden Deutschlands ihre Umsätze und Gewinne in schwindelerregende Höhen. Anleger auf der ganzen Welt kauften begeistert die Aktien von Wirecard. Einige investierten ihre komplette Altersvorsorge in den Zahlungsdienstleister. Kritiker von Wirecard stempelten sie als Scharlatane ab. Die Aktie stieg und stieg in rasantem Tempo, spätestens seit die Wirecard-Aktie in den renommierten Aktienindex DAX aufgenommen wurde. Doch irgendwann brach das Kartenhaus zusammen. Große Teile der Umsätze von Wirecard gab es nur auf dem Papier. Gerichte arbeiteten in der Folge jahrelang einen der größten Betrugsfälle der deutschen Wirtschaftsgeschichte auf. Wollen Sie als Anleger all Ihr Vermögen in ein einzelnes Geschäft stecken, das sich dann als Betrug entpuppt?

Wohlstand bauen Sie am besten Stück für Stück und mit überschaubaren Risiken über einen längeren Zeitraum auf, meistens über Jahre oder sogar Jahrzehnte. Ähnlich wie ein Sportler, der eine Medaille bei einem Wettbewerb gewinnen möchte. Dafür ist jahreslanges Training erforderlich. Und irgendwann klappt es dann auch mit der Gold-Medaille.

Wohlhabend zu werden ist vergleichbar mit einem Handwerk. Stellen Sie sich vor, Sie möchten als Schreiner beziehungsweise Tischler ein schönes Sideboard aus Massivholz für Ihr Wohnzimmer bauen. Zunächst benötigen Sie das erforderliche Wissen, also die Theorie. Welche Holzarten eignen sich für Ihr Sideboard? Wie konstruieren Sie Ihr Möbelstück so, dass es stabil steht und viele Jahre hält? Diese Themen können Sie aus Büchern, aus dem Internet oder von anderen Handwerkern lernen. Im ersten Schritt zeichnen Sie dann einen Plan für Ihr Sideboard und kaufen Material ein.

Im zweiten Schritt bauen Sie Ihr Sideboard. Dafür benötigen Sie praktische Erfahrung. Wie säge ich die Bretter richtig zu? Wie versenke ich die Schrauben so, dass sie später nicht mehr zu sehen sind? In welcher Reihenfolge baue ich die einzelnen Teile zusammen? Die Praxiserfahrung für ein Sideboard sammeln Sie am besten, wenn Sie einfach anfangen und zu Beginn kleinere Möbelstücke selbst bauen. Erst einfache Projekte, die dann immer anspruchsvoller werden. Am besten bauen Sie Ihre Möbelstücke zusammen mit einem erfahrenden Profi, der Ihnen wertvolle Tipps gibt. Vielleicht klappen Ihre ersten Versuche noch nicht perfekt. Doch von Projekt zu Projekt verbessern Sie Ihre praktischen Fähigkeiten.

Wenn Sie erfolgreich Ihren persönlichen Wohlstand erreichen möchten, benötigen Sie ebenso wie beim Sideboard Wissen und Erfahrung in beiden Bereichen, also sowohl in der Theorie als auch in der Praxis. Theorie ohne Praxis genügt nicht. Gleichwohl gibt es immer wieder Menschen, die glauben, nur mit der passenden Theorie zum Wohlstand zu gelangen. Diese Menschen lesen ein Buch nach dem anderen zum Thema Vermögensaufbau. Sie folgen auf Facebook oder Instagram anderen Experten, die es angeblich zu Wohlstand gebracht haben. Sie besuchen Seminare und Schulungen zur richtigen Geldanlage. Und das war's dann meist auch. Diese Menschen schaffen nicht den Schritt von der Theorie zur Praxis. Sie setzen das gelernte Wissen nicht oder nur teilweise in die Realität um. Sie eröffnen vielleicht noch ein Depot bei einer Direktbank, kaufen ein paar Aktien und verlieren dann die Lust am Thema Geldanlage.

Auch Praxis ohne Theorie funktioniert in der Regel nicht. Natürlich können Sie einfach loslegen und machen, wenn Sie Ihr Sideboard bauen. Vermutlich entsteht sogar auf den ersten Blick so etwas wie ein Möbelstück. Die Probleme zeigen sich dann meist später. Beispielsweise weil das Holz, das Sie benutzt haben, nicht richtig gelagert und getrocknet war. Nach einem

Jahr verzieht sich Ihr Sideboard und steht nicht mehr gerade. Oder weil die Scharniere für das Gewicht der Türen doch nicht ausreichten. Irgendwann brechen die Scharniere ab und die Türe funktioniert nicht mehr.

Ebenso verhält es sich beim Aufbau von Wohlstand. Wenn Sie einfach irgendwelche Sachen machen ohne zu verstehen, was Sie tun, können solche Aktionen später viel Geld kosten. Wenn Sie nicht in die richtigen Anlageprodukte investieren, erzielen Sie einige Jahre später nicht die gewünschte Rendite. Oder Sie verlieren sogar Geld und Ihr Wohlstand reicht nicht mehr für ein schönes Leben.

In diesem Buch betrachten wir daher beide Elemente, die wichtig sind für Wohlstand. Sowohl das erforderliche theoretische Wissen als auch die praktische Umsetzung. An vielen Stellen finden Sie praktische Aufgaben und Übungen. Diese helfen Ihnen dabei, die ersten Schritte in der Praxis zu gehen und Ihr Wohlstandswissen anzuwenden. Dies genügt jedoch nicht. Nur wenn Sie das Wissen aus diesem Buch in Ihren Alltag integrieren, regelmäßig anwenden und immer weiter dazu lernen, werden Sie erfolgreich sein.

Einen ersten wichtigen Schritt haben Sie bereits getan. Sie haben sich für dieses Buch entschieden. Denn hier erfahren Sie genau, wie Ihr Weg zum Wohlstand aussieht. Ähnlich wie ein Navigationssystem im Auto leiten Sie die einzelnen Kapitel immer auf dem richtigen Weg. Sie sparen sich Umwege und landen nicht in einer Sackgasse.

Üben und Machen ist der Schlüssel zum Erfolg

Manche Menschen lieben es, sich zu informieren. Sie lesen Bücher, recherchieren im Internet, hören Podcasts und diskutieren mit Freunden und Bekannten. Sie verbringen Stunden damit, die perfekte Strategie zu finden, wie sie ihren Wohlstand aufbauen und erhalten. Zu allem haben sie eine Meinung. Steigt oder fällt die Börse? Was passiert, wenn die Inflation weiter hoch bleibt? Welche Kryptowährungen sind gerade angesagt? Zu sämtlichen Themen rund ums Geld finden Sie tonnenweise Meinungen und Ratschläge.

Werde ich wohlhabend, wenn ich die meiste Zeit damit verbringe, mich zu informieren? Wohl eher nicht. Viel entscheidender ist es, dass Sie die Dinge selbst in die Hand nehmen und umsetzen. Sie können monatelang Strategien studieren, wann Sie eine Aktie kaufen und wann wieder verkaufen. Viel mehr lernen Sie jedoch, wenn Sie sich selbst eine bestimmte Vorgehensweise vornehmen und diese einfach ausprobieren und konkret umsetzen. Eröffnen Sie ein Konto bei einer Online-Bank, die günstige Gebühren bietet. Legen Sie sich im ersten Schritt ein Musterdepot an. Darin können Sie Aktien handeln, ohne echtes Geld in die Hand zu nehmen. Sobald Sie sich sicher fühlen, kaufen Sie eine Aktie mit realem Geld. Zuerst nur für einen überschaubaren Betrag. Nun lernen Sie, wie der Handel mit Aktien funktioniert, welche Rolle Gebühren und Steuern spielen und wie lange es dauert, bis die Bank Ihre Transaktionen abrechnet.

Stellen Sie sich vor, Sie möchten Skifahren lernen. Natürlich existieren jede Menge Videos im Internet über die perfekte Auswahl der Skier, die richtige Kurventechnik bis hin zum Tiefschneefahren mit Sprung aus dem Helikopter. Skifahren und andere Sportarten lernen Sie jedoch nicht im Internet, sondern nur durch Machen und Ausprobieren im realen Leben. Stellen Sie sich auf den Berg zusammen mit einem Skilehrer. Er erklärt Ihnen grob, wie es funktioniert. Dann fahren Sie die ersten Schwünge und erleben, wie gut es klappt. Der Skilehrer gibt Ihnen Tipps zur Verbesserung. Ab und zu fallen Sie hin, weil

Sie zu viel Gewicht auf den falschen Ski legen. Nach zwei Wochen sausen Sie schon recht flott die Piste für Anfänger runter. Jedes Mal, wenn Sie Skifahren, werden Sie besser. Genau so funktioniert es beim Wohlstand. Fangen Sie so schnell es geht an, konkrete Dinge umzusetzen und verbessern Sie sich immer weiter.

Viele reiche Menschen erreichten ihren Wohlstand durch praktisches Ausprobieren und Lernen. Die erste kleine Firma ging vielleicht noch pleite. Dann kauft der Unternehmer kleinere Häuser. Irgendwann baut er ein Hochhaus mit vierzig Stockwerken und vermietet es an große Firmen. Im Grunde ist Wohlstand ein Handwerk. Ein Handwerker lernt am meisten, wenn er sein Handwerk praktisch ausführt, also mauert, malert oder einen Sicherungskasten installiert.

Natürlich gibt es einige Prinzipien, die ein Handwerker beachtet. Genauso wie es Prinzipien gibt, wie Sie Ihren Wohlstand aufbauen und vermehren. Diese erfahren Sie hier in diesem Buch. Die meisten Prinzipien für Ihren Wohlstand sind relativ einfach zu verstehen. Entscheidend ist nachher die Umsetzung. Beginnen Sie klein und mit wenig Risiko. Lernen Sie aus Fehlern. Und vergrößern Sie Ihre Projekte und Aktivitäten immer weiter.

Trauen Sie sich

Viele Menschen schrecken vor dem Thema Geld generell zurück. Sie befürchten, teure Fehler zu machen. Sie möchten nicht zugeben, dass Sie etwas nicht verstehen. Also probieren Sie auch beim Thema Geld nichts aus. Sie denken, mit Geld können nur schick gekleidete Experten umgehen, die mit vielen Fremdwörtern um sich werfen. Dies ist jedoch nicht der Fall, wie Sie in den folgenden Kapiteln sehen werden.

Heute ist es sogar wesentlich einfacher als noch vor ein paar Jahrzehnten, alles rund um das Thema Geld zu lernen und auszuprobieren. Wenn Sie vor vierzig Jahren eine Aktie kaufen wollten, war das im Grunde nur über Ihre Hausbank möglich. Für jeden Kauf oder Verkauf mussten Sie mit Ihrem Bankberater sprechen, Formulare ausfüllen und per Post versenden. Den Stand Ihres Vermögens konnten Sie nur einsehen, wenn Sie Kurse in der Zeitung nachschlugen oder auf die neuesten Auszüge Ihrer Bank warteten. Heute eröffnen Sie in wenigen Minuten ein Depot, mit dem Sie Aktien und Finanzprodukte aus aller Welt per Klick handeln können. Sie sehen zu jeder Zeit, wo Sie stehen. Informationen erhalten Sie ganz einfach über Ihr Handy während Sie am Strand liegen.

Heute besteht die Herausforderung eher darin, seröse Informationsquellen zu finden, denen wir vertrauen können. Einer meiner besten Freunde war begeisterter Fan eines Börsenbriefs, der wöchentlich Geheimtipps zu Aktien kommunizierte. Einige dieser Aktien kaufte mein Freund und hielt ihnen auch noch die Treue, als sie mehr als siebzig Prozent verloren. Irgendwann stellt er fest, dass die Empfehlungen des Börsenbriefs auf unseriösen und recht wackeligen Analysen basierten.

Entscheidend für das „Üben und Machen" bei Geldthemen ist, dass Sie verlässliche und seriöse Informationen nutzen. Gerade im Internet finden Sie Finanztipps in Hülle und Fülle. Viele Informationen sind jedoch oberflächlich und nicht sauber recherchiert. Auch handelt es sich in Wahrheit oft um Werbung, mit der vermeintliche Finanzberater bestimmte Anlageprodukte verkaufen möchten, um selbst daran zu verdienen. Oft fehlt den Autoren der nötige Sachverstand. Informieren Sie sich daher immer über unterschiedliche Quellen zu Finanzthemen. Auch Bücher sind eine gute Informationsquelle, insbesondere von unabhängigen Organisationen wie den Verbraucherzentralen oder der Stiftung Warentest. Sich verlässlich zu informieren ist der erste wichtige Schritt.

Achten Sie vor allem darauf, alles was Sie tun, vorher zu verstehen. Fragen Sie, bis Sie etwas verstanden haben. Wenn Sie ausweichende Antworten erhalten oder ein Thema nicht verstehen, lassen Sie besser die Finger davon. In jedem Fall ist es wichtig, sich in neue Themen einzuarbeiten und diese zu lernen.

Freuen Sie sich über alle neuen Dinge, die Sie lernen

Erinnern Sie sich an Ihr letztes Klassentreffen? Wie war es, als Sie Ihre ehemaligen Mitschüler nach so vielen Jahren wieder gesehen haben?

Bei mir zeigt sich bei jedem Treffen ein interessantes Phänomen, egal ob nach fünf, nach zehn oder nach fünfzehn Jahren. Diejenigen Mitschüler, die schon in ihrer Schulzeit neugierig waren und laufend dazu lernten, entwickeln sich von Treffen zu Treffen immer weiter. Sie teilen spannende neue Einsichten, erzählen über interessante Jobs, führen ein erfüllendes Leben und blicken positiv in die Zukunft. Mit diesen Personen führe ich sehr unterhaltsame und lustige Gespräche. Sie inspirieren mich mit ihren Gedanken und den Hintergründen zu ihrem Lebensweg.

Auf der anderen Seite treffe ich bei jedem Klassentreffen ehemalige Mitschüler, die sich im Vergleich zum Treffen davor quasi überhaupt nicht weiterentwickelt haben. Sie hören immer noch die gleiche Musik aus den Neunzigern, sie erzählen immer noch über ihren Lieblingsverein von damals und blicken kaum in die Zukunft, sondern erzählten hauptsächlich Geschichten aus der Vergangenheit. Interessant: Schon in der Schulzeit lernten diese Mitschüler nicht wirklich gerne. Egal, ob zu Themen aus dem Unterricht oder zu anderen Themen außerhalb der Schule.

Lebenslanges Lernen führt dazu, dass Sie Ihre Persönlichkeit immer weiterentwickeln. Und nicht nur das. Wenn es um das Thema Finanzen und Geld geht, gibt es jedes Jahr neue Dinge zu lernen. Beispielsweise konnten sich viele Experten für viele Jahrzehnte nicht vorstellen, dass die Zentralbanken über mehrere Jahre negative Leitzinsen festlegen. Doch plötzlich stehen Sie als Anleger vor einer solchen Situation. Und sind jetzt gefordert zu lernen, wie Sie damit umgehen. Nur wenn Sie regelmäßig dranbleiben, neue Themen lernen und verstehen, werden Sie langfristig erfolgreich sein.

Lesen Sie Bücher, besuchen Sie Seminare und Fortbildungen, hören Sie interessante Podcasts oder belegen Sie Kurse an der Volkshochschule zu spannenden Themen. Es gibt viele Möglichkeiten, sich weiterzubilden.

Dabei ist es wichtig, dass Sie sich die neuen Inhalte nicht nur anhören, sondern sie auch verstehen und anwenden. Die meisten Menschen, die ein berufliches Seminar besuchen, lassen sich passiv von den Vorträgen berieseln und beteiligen sich mal mehr, mal weniger an der Diskussion. Anschließend nehmen sie die Unterlagen aus dem Seminar mit nach Hause, legen sie in den Schrank oder auf irgendeinen unsortierten Stapel und schauen nie wieder rein. Spätestens drei Monate nach dem Seminar wissen sie so gut wie nichts mehr von den Inhalten. Vielleicht erinnern sie sich gerade noch an die lustigen, knallroten Socken des Trainers.

Lernen Sie nachhaltig

Machen Sie es besser und lernen Sie nachhaltig. Schreiben Sie sich nach jedem Seminar die wichtigsten Punkte auf, die Sie persönlich gelernt haben. Drei bis fünf Themen genügen völlig. Häufig überfluten die Trainer Sie mit Ideen und Tipps. Beschränken Sie sich auf ein paar wesentliche Erkenntnisse, die Sie persönlich mitnehmen möchten. Mehr Punkte können Sie sich ohnehin nicht über längere Zeit merken. Dies ist vor allem wichtig, wenn Sie im Laufe der Jahre mehrere Seminare absolvieren und damit immer mehr und mehr Lernthemen ansammeln.

Die drei bis fünf wichtigsten Lerninhalte aus jedem Seminar schreiben Sie in ein Notizbuch. Oder Sie heften wichtige Unterlagen aus dem Seminar in einen Ordner ab. Dann legen Sie als erste Seite jeweils Ihre Zusammenfassung bei. Schauen Sie sich regelmäßig die wichtigsten Punkte durch. Ich selbst bin manchmal erstaunt, wenn ich meine Zusammenfassungen von Seminaren, die vor zehn Jahren stattgefunden haben, erneut durchlese. Immer wieder entdecke ich interessante Punkte, die mir weiterhelfen.

Wenden Sie außerdem neue Dinge, die Sie lernen, regelmäßig im echten Leben an. Probieren Sie aus, ob sie für Sie funktionieren. Ein Beispiel: Vor einigen Jahren absolvierte ich ein sehr hilfreiches Verhandlungsseminar. Einige der Strategien probierte ich direkt bei kleineren Geschäftspartnern aus. Manche davon funktionierten hervorragend. Ich nutze sie heute noch regelmäßig. Andere waren nicht so erfolgreich. Ab und an entdecke ich auch nach einigen Jahren noch mal einen anderen Dreh und plötzlich funktioniert die Strategie von damals.

Verfahren Sie ähnlich wie mit Seminaren auch mit Büchern, die Sie lesen. Vorzugsweise natürlich mit Sachbüchern. Aber auch aus fesselnden Romanen und inspirierenden Biografien können Sie einiges lernen. Notieren Sie sich auch hier Ihre wichtigsten Lernpunkte. Lesen Sie sich diese immer wieder regelmäßig durch.

Achten Sie darauf, bei Büchern oder Artikeln aus dem Internet immer auch zu notieren, um welches Buch oder um welchen Artikel es sich handelt und von welcher Seite Sie die Zitate notiert haben. So finden Sie später einfach die Quellen wieder, falls Sie diese noch einmal benötigen. Ich selbst erlernte diese

Vorgehensweise mit viel Aufwand, als ich versuchte, für einen Vortrag ein Buch zu finden, aus dem ich vor einigen Jahren mehrere Punkte notiert hatte. Ich verbrachte einige laue Sommerabende mit der Google Books Suche. Und an solchen Abenden sitzt man lieber mit einem guten Glas Wein auf der Terrasse.

Notieren Sie sich ebenso wichtige Erkenntnisse, die Sie bei Ihren Mitmenschen lernen. Die Kollegin, die es mit wenigen treffenden Worten schafft, ihr Team zu motivieren. Ein Redner, der ein anschauliches Bild in seinem Vortrag verwendet, um einen komplexen Sachverhalt zu erklären. Ihr Chef, der eine neue Strategie authentisch und glaubhaft verkauft. Immer wieder verwenden andere Menschen tolle Formulierungen und Strategien. Und auch von anderen Menschen in Ihrem persönlichen Umfeld lernen Sie hervorragend. Seien Sie immer offen für Meinungen, Ideen und Erfahrungen anderer. Diese können für Ihr eigenes Leben sehr nützlich sein, gerade auch wenn es rund um das Thema Geld geht.

Themen lösen, bevor Sie später viel Geld kosten

Thomas schreibt in drei Monaten sein Abitur in Geschichte. Schon die ganzen Jahre während seiner Schulzeit hatte er nie Lust, sich auf Prüfungen vorzubereiten. So schiebt er auch dieses Mal die Vorbereitungen immer weiter vor sich her. Eigentlich braucht er gute Noten, um einen Studienplatz in Medizin zu bekommen, den sich Thomas so sehr wünscht. Zwei Wochen vor seiner Prüfung startet er dann endlich durch. Er lernt Tag und Nacht und versucht, so viele Inhalte wie möglich in seinen Kopf zu bekommen. Ein paar Themen lernt er aus Zeitgründen nur sehr oberflächlich. Dummerweise kommt genau eines dieser Themen in der schriftlichen Prüfung dran. Thomas kommt ordentlich ins Schwitzen. Durch den Schlafmangel der letzten Wochen kann er sich nicht gut konzentrieren. Mit viel Glück schafft er in seiner Prüfung eine drei plus.

Auch Tanja hat noch drei Monate Zeit bis zu ihren Geschichtsprüfungen. Eigentlich hat sie lauter andere Dinge, die sie lieber machen würde, aber sie nimmt sich vor, jeden zweiten Tag mindestens zwei Stunden zu lernen. Als erstes arbeitet Tanja das Geschichtsbuch Stück für Stück durch. Sie möchte zumindest zu jeder Epoche ein paar grundlegende Fakten draufhaben. Vier Wochen vor der Prüfung beginnt Tanja, sich Abituraufgaben aus früheren Jahren anzuschauen. Die Fragen der letzten drei Jahre lässt sie dabei weg, da sie davon ausgeht, dass die Prüfer nicht kurz hintereinander die gleichen Aufgaben stellen werden. Tanja schreibt ihre Abiturprüfung ausgeruht und konzentriert. Sie freut sich, als sie ihre Klausur mit einer guten zwei bewertet zurückbekommt.

Wie diese Beispiele zeigen, zahlt sich gute Vorbereitung aus. Tanja und Thomas haben beide in etwa die gleiche Zeit mit Lernen verbracht. Thomas sehr intensiv am Ende. Tanja regelmäßig verteilt über die gesamten drei Monate. Thomas lernte einfach drauf los, Tanja verfolgte eine Strategie, die sich auszahlte. Das Ergebnis: Thomas benötigt aufgrund seiner Noten zusätzliche Wartesemester, bis er sein Studium beginnen kann. Tanja könnte sofort durchstarten.

Ähnlich wie bei den beiden Abiturienten funktioniert es beim Thema Geld und Wohlstand. Es lohnt sich, bestimmte Dinge frühzeitig und systematisch anzugehen, sowohl wenn Sie Geld ausgeben, als auch, wenn Sie Geld anlegen. Denn sonst zahlen Sie später manchmal doppelt und dreifach drauf.

Schauen wir uns ein paar Beispiele an. Ihr Geschirrspüler ist schon über zehn Jahre alt. Er rattert seit einem halben Jahre jedes Mal bedrohlich, wenn er läuft. Sie überlegen schon lange, ein neues Gerät zu kaufen, zumal Sie dann auch weniger Wasser und Strom verbrauchen würden. Eines Abends kommen Sie von der Arbeit nach Hause. Sie öffnen Ihre Wohnungstüre und stehen im Wasser, das etwa einen Zentimeter hoch in Ihrer Küche und in Ihrem Flur steht. Der Schaden kostet mehrere tausend Euro und Sie haben monatelang verschiedene Handwerker als Dauergäste in Ihrer Wohnung. Hätten Sie Ihren Geschirrspüler vorher getauscht, wäre das alles nicht passiert.

Ein noch größerer Schaden kann entstehen, wenn Sie sich nicht um wichtige Versicherungen kümmern. Die Berufsunfähigkeitsversicherung ist eine davon. Können Sie aus irgendeinem Grund nicht mehr arbeiten, zum Beispiel weil Ihr Rücken nicht mehr mitmacht, stehen Sie ohne eine solche Versicherung mit dem Rücken zur Wand. Die staatlichen Leistungen, die Sie im Falle einer Berufsunfähigkeit bekommen, sind so gering, dass Sie kaum damit auskommen.

Peer, ein Freund von mir, wechselte begeistert von der gesetzlichen in die private Krankenversicherung, als er seinen ersten Job nach dem Studium antrat. Die Beiträge seiner privaten Krankenversicherung waren deutlich günstiger als wenn er im gesetzlichen System geblieben wäre. Immer wieder versuchte Peer mich zu überzeugen, auch zu wechseln. Er zeigte mir seinen neuen schicken BMW und erzählte, dass er die Finanzierung locker mit dem eingesparten Geld aus der Krankenversicherung stemmt. Die Freude über die anfangs günstige Krankenkasse verflog ein paar Jahre später. Immer wieder erhöhte die private Krankenversicherung ihre Beiträge. Für die beiden Kinder von Peer verlangte die Krankenkasse saftige Zusatzbeiträge, während Kinder in der gesetzlichen Kasse meist kostenlos mitversichert werden können. Heute würde Peer sehr gerne wieder in die gesetzliche Kasse wechseln, doch es ist nicht mehr möglich. Auch dieses Beispiel zeigt, dass es sinnvoll ist, sich vorab zu informieren, welche langfristigen Konsequenzen entstehen können, wenn man sich heute für etwas entscheidet.

Überlegen Sie daher bei allen Themen, die wir uns in diesem Buch anschauen, wo es erforderlich ist, frühzeitig die Weichen zu stellen und zu handeln. So wie Tanja bei ihrer Abiturprüfung. Denn oft verhindern Sie mit wenig Zeiteinsatz große Schäden, die eintreten, wenn Sie nicht vorgesorgt haben.

Manche Menschen brauchen die Aufregung, kurz vor einer Prüfung nochmal richtig Gas zu geben. Sie lieben es insgeheim, große Probleme zu lösen, die plötzlich auftreten und die man eigentlich hätte verhindern können. Überlegen Sie jedoch genau, in welchen Bereichen unliebsame Überraschungen für Sie persönlich in Ordnung sind. Gehen Sie alle Bereiche Ihres Lebens durch und entscheiden Sie wo sie frühzeitig handeln, um späteren Problemen vorzubeugen.

Ihre regelmäßige Wohlstandszeit

Was zeichnet erfolgreiche Menschen aus? Sicher gibt es viele Eigenschaften. Doch eine Eigenschaft ist von ganz besonderer Bedeutung. Erfolgreiche Menschen steigern ihren Wohlstand regelmäßig, also immer wieder und wieder.

Bei unserem Wohlstand verhält es sich ähnlich wie bei unserer Gesundheit. Wenn Sie einmal die Woche regelmäßig Sport treiben und halbwegs gesund essen, bleiben Sie sehr wahrscheinlich fit bis ins hohe Alter. Wenn Sie sich zu wenig bewegen und nicht um Ihre Gesundheit kümmern, kommt womöglich irgendwann das böse Erwachen. Viele Menschen beginnen erst nach einer schweren Erkrankung, sich um sich selbst zu kümmern. Ein Schlaganfall, eine Krebs-Diagnose oder viel zu viel Übergewicht führen dazu, dass sie ihr Leben auf einen Schlag komplett umstellen.

Das Geheimnis eines langen und gesunden Lebens liegt in der Regelmäßigkeit, also darin, sich immer wieder und wieder gesund zu verhalten. Obwohl das uns allen klar ist, handeln wir nicht immer danach. Wir fahren mit dem Auto zum Einkaufen statt mit dem Rad, weil gleich ein paar Tropfen vom Himmel fallen. Wir futtern beim Fernsehen eine ganze Tafel Schokolade, obwohl Obst gesünder wäre. Wir schaffen es nicht zum Sport, weil andere Dinge wichtiger sind. Im Urlaub legen wir uns zwei Wochen lang entspannt an den Pool, anstatt zwischendurch ausgedehnte Spaziergänge oder Wanderungen zu unternehmen.

Es ist menschlich, dass wir kurzfristig schöne Belohnungen wie Süßigkeiten oder die kurze Fahrt mit dem Auto bevorzugen, auch wenn sie langfristig nicht gut für uns sind. Warum auch abwarten? Oder immer wieder etwas tun, das man nicht gerne mag, wenn wir gar nicht wissen, wie die Welt morgen aussieht.

Wir legen immer mehr Wert darauf, unsere Wünsche sofort erfüllt zu bekommen. Hier, jetzt und ohne Warten. Vor einigen Jahren fuhren wir mit dem Auto in eine Videothek, wählten einen Film aus, fuhren nach Hause, schauten den Film an und brachten ihn am nächsten Tag wieder in den Laden zurück. Heute starten wir mit einem Klick unseren Wunschfilm, direkt vom Sofa aus über einen Streaming-Anbieter unserer Wahl. Früher besuchten uns Versicherungsvertreter, führten Beratungsgespräche, schickten uns Angebote und nach weiteren Gesprächen dann irgendwann einen Vertrag. Wenn wir heute eine Versicherung abschließen, suchen wir über ein Vergleichsportal im Internet die günstigste Versicherung und schließen sie direkt ab.

Mit Ausdauer zum Erfolg

Auch wenn es um Geld geht, erwarten wir, dass alles sofort passiert. Wir suchen den einen geheimen Aktientipp, der uns in wenigen Tagen zum Millionär macht. Wir nutzen Preisvergleiche im Internet in der Hoffnung, auf Knopfdruck das billigste und beste Produkt zu kaufen. Wir schließen Verträge übers Handy mit wenigen Klicks ab.

Echter, nachhaltiger Erfolg erfordert Ausdauer. Spitzensportler erreichen beispielsweise herausragende Leistungen, weil sie jahrelang regelmäßig trainieren. Immer wieder und wieder. Egal, wie das Wetter ist. Und egal, wann die Partytour in der Nacht davor endete.

Ähnlich ist es, wenn wir Wohlstand aufbauen möchten. Nur wenn wir immer wieder etwas für unser Vermögen tun, erreichen wir unser Ziel der finanziellen Freiheit. Die gute Nachricht: Wohlstand erreichen wir viel einfacher als Rekorde im Sport. Für die meisten Sportarten benötigen Sie sehr viele Stunden Training, oft sechs Mal pro Woche. Um Wohlstand aufzubauen, benötigen Sie viel weniger Zeit. Reservieren Sie sich etwa zwei Stunden alle zwei Wochen für Ihre Wohlstandszeit, das genügt.

Hört sich einfach an, trotzdem ist es nicht leicht, alle zwei Wochen etwa zwei Stunden Zeit fest einzuplanen und umzusetzen. Genau hier liegt der Schlüssel zum Erfolg. Wir alle wissen, dass die Umsetzung herausfordernd ist. Wenn der Zeitpunkt zum nächsten Termin naht, gibt es tausend andere Dinge, die wichtiger erscheinen. Der Hund muss raus, das Bad könnte auch mal wieder geputzt werden und die beste Freundin wartet noch auf Rückruf.

Wie also schaffen wir es, uns alle zwei Wochen zwei Stunden mit unserem Wohlstand zu beschäftigen? Viele Ratgeber empfehlen sich zu motivieren, indem man sich das Ziel seiner Bemühungen möglichst konkret vorstellt. Ich stelle mir also beispielsweise vor, wie ich barfuß auf der Terrasse meines Traumhauses sitze und in die wunderschöne Natur blicke. Dazu ein Glas kühler Weißwein. Dieser Gedanke soll mich motivieren, genau jetzt eine bestimmte Zeit lang konzentriert Dinge zu erledigen, die mir nicht gerade wahnsinnig viel Spaß machen.

Diese Methode hat jedoch einen Nachteil. Das Wunschziel ist sehr weit entfernt und damit gefühlt unerreichbar. Somit fehlt oft die entsprechende Motivationswirkung. Ähnlich, wie wenn man Grundschülern erklärt, dass sie gute Noten schreiben sollen, um später in einem spannenden Beruf zu arbeiten. Das führt meist auch nicht dazu, dass die Kinder mehr lernen. Denn das mögliche Ziel, ein toller Job irgendwann in vielen Jahren, ist für sie viel zu weit weg und damit quasi unerreichbar.

Selbstverständlich spricht nichts dagegen, wenn sich Sie sich motivieren, indem Sie sich Ihren Wohlstand in ein paar Jahren vorstellen und bildhaft in vielen Details ausmalen. Träumen Sie ruhig davon, mit einem Cocktail in der Hand im warmen Sand am Traumstrand das leise Rauschen der Wellen zu genießen. Es ist prima, von solch einem schönen Ziel zu träumen. Gleichwohl benötigen wir noch einen anderen Weg, uns immer wieder zu motivieren. Denn nur, wenn wir regelmäßig für unseren Wohlstand aktiv sind, werden wir erfolgreich sein.

Am besten motivieren Sie sich, wenn Sie sich die zwei Stunden Ihrer Wohlstandzeit so schön wie möglich gestalten. Und darauf können Sie sich freuen. Verbinden Sie das Angenehme mit dem Nützlichen. Überlegen Sie, was Sie gerne mögen und wie Sie Ihre Wohlstandszeit ausgestalten. Hier ein paar Ideen:

- Sie lieben portugiesischen Rotwein und Hits aus den 90ern? Dann stellen Sie sich die Flasche Wein immer schon am Tag vor Ihrer Wohlstandzeit bereit. Starten Sie Ihre Playlist mit Bryan Adams, Culture Beat und allen anderen Stars aus den 90ern. Dann legen Sie los und erledigen die Themen in Ihrer Wohlstandszeit.

- Wenn Sie gerne im Wald spazieren, können Sie Ihre Wohlstandszeit mit einem ausgedehnten Ausflug am Sonntagvormittag verbinden. Packen Sie Ihren Laptop und ein Notizbuch in den Rucksack, zusammen mit einer Decke und kleinen Picknick. Im Wald spazieren Sie zur sonnigen Lichtung, die Sie so gerne mögen. Dort verbinden Sie Ihre Wohlstandszeit mit einer ausgedehnten Rast. Rehe und andere Waldtiere schauen Ihnen bestimmt gerne neugierig dabei zu.

- Sie liegen gerne bei Kerzenlicht in einer randgefüllten Badewanne mit viel Schaum? Dann verlagern Sie alle Aufgaben, die möglich sind, in die Wanne. Erst erledigen Sie alle Arbeiten am Schreibtisch oder Rechner. Dann folgen die Badewannen-Aufgaben. Drucken Sie sich zum Beispiel die Umsatzübersichten Ihrer Konten aus. Markieren Sie mit einem Textmarker Positionen, die Sie reduzieren oder komplett kündigen können.

- Es geht auch eine Nummer kleiner. Nutzen Sie das wunderschöne rote Notizbuch, das Sie in Ihren Flitterwochen in Paris gekauft haben, gönnen Sie sich eine toll designte Computermaus oder genießen Sie während Ihrer Wohlstandszeit den besonders leckeren Apfelsaft vom Bio-Bauern. Kuscheln Sie sich im Winter in Ihren Wohlfühlklamotten mit heißer Schokolade und Keksen auf Ihre Lieblingscouch.

Gestalten Sie Ihre Wohlstandszeit so schön wie möglich. Zugegeben, es sind auch ein paar Dinge zu erledigen. Wenn Sie es allerdings schaffen, Ihre Wohlstandszeit zur Wohlfühlzeit zu machen, können Sie die Vorfreude darauf für Ihre eigene Motivation nutzen. Überlegen Sie, welche Orte Sie inspirieren, welche Dinge Sie gerne mögen und welche Musik Sie am liebsten hören.

Oft machen kleine Details den Unterschied. Benennen Sie Ihre Dateien mit ansprechenden Namen, also statt „Umsätze_Jahr_2022" lieber „Wohlstand_rein_raus_2022". Suchen Sie im Internet nach Bildern aus der Natur mit fraktalen Strukturen und verwenden Sie diese als Hintergrundbild auf Ihrem

Notebook oder als Bild an der Wand. Egal ob Bäume, Berge oder Wolken - laut wissenschaftlichen Untersuchungen beruhigen solche Bilder Menschen und sorgen für gute Laune. Selbstverständlich können Sie Ihre Highlights und Belohnungen auch abwechseln, also einmal eine Wohlstandszeit in der Badewanne und beim nächsten Mal im Wald.

Wie läuft eine Wohlstandszeit konkret ab? Dazu schauen wir uns zwei Beispiele an. Manche Themen in den Übersichten verstehen Sie vielleicht noch nicht komplett, das spielt jedoch hier noch keine Rolle. Wir erläutern diese Punkte ausführlich in den folgenden Kapiteln. Es geht uns jetzt erstmal um das grundlegende Verständnis für den Ablauf Ihrer Wohlstandszeiten.

Wohlstandszeit Sonntag, 15. Oktober 2023

Thema	Zeit in Minuten
Ausgaben • Wechsel in günstigeren Handytarif • Neue Wohnung: Stadtteile auswählen, in denen ich leben möchte	25 25
Partypause	5
Einnahmen Weiterentwicklung im Job: Projektidee für Gespräch mit Chefin entwerfen	30
Geld vermehren • Verlängerung Festgeldanlage • Anleihe auswählen	10 15
Planung nächste Wohlstandszeit	10
SUMME	120

Wohlstandszeit Sonntag, 29. Oktober 2023

Thema	Zeit in Minuten
Ausgaben Neue Wohnung: mögliche Vermieter anschreiben	30
Einnahmen Jahresabschluss 2022 meines Arbeitgebers durchlesen	30
Partypause	5
Geld vermehren ▪ Neue Strategie für Topf zwei festlegen ▪ Alten Bausparvertrag kündigen, Geld neu anlegen	25 20
Planung nächste Wohlstandszeit	10
SUMME	120

Setzen Sie in Ihrer Wohlstandzeit immer eine Mischung aus zwei Arten von Aufgaben um. Einerseits Aufgaben, die direkt Erfolge bringen. Andererseits Teilschritte zu Aufgaben, die mittel- bis langfristig zu Erfolgen führen. In den Beispielen oben sparen Sie beispielsweise unmittelbar Geld ein, wenn Sie einen günstigeren Handyvertrag abschließen. Ebenso erhalten Sie höhere Zinsen für Ihr angelegtes Geld, indem Sie den alten Bausparvertrag durch eine bessere Geldanlage ersetzen. Um eine neue Wohnung zu finden, benötigen Sie jedoch mehrere Teilschritte innerhalb verschiedener Wohlstandszeiten. In der Wohlstandszeit am 15. Oktober wählen Sie zunächst passende Stadtteile für Ihre neue Wohnung aus. Im nächsten Schritt schreiben Sie in Ihrer Wohlstandszeit am 29. Oktober in diesen Stadtteilen mögliche Vermieter an. Der Grund für die Mischung beider Aufgabentypen liegt darin, dass Sie so in jeder

Wohlstandszeit konkrete Erfolge erzielen. Und seien es nur ein paar Euro. Dadurch motivieren Sie sich wunderbar selbst. Gleichzeitig können Sie sich besonders freuen, wenn Sie mehrere Teilschritte zu einer größeren Aufgabe erfolgreich abgeschlossen haben.

Pausen sind wichtig, um sich zwischendurch zu erholen und Energie zu tanken. Kaum jemand kann sich zwei Stunden am Stück ununterbrochen konzentrieren. Das gilt auch für Ihre Wohlstandszeit. Von daher legen Sie regelmäßig etwa in der Mitte Ihrer Wohlstandzeit eine kurze Pause ein. Belohnen Sie sich auch hier mit Dingen, die Sie gerne mögen. Drehen Sie Ihren Lieblingssong auf und tanzen Sie, genießen Sie die knackige Schokolade Ihrer Lieblingspralinen oder hüpfen Sie auf einem Bein durch den Garten – alles ist erlaubt, was Sie ablenkt und Ihnen neue Energie liefert.

Am Ende jeder Wohlstandszeit planen Sie die Themen für Ihre nächste Wohlstandzeit. Dieser letzte Schritt ist enorm wichtig, denn er erleichtert es Ihnen erheblich, die nächste Wohlstandszeit sofort zu beginnen. Sie kennen es bestimmt auch, dass Sie gerne andere Dinge erledigen, bevor Sie mit wichtigen Themen starten. Bei der Suche nach den passenden Unterlagen fällt Ihnen auf, dass Sie den Ordner eigentlich auch mal wieder aussortieren könnten. Dabei finden Sie die Nachricht Ihrer Nachbarin, der Sie schon längst antworten wollten. Diese und andere Ablenkungen führen dazu, dass Sie gar nicht oder erst zu spät mit den wichtigen Themen anfangen. Von daher legen Sie sich schon am Ende Ihrer Wohlstandszeit alle Unterlagen für die nächste Wohlstandszeit bereit und erstellen Sie Ihren Plan, so dass Sie beim Start der nächsten Wohlstandszeit sofort loslegen können. Ohne Ablenkungen und ohne Zeit zu verschwenden, um notwendige Informationen zu finden.

Versuchen Sie bei Ihrer Planung bestmöglich abzuschätzen, wie lange Sie voraussichtlich für die einzelnen Themen benötigen. Am Ende Ihrer Wohlstandzeit vergleichen Sie dann die Zeit, die Sie tatsächlich benötigt haben, mit den ursprünglich geplanten Zeiten. Manche Themen dauern länger als Sie dachten, anderen Aufgaben konnten Sie schneller erledigen. So lernen Sie im Laufe Ihrer Wohlstandszeiten Ihren Zeitbedarf immer besser einzuschätzen. Außerdem werden Sie feststellen, dass Sie immer schneller werden und für gleiche Aufgaben von Wohlstandzeit zu Wohlstandzeit weniger Zeit benötigen. Dauerte es beispielsweise in den ersten Wohlstandszeiten noch dreißig Minuten, eine Aktie auszuwählen, schaffen Sie es mit etwas Übung und einer passenden Excel-Tabelle ein paar Wochen später in fünfzehn Minuten. Dieser Trainingseffekt ist entscheidend für Ihren Erfolg. Wohlhabende Menschen erledigen bestimmte Aufgaben rasch und zielorientiert. Nehmen Sie sich jedoch für Ihre Wohlstandszeit nicht zu viel vor. Sonst schaffen Sie Ihre Aufgaben nicht und verlieren schnell die Motivation.

Der wichtigste Grundsatz für Ihre Wohlstandszeiten lautet, dass Sie Ihre zwei Stunden mit guter Laune verbringen. Gestalten Sie jede Ihrer Wohlstandszeiten als kleines persönliches Highlight für sich selbst. Machen Sie sich die Stunden so schön wie möglich. Ihre Belohnungen und die Vorfreude auf Ihre Wohlstandzeit liegen nicht in weiter Ferne. Sondern konkret absehbar in einem überschaubaren Zeitrahmen bis zu nächsten Wohlstandzeit.

Wie möchten Sie Ihre Wohlstandzeit verbringen? Schreiben Sie alle Ideen auf, die Ihnen spontan einfallen.

So gestalte ich meine persönliche Wohlstandzeit:

_____

_____

_____

_____

Behalten Sie immer im Hinterkopf: Wir gestalten unsere Wohlstandzeit so angenehm wie möglich, damit wir sie regelmäßig
umsetzen. Betrachten Sie die beiden Stunden alle zwei Wochen
als wichtigen Termin, den Sie keinesfalls verschieben. So wie Sie
ein Date mit Ihrem Traumpartner auf jeden Fall wahrnehmen.
Nur falls einmal etwas absolut Unvorhergesehenes wie Todes-
fälle, Hochzeiten oder schwere Krankheiten dazwischenkom-
men, darf Ihre Wohlstandszeit ausnahmsweise nicht stattfinden.
Denn der Schlüssel zum Erfolg liegt darin, dass Sie immer wieder über mehrere Jahre Ihre Wohlstandzeit regelmäßig genießen. So setzen Sie alle wichtigen Erfolgsmaßnahmen um, die Ihr
Vermögen steigern.

Ihr geheimer Gewölbekeller – Wohl-
stand mit feinstem Olivenöl

Viele Themen rund um Geld empfinden wir als abstrakt und
beschäftigen uns nicht gerne damit. Das hat unterschiedliche
Gründe. Vermeintliche Experten, die Fachchinesisch sprechen,
gierige Banken, Menschen, die viel Geld haben, aber keinen guten Charakter, Menschen, die viel Geld verloren haben, weil sie
über den Tisch gezogen wurden. Das alles gibt es, ohne Frage.
Nur: Ist die richtige Antwort darauf, sich einfach nicht mit Geld
zu beschäftigen? Wieso lassen sich so viele Menschen abschrecken? Viel sinnvoller ist es doch, Wohlstand und Geld besser zu
verstehen. So lernen wir, worauf es ankommt und wie wir es am
besten anstellen, wohlhabend zu werden. Das ist unser Ziel.
Und am Ende ist es alles relativ leicht verständlich.

Wir verwenden in diesem Buch deshalb ein einfaches Bild,
das uns zeigt, wie Wohlstand funktioniert und worauf wir am
besten achten. Dieses Bild verwenden wir immer wieder in den
folgenden Kapiteln.

Stellen Sie sich vor, Sie besitzen seit kurzem einen riesigen Garten, so groß wie ein Fußballfeld. An einem sonnigen Oktobertag entdecken Sie einige Holzbretter, versteckt hinter Büschen. Sie schieben das Gestrüpp beiseite und finden eine schwere alte Holztür, in der ein Schlüssel steckt. Sie öffnen die knarzende Tür und sehen Stufen, die in die Dunkelheit führen. Vorsichtig steigen Sie hinunter und kommen in einen verwunschenen alten Gewölbekeller. Sie spüren die zu jeder Jahreszeit kühle Luft. Es duftet herrlich nach Olivenöl und dem Wachs der Kerzen, die den Keller in ein gemütliches schummriges Licht tauchen.

Abbildung: Ihr geheimer Gewölbekeller

Sie nehmen den Schlüssel für die massive knarzende Holztür an sich. Ab sofort haben nur noch Sie Zugang zu Ihrem Gewölbekeller. Links und rechts stehen Amphoren in Regalen, also große Gefäße aus Ton mit schönen Verzierungen. Jeder Behälter hat oben eine Öffnung mit einem Deckel, durch die Sie Olivenöl einfüllen und unten einen Hahn mit dem Sie Olivenöl entnehmen können. In die Gefäße füllen Sie Olivenöl, das für Ihren Wohlstand steht.

Das Olivenöl ist in der ganzen Region und darüber hinaus für seine exzellente Qualität bekannt. Es duftet frisch mit einer leichten Note nach frisch geschnittenem Gras, ist sortenrein und leuchtet goldgelb. Die Oliven sind natürlich und biologisch angebaut, ohne Dünger oder Spritzmittel, sie reifen lange in der Sonne und werden mit Liebe geerntet. Jeder Liter kostbares Olivenöl verfeinert alle Gerichte. Nach einer Massage mit dem hochwertigen Öl fühlt sich Ihre Haut babyweich rosig an. Je mehr Öl Sie in Ihrem Gewölbekeller lagern, desto größer Ihr Wohlstand, also Ihr Vermögen in Geld.

Diesen jahrhundertealten Gewölbekeller nutzen wir als Symbol für Ihren Wohlstand. Je mehr Olivenöl Sie in Ihrem Keller lagern, desto wohlhabender sind Sie. In den folgenden Kapiteln zeigen wir anhand dieses Bildes einfach und anschaulich, wie Sie Ihren Wohlstand aufbauen und erhalten. Die Menge an Olivenöl steht für Ihr gesamtes Geld-Vermögen. Wir verwenden in diesem Buch die Begriffe Olivenöl und Geld synonym.

Ihr Olivenöl können Sie selbst verbrauchen. Sie kaufen damit Essen, Trinken, Kleidung und alle anderen Dinge. Eine bestimmte Menge Öl brauchen Sie auf jeden Fall zum Überleben. Sie können das Öl aber auch zum Spaß verwenden, also für schöne Dinge, die nicht unbedingt notwendig sind. Beispielsweise für Massagen oder Urlaube. Sie können Ihr Öl verkaufen, verschenken oder es selbst verbrauchen.

Olivenöl können Sie von anderen bekommen, wenn Sie dafür arbeiten, in Form von Lohn, Gehalt, Renten usw., also alles was zu einer Einzahlung auf Ihrem Konto führt. Genauso können Sie Ihr Olivenöl vermehren, indem sie es anderen eine Zeit lang verleihen und mit etwas Glück danach mehr Olivenöl zurückbekommen.

Sie benötigen jeden Tag eine bestimmte Menge Olivenöl zum Leben. Und es ist wichtig sicherzustellen, dass Sie immer etwas Olivenöl in Ihren Gefäßen vorrätig haben. Stellen Sie sich vor, Sie steigen in Ihren Gewölbekeller und stellen fest, dass alle Behälter leer sind. Dann ist es zu spät. Sie sind pleite. Stellen Sie also erstens sicher, dass Sie immer eine Notreserve an Olivenöl vorrätig haben. Diese Reserve nutzen Sie nur, wenn es nicht anders geht. Zweitens achten Sie darauf, dass Sie nur so viel Öl entnehmen wie reinkommt. Dazu später mehr.

Lassen Sie uns nun gemeinsam unsere Reise zum Wohlstand starten. Besuchen Sie regelmäßig Ihren Olivenöl-Keller, um den Sie alle Freunde beneiden. Freuen Sie sich über jeden Liter in den Amphoren. Und probieren Sie ab und zu ein bisschen vom wahrscheinlich feinsten Olivenöl, das Sie jemals gekostet haben.

Sie bestimmen selbst, wie groß Ihr Wohlstand werden soll, das heißt welche Menge Olivenöl irgendwann in Ihrem Gewölbekeller lagert. Das hängt ab von Ihren Wünschen und Vorstellungen für ein Leben im Wohlstand. Je nachdem, welche Ziele Sie verfolgen.

Gehen Sie kurz zurück zu Ihrer Vision für Ihren persönlichen Wohlstand aus Abschnitt A. Überlegen Sie jetzt, wieviel Geld bzw. Olivenöl Sie ungefähr benötigen, um Ihr Wunschleben zu verwirklichen. Im Laufe der Jahre kann sich Ihre Wunschmenge auch verändern. Vielleicht möchten Sie die nächsten fünf Jahre viele exotische Länder bereisen. Danach restaurieren Sie einen alten Bauernhof und leben dort dauerhaft. Schätzen Sie ungefähr, welche Menge an Geld bzw. Olivenöl Sie in sieben bis zehn Jahren in Ihrem Gewölbekeller lagern möchten.

In zehn Jahren möchte ich Vermögen in dieser Höhe besitzen, um meine Vision vom Wohlstand zu verwirklichen:

Minimal: _____ Euro

Maximal: _____ Euro

Gut gelaunt zum Wohlstand – Ihre Schlüssel zum Erfolg

- Gestalten Sie sich Ihre Wohlstandszeit so schön wie möglich. Nehmen Sie sich konsequent mindestens alle zwei Wochen Zeit für Ihren Wohlstand.
- Lernen Sie mit Spaß neue Dinge, egal ob aus Büchern, von Bekannten oder aus dem Internet.
- Pflegen Sie Ihren persönlichen Gewölbekeller mit Olivenöl wie einen Schatz.

TEIL II: DIE SÄULEN MEINES WOHLSTANDS

Geld ausgeben

Ein Hoch auf unsere Ausgaben

Viele Menschen denken bei Wohlstand hauptsächlich an ein hohes Einkommen und an große Vermögen in Form einer weißen Yacht, einer tollen Villa oder eines getunten Mercedes. Das ist auch richtig. Diese Dinge symbolisieren Wohlstand. Man stellt sich vor, wieviel diese Sachen kosten. Und denkt automatisch, dass man nur zu Wohlstand kommt, wenn man viel Geld einnimmt und besitzt.

Doch Wohlstand bauen Sie nicht nur über hohe Einnahmen auf. Oft vergessen Menschen einen entscheidenden Hebel. Wohlstand bauen Sie genauso auf, wenn Sie möglichst wenig von Ihrem Olivenöl beziehungsweise Geld ausgeben. Am besten sparen Sie zuerst bei den Dingen, die Ihnen kaum oder überhaupt nicht nützen.

Konzerne ziehen uns bei vielen Gelegenheiten unser Geld aus der Tasche. Oft merken wir es gar nicht so richtig. Dadurch verlieren wir jede Menge Geld, das eigentlich unserem Wohlstand zu Gute kommen könnte. Die Dimensionen der Geldabflüsse unterschätzen viele Menschen total. Daher widmen wir uns in diesem Abschnitt sehr intensiv unseren Ausgaben. Anders als in vielen Ratgebern, die oft nur auf möglichst hohe Einnahmen blicken. Diese beleuchten wir selbstverständlich auch, allerdings erst nach den Ausgaben.

Was ist das richtige Mindset, wenn es um unsere Ausgaben geht? Hinterfragen Sie jeden Cent, den Sie ausgeben. Am besten ist es, wenn Sie kein Geld ausgeben und verzichten. Viele Dinge sind eigentlich überflüssig. Oder Sie bringen uns nur einen kleinen Vorteil, der nicht im Verhältnis zum Preis steht.

Ein Beispiel: Starbucks schafft es hervorragend, uns Kaffee zu relativ hohen Preisen zu verkaufen. Die Läden sehen schick aus, die Heißgetränke tragen wohlklingende Namen wie Flat White, Caramel Macchiato oder Caffè Americano. Die aufmerksamen und freundlichen Mitarbeiter bei Starbucks verfeinern Ihren Kaffee mit samtig geschäumter Milch, Sirup oder liebevoll geformter Sahne und sprechen Sie mit Ihrem Vornamen an. Durch die hochwertigen Maschinen und das leckere Gebäck erscheint auch die Qualität der Heißgetränke besonders gut. Starbucks positioniert seine Filialen an Orten, an denen man sich sehnlich einen Kaffee wünscht, zum Beispiel früh morgens auf dem Weg zur Arbeit, wenn Sie aus der U-Bahn kommen und wach werden möchten. So bietet Starbucks neben Kaffee auch eine kleine Erholungspause vom Alltag und ein kleines Luxuserlebnis.

Ein gutes Konzept – für das Unternehmen. Der Kaffee kostet im Schnitt deutlich mehr als ein selbst gekochter Kaffee, auch wenn Sie noch Sirup usw. hinzugeben. Nehmen wir an, dass Sie an hundertfünfzig Tagen im Jahr einen Kaffee für 3,90 Euro bei Starbucks kaufen. Dann zahlen Sie insgesamt 585 Euro. Das ist der Preis für einen neuen schicken Fernseher. Oder ein Wochenende in einem noblen Hotel in Paris. Wenn Sie sich den Kaffee selbst machen und dadurch vierzig Prozent sparen, haben Sie 234 Euro mehr zur freien Verfügung. Sie brauchen auch gar nicht komplett auf Starbucks zu verzichten. Es genügt schon, wenn Sie sich Kaffee bei Starbucks nur noch ab und zu als Ausnahme gönnen.

Dies ist ein einfaches Beispiel, wie Sie mit einfachen Tricks eine ganze Menge Olivenöl sparen. Sie brauchen lediglich etwas Zeit um Dinge zu finden, die viel Geld kosten. Und genau dafür nutzen wir unsere Wohlstandszeit. In den folgenden Kapiteln gehen wir verschiedene Ausgaben gemeinsam durch. Wir öffnen die Augen für Ausgaben, die auf den ersten Blick nicht hoch erscheinen, die sich jedoch ordentlich aufsummieren. Und natürlich blicken wir auch auf Themen, die viel Geld kosten. Nutzen Sie Ihre Wohlstandzeit, um immer wieder zu überlegen, welche Möglichkeiten es gibt, Ihre Ausgaben zu reduzieren.

Dies hat nichts mit Geiz zu tun. Geizig wäre es, komplett auf Kaffee bei Starbucks zu verzichten, sich niemals etwas zu gönnen, niemals anderen eine Freude zu machen, sondern verhärmt jeden Euro festzuhalten. Egal, ob mit fairen oder mit unfairen Mitteln. Das ist nicht unser Ziel. Wir möchten Wohlstand gut gelaunt erreichen. Der erste Schritt besteht darin, die typischen Fallen zu erkennen, die viel Geld kosten. Und dann einzusparen beziehungsweise günstigere Alternativen zu finden. Das ist unser sportlicher Antrieb. Wir können uns belohnen, wenn wir eine Einsparung umgesetzt haben. Gönnen Sie sich einen leckeren Eisbecher am Fluss an einem sonnigen Tag, wenn es Ihnen gelungen ist, beim Coffee to go zweihundert bis dreihundert Euro im Jahr zu sparen.

Es gibt einen weiteren Grund, wieso es wichtig für Ihren Wohlstand ist, Ausgaben zu minimieren. Zinsen und Renditen für Geldanlagen sanken in den letzten Jahrzehnten immer weiter nach unten. Je weniger Zinsen Sie erzielen, umso sinnvoller ist es, soviel eigenes Olivenöl wie möglich zu erhalten.

Viele Menschen glauben fest daran, dass Zinsen bald wieder steigen. Die Wahrheit ist jedoch: Die nächsten Jahre und Jahrzehnte leben wir sehr wahrscheinlich weiter mit recht niedrigen Zinsen. Die hohen Zinsen, die unsere Eltern noch von vor zwanzig oder dreißig Jahren kannten, kommen wohl so schnell nicht wieder. Der Grund dafür ist simpel. Kapital verliert immer mehr an Wert. Die Notenbanken drucken immer mehr Geld. Es fehlt weniger an Kapital, sondern vielmehr an Arbeitskräften.

Wenn das Kapital an Wert verliert, drückt sich das in niedrigen Zinsen aus.

Politiker profitieren ebenfalls von niedrigen Zinsen, auch wenn sie es nicht laut sagen. Die Staatsschulden aller großen Länder stiegen die letzten Jahre unaufhaltsam. Erst bekämpften Politiker die Finanzkrise, dann Corona, schließlich Putin. Und, nicht zu vergessen, die Energiewende verschlingt auch eine Menge Geld. Politiker tun daher alles, um die Zinsen niedrig zu halten. Würden sie steigen, hätten sie ein Problem. Sie könnten die Zinsen für die enormen Staatsschulden nicht mehr bezahlen.

Schon die letzten Jahre heißt es immer wieder, dass die Zinsen steigen werden. Doch selbst wenn sie sich wie zuletzt erhöhen, sind sie immer noch weit entfernt von den Niveaus aus früheren Jahrzehnten. Unsere Eltern erinnern sich noch an Zinsen von bis zu acht Prozent.

Was bedeutet das für unseren Olivenöl-Vorrat? Wenn wir unser feines Olivenöl weggeben, bekommen wir nach einiger Zeit nur ein bisschen mehr zurück. Beispiel: Sie geben zehn Liter Olivenöl weg und erhalten nach einem Jahr zwölf Liter zurück. Dies entspricht einer Verzinsung von zwanzig Prozent. Bei der aktuellen Zinssituation erhalten sich jedoch nicht zwanzig Prozent, sondern wenn es gut läuft höchstens vier Prozent. Das entspricht 10,4 Litern. Somit lohnt es sich umso mehr, den eigenen Vorrat an Olivenöl möglichst gut zu erhalten. Und gut darauf acht zu geben.

Das funktioniert am besten, indem Sie sich mit Spaß daran machen, möglichst wenig Olivenöl wegzugeben. Achten Sie darauf, dass Sie möglichst viel wertvolles Olivenöl selber behalten. Das gelingt, wenn Sie sparsam leben und auf Ihre Ausgaben achten, ohne jedoch geizig zu sein. Gönnen Sie sich ab und zu auch etwas Schönes. Das ist völlig okay und hilft uns, mit guter Laune wohlhabend zu werden.

Volle Transparenz – der Blick in Ihre Behälter

Konzerne und Unternehmen möchten möglichst hohe Gewinne erzielen. Sie haben kein Interesse daran, dass ihre Kunden ihre Tricks durchschauen. Davon gibt es jede Menge. Ein vor vielen Jahren eingerichteter Dauerauftrag, der regelmäßig Geld für das Fitness-Studio abbucht, das wir schon lange nicht mehr besuchen. Die Vorteilskarte der Reinigung, die zwanzig Prozent Rabatt verspricht, für die Sie im Jahr fünfzehn Euro bezahlen, obwohl Sie längst woanders wohnen. Der Mobilfunkanbieter, der sich besonders komplizierte Tarife ausdenkt. Irgendwann fällt Ihnen auf, dass Gespräche mit Ihrer besten Freundin plötzlich sehr teuer sind, weil die Freundin den Netzanbieter gewechselt hat. Das Restaurant, das Ihnen am Eingang eine Karte zum Bezahlen reicht. Erst am Ende wird abgerechnet, da man schnell das Gefühl für Geld verliert, wenn man einfach nur eine Karte hinhält. Wo sind Ihnen Tricks der Konzerne begegnet, die Sie mehr Geld kosteten als gedacht?

Viele Firmen setzen darauf, dass Sie sich nicht genau mit Ihrem Geld beschäftigen. Denn wenn Sie es tun würden, verliert das Unternehmen Umsätze. Daher ziehen Firmen Ihnen das Geld mit raffinierten Methoden aus der Tasche. Banken haben ebenso kein Interesse daran, dies zu ändern. Schließlich verdienen sie gut an Überziehungszinsen. Oder sie schließen Kooperationen mit Zahlungsdienstleistern, von denen sie Vergütungen erhalten.

Der erste Schritt besteht also darin, Transparenz über Ihr Geld zu schaffen. Wofür geben Sie es aus? Welchen Firmen zahlen Sie regelmäßig oder einmalig bestimmte Beträge? Können Sie die gleiche Leistung woanders günstiger bekommen? Können Sie die Leistung reduzieren, ohne dass Ihnen viel verloren geht?

In vielen Bereichen kümmern wir uns selbst um unser Leben. Zum Beispiel bei unserer Gesundheit. Wir besuchen Ärzte, wenn uns etwas weh tut. Wir suchen im Internet nach Behandlungsmöglichkeiten. Schließlich treffen wir eine Entscheidung, wie wir bestmöglich wieder gesund werden. Bei Freundschaften vertiefen oder beenden wir Kontakte, je nachdem, wie eng unser Kontakt ist. Hier handeln wir aktiv.

Bei Geld ist es oft anders. Wir sind nicht aktiv, sondern lassen uns treiben. Wir nehmen es hin, dass Firmen sich an unserem Geld vergreifen. Wir geben Ihnen den Schlüssel zu unserem Gewölbekeller mit feinstem Olivenöl und sagen Ihnen „Bedient Euch!". Weil wir uns nicht trauen, weil es manchmal etwas Zeit und ein paar Überlegen erfordert. Weil wir einfach das machen, was unsere Freunde machen.

Viele Menschen haben keinen Überblick darüber, was sich in ihrem Gewölbekeller versteckt. Sie wissen vielleicht, dass dort ein paar Behälter stehen, das sind die verschiedenen Konten, die Ihnen gehören. Sie wissen jedoch nicht, wieviel Öl rein- oder rausgeht. Irgendwann steigen sie die Stufen ihres Kellers hinab, öffnen den Deckel eines Behälters und stellen fest, dass er fast leer ist. Ebenso sind sie überrascht, dass auch die anderen Behälter fast leer sind. Das darf Ihnen nicht passieren. Mit einer detaillierten Einnahmen- und Ausgaben-Übersicht behalten Sie den Stand Ihres Olivenöls immer im Blick.

Ihre innere Einstellung lautet künftig: Ich bestimme eigenverantwortlich über mein Geld! Ich entscheide, wofür ich Geld ausgebe. Ich durchschaue die Tricks von Konzernen. Dabei ist vollständige Transparenz enorm wichtig. Wenn Sie selber einen guten Überblick über Ihre Ausgaben haben, ist der erste wesentliche Schritt getan. So wie eine Diagnose Ihrer Ärztin der erste Schritt zur Heilung ist. Oft werden Sie überrascht sein, wo und wie Sie einsparen können.

Manchmal werden Sie Fehler von Unternehmen entdecken, die zu Ihren Lasten gehen. Ein Beispiel: Ein Freund beauftragte beim Hausbau einen neuen Telefonanschluss. Die Leitung konnte nicht so schnell in der Erde verlegt werden, weil der Boden gefroren war. Daher verzögerte sich der neue Anschluss etwas. Die Telefonfirma reagierte kundenfreundlich. Sie schicken meinem Freund ein Funkmodem und eine SIM-Karte. Die Kosten dafür wollte die Firma erstatten, sobald der Anschluss funktionierte. Nach ein paar Wochen war es soweit. Mein Freund schickte die SIM-Karte und das Modem zurück. Durch den Umzug hatte er viele andere Dinge um die Ohren.

Ein Jahr später stellte er fest, dass die Gebühren für das Funkmodem immer noch monatlich abgerechnet wurden, obwohl er das Gerät längst zurückgegeben hatte. Die Telefonfirma erstattete umgehend die Kosten, nachdem mein Freund sie angeschrieben hatte. Hätte mein Freund den Betrag mit dem etwas kryptischen Namen auf der Abrechnung nicht hinterfragt, hätte er wahrscheinlich jahrelang weitergezahlt, ohne dass es aufgefallen wäre. Knapp fünf Euro im Monat, die sich dann über die Zeit auf mehrere hundert Euro aufsummieren. Daher ist es sehr hilfreich, genau zu prüfen, für welche Leistungen man sein Geld ausgibt.

Werfen wir nun einen Blick auf unsere Einnahmen und Ausgaben. Zu den Ausgaben gehören sämtliche Zahlungen für unseren täglichen Bedarf wie Essen, Trinken, Miete usw. Bei vielen dieser Ausgaben erhalten wir eine materielle Gegenleistung wie zum Beispiel ein leckeres Mittagessen oder ein trockenes warmes Zimmer zum Wohnen. Andere Ausgaben sind nicht materiell aber gleichwohl sehr wichtig, beispielsweise eine Haftpflichtversicherung für unser Auto oder Beiträge für die Krankenkasse.

Wieviel Olivenöl bekomme ich? Wieviel gebe ich aus?

In Ihrem Gewölbekeller können Sie sich relativ einfach einen Überblick verschaffen, wieviel Olivenöl Sie in die Gefäße füllen und wieviel Sie entnehmen. Sie erkennen recht schnell, wenn Ihr Vorrat zu Ende geht. Solange Sie mehr reinfüllen als Sie verbrauchen, ist alles prima. Im Prinzip ist es beim Geld genauso. Oft fehlt uns jedoch die Transparenz über Einnahmen und Ausgaben. Dafür gibt es zwei Gründe.

- Unsere Ausgaben schwanken von Monat zu Monat. Im Juli fliegen wir auf die Kanaren zum Strandurlaub. Im November oder Dezember kaufen wir Weihnachtsgeschenke für die Familie. In anderen Monaten benötigen wir nicht so viel Geld. Somit schwankt auch unser monatlicher Saldo, was den Überblick erschwert. Ziel ist es, mit unseren Einnahmen mindestens die laufenden Ausgaben zu decken. Also schauen wir nicht nur auf einzelne Monate, sondern gleichzeitig auch auf längere Zeiträume wie ein ganzes Jahr.

- Wir nutzen heute eine Vielzahl digitaler Konten und Zahlungsdienstleister, es fehlt jedoch der Gesamtüberblick. Vor zweihundert Jahren verwendeten Menschen einen Geldsack, in dem sie ihr komplettes Bargeld aufbewahrten. Ein Blick in ihren Sack verriet ihnen, wie viel sie gerade besaßen. Heute findet sich nur noch wenig Bargeld in unserer Geldbörse. Die meisten Zahlungen laufen bargeldlos über unsere Konten, Karten oder Handys. Besonders bei unseren Ausgaben ist es nicht einfach, den Überblick zu behalten und alle Ausgaben vollständig zu erfassen. Meist nutzen wir mehrere Konten bei verschiedenen Banken. Manchmal laden wir Geld auf Guthabenkarten, um damit den Eintritt für das

Schwimmbad zu bezahlen. Dazu verwenden wir verschiedene Kreditkarten oder Zahlungsdienste wie PayPal.

Somit besteht der erste Schritt auf unserem Weg zum Wohlstand darin, einen genauen Überblick zu bekommen, wieviel Geld wir einnehmen und ausgeben. Manche Banken bieten verschiedene Übersichten mit Gruppierungen von Ausgaben auch in ihren Internet-Portalen oder Apps an. Besser ist es jedoch, wenn Sie sich selbst einen tiefen vollständigen Einblick über alle Ihre Konten verschaffen.

Wie gehen wir am besten vor? Im ersten Schritt ist es wichtig, sämtliche Konten und Dienste zu erfassen, über die unsere Zahlungen laufen.

Als erstes loggen Sie sich in Ihr Konto ein, auf das Ihr Gehalt läuft. Meist ist dies das Hauptkonto über das ein Großteil der Zahlungen läuft. Rufen Sie sich dann sämtliche Umsätze der letzten drei vollständigen Jahre auf. Manche Banken übertragen ältere Umsätze in ein Archiv. Mit ein bisschen Suchen finden Sie dann die Daten, die schon länger zurückliegen. Häufig bieten Banken auch direkt die Möglichkeit, Umsätze als .xlsx-Datei oder als .csv-Datei herunterzuladen. Sie können die Gesamtübersicht für sich selbst erstellen oder auch für eine ganze Familie. Wichtig ist nur, dass Sie sämtliche Konten und Zahlungsdienste in Ihrer Tabelle für die jeweiligen Personen berücksichtigen.

Diese Zahlen übertragen Sie am besten in Excel. Denn dann können Sie gut mit den Daten weiterarbeiten. Bei einer vierköpfigen Familie kommen schnell über tausend Zahlungsvorgänge pro Jahr zusammen. Falls nötig, machen Sie sich mit dem Programm Excel vertraut. Geben Sie einfach in einer Suchmaschine die Stichworte Excel, Summe, Sortieren und Zwischensummen ein. Schauen Sie sich auf YouTube ein paar Videos an, wie Sie Pivot-Tabellen verwenden. Diese Funktion hilft Ihnen wunderbar dabei, Tabellen mit vielen Einträgen blitzschnell zu analysieren. Andere Programme zur Tabellenkalkulation wie Open Office können Sie selbstverständlich auch verwenden.

Die Aufbereitung Ihrer Umsätze ist sehr hilfreich, weil Sie nun die Zahlen aus jedem gewünschten Blickwinkel betrachten können. Ihre Bank bietet Ihnen vielleicht auch bestimmte Grafiken und Darstellungen. Häufig sind diese jedoch nicht wirklich hilfreich für eine sinnvolle Analyse, aus der Sie dann konkrete Schritte ableiten können.

Erstellen Sie Ihre Tabelle mit folgenden Spalten: Jahr, Monat, Buchungsdatum, Umsatzart (Einnahme oder Ausgabe), Kategorie (z.B. Wohnen, Essen und Trinken, …), Beschreibung (z. B. Miete, Einkauf Lebensmittel Supermarkt xy) sowie Betrag in Euro. Alle Umsätze, die Ausgaben darstellen, versehen Sie mit einem Minus vor dem Betrag. Einnahmen tragen Sie ohne Vorzeichen in die Tabelle ein. Ihre Tabelle sieht nun so aus:

Jahr	Monat	Buchungs-datum	Umsatzart	Kategorie	Beschreibung	Betrag in Euro
2021	Januar	12.01.2021	Ausgabe	Kommunikation	Handyvertrag	-87,33
2021	Januar	28.01.2021	Ausgabe	Kommunikation	Festnetz/ Internet	-56,14
2021	Januar	30.01.2021	Ausgabe	Wohnen	Miete	-560,33
…	…	…	…	…	…	…

Tabelle: Auflistung aller Umsätze

Einnahmen sind alle Zahlungen, die zu einem Plus auf Ihrem Konto führen. Hierzu gehören Gehälter, Sonderzahlungen, Unterhalt, Kindergeld, Steuererstattungen usw. Auch Geldgeschenke von Ihrer Tante gehören zu den Einnahmen.

Ordnen Sie jede Buchung einer Kategorie zu. Finden Sie eine gute Balance zwischen einer detaillierten Sicht auf Ihre Ausgaben und der Möglichkeit, den Gesamtüberblick zu behalten. Bei mehreren hundert Buchungen pro Jahr ist es entscheidend, dass Sie die Umsätze sinnvoll zusammenfassen. Am besten in nicht mehr als fünfzehn Kategorien.

Bei der Benennung der Kategorien für Ihre Ausgaben können Sie sich an folgenden Bezeichnungen orientieren. Wir lehnen uns hier an die Benennungen des Statistischen Bundesamts an. Selbstverständlich können Sie die Kategorien passend zu Ihren Bedürfnissen anders benennen:

- Essen und Trinken: Lebensmittel, Restaurantbesuche …
- Kleidung und Schuhe
- Wohnen: Miete, Raten Immobilienkredit, Wasser, Strom, Gas und andere Brennstoffe
- Einrichtung: Möbel, Geräte und Deko
- Mobilität: Auto, Fahrrad, Bahn und Bus
- Kommunikation: Telefon, Internet, Handy
- Freizeit: Urlaub, Sport, Unterhaltung und Kultur
- Körperpflege
- Finanzdienstleistungen und Versicherungen
- Sonstiges

Innerhalb der Kategorien bilden Sie mit Hilfe der Beschreibung weitere Zusammenfassungen. Bei manchen Ausgaben ist es sehr hilfreich, diese mit Hilfe der Beschreibung zu einer Position zusammenzufassen. Beispielsweise werden Sie mehrere Abbuchungen von unterschiedlichen Supermärkten finden. Diese benennen Sie je Supermarkt alle mit der einheitlichen Beschreibung wie „Supermarkt Müller".

Alle Beträge, die von Ihrem Konto ohne genaue Bezeichnung abgebucht werden, gilt es weiter aufzuschlüsseln. Sie möchten ja wissen, was dahintersteckt und wofür Sie Ihr Geld ausgeben. Ein Beispiel: Sie bestellen regelmäßig bei Amazon. Dort schließen Sie eine Prime Mitgliedschaft ab, weil Sie gerne

Serien anschauen. Unterstellen wir vereinfachend, dass Sie im letzten Jahr bei Amazon einen Fernseher und drei Krimis bestellt und per Bankeinzug bezahlt haben. Dann sehen Sie auf Ihrem Konto drei Abbuchungen von Amazon (Prime Mitgliedschaft, Fernseher, Bücher) ohne genauere Bezeichnung. Der Fernseher gehört in die Kategorie „Einrichtung". Die Bücher und die Mitgliedschaft zu „Freizeit".

Wenn Sie bereits Geld in Sparpläne oder andere Geldanlagen einzahlen, löschen Sie diese Buchungen zunächst aus Ihrer Tabelle. Wir möchten im ersten Schritt einen genauen Blick auf die Ausgaben und Einnahmen bekommen, die Anlagen folgen später. Damit beschäftigen wir uns dann im nächsten Teil dieses Buchs.

Wenn Sie Waren im Internet bestellen und diese wieder zurückgeben finden Sie meist zwei Buchungen auf Ihrem Konto. Einerseits die Bezahlung für die Ware mit einem Minus-Vorzeichen. Andererseits die Gutschrift, wenn Sie die Ware zurückgeschickt haben. In diesen Fällen gibt es zwei Möglichkeiten: Entweder Sie löschen beide Umsätze aus Ihrer Tabelle. Oder Sie ordnen die Erstattung den Einnahmen zu und die Bezahlung den Ausgaben. Der zweite Weg ist eigentlich das bessere Vorgehen, da zwischen beiden Buchungen oft mehrere Wochen liegen können. Dann könnten Sie mit Ihrem Kontostand ins Minus rutschen. Sofern sich die Beträge im Rahmen halten, ist eine Löschung beider Buchungen jedoch auch möglich, ohne das Gesamtbild zu verzerren.

Auch der aktuelle Kontostand spielt bei dieser Auswertung keine Rolle. Es ist egal, ob Sie dreißig Tausend Euro auf dem Konto liegen haben oder ob Sie Ihr Konto um dreitausend Euro überzogen haben. Dieser Wert taucht in Ihrer Einnahmen-/ Ausgaben-Tabelle nicht auf. Wir konzentrieren uns im ersten Schritt ausschließlich auf Einnahmen und Ausgaben, also wieviel Olivenöl bekommen Sie in einem bestimmten Zeitraum und wieviel geben Sie weg.

Mit dieser Tabelle können Sie Ihre Finanzen wunderbar und flexibel analysieren. Ja, die Erstellung braucht ein wenig Zeit, aber jede Minute davon lohnt sich. Und schließlich ist dafür ja Ihre Wohlstandszeit da. Die Liste schafft Ihnen wunderbare Transparenz. Sie können sich die Entwicklung Ihrer Ausgaben, zum Beispiel für Essen und Trinken, im Verlauf der Jahre anschauen. Sie sehen sofort, welchen Anteil Ihres Einkommens Sie für bestimmte Ausgaben aufwenden. Damit können Sie nun in Ihrer Wohlstandszeit Stück für Stück Ihre Finanzen analysieren und prüfen, wo Sie sparen können.

Bei einigen Zahlen werden Sie erstaunt sein, wie hoch sie ausfallen. Bestimmte Ausgaben betrachten wir sehr genau, zum Beispiel die Entwicklung der Benzinpreise. Andere Ausgaben laufen einfach seit Jahren unbemerkt immer weiter, wie so manche Versicherung. Wie ein Behälter Olivenöl, der in der hinteren Ecke unseres Gewölbekellers steht und dessen Hahn nicht mehr ganz dicht ist. Fragen Sie einmal Freunde oder Bekannte, wieviel Geld sie glauben, für bestimmte Dinge auszugeben. Oft ernten Sie wahrscheinlich nur ein Schulterzucken. Daher ist die volle Transparenz Ihrer tatsächlichen Einnahmen und Ausgaben so wertvoll. Denn so können Sie gezielt dort ansetzen, wo Sie die größten Effekte für Ihren Wohlstand erreichen.

Wir schauen uns nun an, wie Sie konkret weiter vorgehen.

Besser leben mit einem positiven Monatssaldo

Als erstes betrachten wir eine Analyse der Salden nach Monaten. Summieren Sie Ihre Daten wie in der folgenden Tabelle dargestellt. Ziel ist es, dass Sie mehr Olivenöl bekommen als Sie weggeben. Denn Wohlstand können Sie nur aufbauen, wenn Sie unter dem Strich positiv rauskommen. Werten Sie also für ein Jahr die Summe aller Einnahmen und die Summe aller

Ausgaben aus. Stellen Sie in den Spalten die einzelnen Monate dar. Bilden Sie den Saldo, indem Sie die Ausgaben von den Einnahmen abziehen.

Was fällt Ihnen auf, wenn Sie einen Blick auf die folgende Tabelle werfen?

	Jan.	Feb.	März	April	Mai	Juni	…
Einnahmen	2.800	2.915	2.911	3.335	2.984	2.905	…
Ausgaben	-3.105	-2.409	-2.461	-1.978	-3.947	-3.800	…
Saldo	-305	506	450	1.357	-963	-895	…

	Juli	Aug.	Sept.	Okt.	Nov.	Dez.	Gesamt
Einnahmen	3.105	2.864	2.911	2.915	3.105	3.560	36.310
Ausgaben	-1.809	-2.141	-2.414	-2.644	-3.341	-3.105	-33.154
Saldo	1.296	723	497	271	-236	455	3.156

Tabelle: Salden je Monat in Euro

Über das gesamte Jahr gerechnet übersteigen die Einnahmen die Ausgaben. Das ist prima. Allerdings gibt die Person in vier Monaten mehr Geld aus als sie einnimmt, nämlich im Januar, im Mai, im Juni sowie im November. Das kann durchaus mal vorkommen, es sollte jedoch die Ausnahme bleiben. Je nachdem wie Ihr Kontostand aussieht, zahlen Sie bei einem negativen Saldo hohe Überziehungszinsen. Sie geben mehr Olivenöl aus, als reinkommt. Sie verlieren an Substanz. Ihr Gewölbekeller wäre irgendwann leer und liegt dann auf dem Trockenen.

Stellen Sie in jedem Fall sicher, dass Sie im gesamten Jahr einen positiven Saldo erzielen, wie in diesem Beispiel. Ist dies nicht der Fall, blinkt die rote Warnlampe, denn dann leben Sie über Ihre Verhältnisse. Es wäre eine Frage der Zeit, bis Ihr Olivenöl alle ist. Die Lösung für dieses Thema ist relativ einfach: Ausgaben senken oder Einnahmen erhöhen. Beide Optionen betrachten wir ausführlich.

Schauen Sie sich im nächsten Schritt Monate mit Minus-Saldo genauer an und finden Sie die Ursache heraus. Lag es an einem teuren Urlaub? Haben Sie einen neuen Fernseher gekauft? Fiel die Nachzahlung für die Nebenkosten deutlich höher aus als erwartet? Auch hier können Sie überlegen, wie Sie alle Monate ins Plus drehen. Denn dann vergrößern Sie jeden Monat Ihren Wohlstand. Das ist schließlich unser Ziel.

Die eiserne Reserve Olivenöl

Bevor Sie anfangen, Ihren Wohlstand aufzubauen, legen Sie sich eine eiserne Reserve Olivenöl an. Das ist ein bestimmter Geldbetrag, den Sie nur im Notfall antasten.

Das Leben ist niemals perfekt planbar. Immer wieder passieren unvorhergesehene Dinge, die Geld kosten. Schon wenn Ihr Leben halbwegs normal verläuft, können genug Überraschungen auf Sie zukommen. Die Waschmaschine gibt plötzlich ihren Geist auf. Ihr Zahnarzt entdeckt eine Wurzel, die nicht mehr gesund ist. Für ein Implantat verlangt er mehrere tausend Euro. Sie verlieren überraschend Ihren Job und ziehen kurzfristig in eine andere Stadt, um dort wieder neu durch zu starten. Für solche außergewöhnlichen Ausgaben ist es gut, über ein gewisses finanzielles Polster zu verfügen.

In den letzten Jahren nahm die Unsicherheit in der Welt ein ganzes Stück zu. Von 1950 bis etwa 2019 verlief das Leben in Deutschland abgesehen von kleineren Krisen in recht normalen Bahnen. Der Wohlstand stieg von Jahr zu Jahr. Immer mehr Länder arbeiteten friedlich zusammen und lieferten sich gegenseitig Waren, Rohstoffe und Dienstleistungen.

Dann kam das Jahr 2020. Eine weltweite Pandemie erschütterte die ganze Welt. Kurz darauf attackierte Russland die Ukraine. Ein dritter Weltkrieg schien auf einmal nicht mehr völlig undenkbar. In solchen Zeiten gewinnt Ihre persönliche eiserne

Reserve noch mal an Bedeutung. Denn plötzlich sind Szenarien vorstellbar, die wir sonst nur aus Büchern oder Filmen kennen.

Beispiele gefällig? Für mehrere Wochen fällt der Strom aus. Wir können nur noch mit Bargeld etwas zu essen kaufen. Eine Naturkatastrophe oder ein bevorstehender Krieg zwingen uns dazu, unser zu Hause schnell zu verlassen. Hacker legen das Internet und weite Teile unserer Infrastruktur lahm. Wir müssen eine bestimmte Zeit ohne Wasser und Strom auskommen. In diesen und ähnlichen Situationen benötigen wir kurzfristig verfügbare finanzielle Mittel. Eine solche Notreserve verschafft Ihnen Sicherheit und ein gutes Gefühl. Sie können ruhig schlafen, wenn Sie wissen, dass Sie für Krisen vorgesorgt haben.

Wie hoch sollte der Betrag für die eiserne Reserve sein? Es ist schwer vorherzusagen, wann welche ungeplante Ausgabe anfällt. Daher können wir nur an einem ungefähren Richtwert orientieren. Der gängige Rat lautet, eine Not-Reserve von mindestens drei Netto-Monatsgehältern vorzuhalten. Die genaue Höhe können Sie am besten selbst festlegen. Sie hängt stark von Ihrer Lebenssituation ab. Wenn Sie in einem siebzig Jahre alten Haus leben, das Ihnen selbst gehört, ist es wahrscheinlich, dass immer wieder Reparaturen anfallen. Beispielsweise weil ein Herbststurm das halbe Dach abdeckt und Sie weiterhin ein Dach über dem Kopf benötigen. Dann sollte die Reserve etwas höher ausfallen als wenn Sie in einer Mietwohnung leben in der Ihr Vermieter alle größeren Reparaturen bezahlt.

Der festgelegte Betrag für Ihre Reserve ist ein gesonderter Behälter in Ihrem Gewölbekeller. Nur in Notfällen dürfen Sie sich daraus bedienen. Wie verwahren Sie Ihre eiserne Reserve am besten? Bislang gingen die meisten Experten davon aus, dass unser Banksystem stabil funktioniert. Auch in Krisenzeiten. Die Ereignisse in den letzten Jahren zeigen, dass dies nicht zwingend der Fall sein wird. Ein größerer Hacker-Angriff sorgt schnell dafür, dass wir kein Geld mehr am Automaten abheben können.

Auch Überweisungen sind dann vielleicht nicht mehr möglich. Von daher empfiehlt es sich, in jedem Fall einen gewissen Teil Ihrer eisernen Reserve in bar zu lagern.

Heben Sie diesen Teil Ihrer eisernen Reserve in kleineren Scheinen von Ihrem Konto ab. Am besten ein größerer Teil in Euro, ein kleinerer Teil in Dollar. Auch Gold- oder Silbermünzen in kleiner Stückelung sind vorstellbar. Im Falle eines Falles hilft es Ihnen nichts, wenn Sie nur große Scheine haben, die niemand annimmt. Als sicheres Versteck eignen sich Orte in Ihrer Wohnung oder in Ihrem Haus, die niemand so schnell findet. Im Internet finden Sie viele Ideen hierzu.

Ein mögliches Versteck: Kaufen Sie sich ein wasserdichtes Gehäuse in einem Laden für Elektrobastler. In dieses Gehäuse legen Sie Ihr Bargeld. Sicherheitshalber verpacken Sie es noch in Müllsäcke, die Sie mit wasserdichtem Klebeband verkleben. Ihr Geld vergraben Sie dann mindestens sechzig Zentimeter tief im Garten. So kommen Sie auch dann an Ihre eiserne Reserve, falls Ihr Haus zerstört sein sollte. Wenn Sie keinen eigenen Garten haben, fragen Sie Freunde oder Verwandte, die in Ihrer Nähe ein gut zugängliches Grundstück haben.

Den anderen Teil Ihrer eisernen Reserve, den sie nicht in bar vorhalten, legen Sie so an, dass Sie schnell darauf zugreifen können. Es geht hier nicht um Rendite, sondern um schnelle Verfügbarkeit. Denkbar ist eine Anlage auf einem Tagesgeld-Konto, selbst wenn es nur geringe Zinsen bringt. Wenn Sie ganz sicher gehen möchten, können Sie auch ein Online-Konto im Ausland eröffnen. Wählen Sie dabei ein Land mit stabilen Staatsfinanzen wie beispielsweise die Schweiz. In einem Notfall kann es ansonsten passieren, dass Banken und Staaten pleitegehen und Ihr Geld weg ist.

Überlegen Sie, welche Ausgaben plötzlich auf Sie zukommen könnten und wie hoch diese in etwa sein werden. Legen Sie auf dieser Basis die Höhe Ihrer eisernen Reserve Olivenöl fest. Wo verstecken Sie Ihre Reserve?

Meine eiserne Reserve:

_____ Euro _____ Dollar

Ausgaben prüfen und reduzieren

Sie haben nun alle Daten zu Einnahmen und Ausgaben verfügbar. Wie sehen jetzt die nächsten Schritte aus? Wo beginnen Sie am besten? Hierzu gibt es zwei Möglichkeiten, die oft miteinander konkurrieren. Beginnen Sie erstens bei den größten Positionen. Beginnen Sie zweitens bei Positionen, die Sie leicht verändern und beeinflussen können. Schauen wir uns beide Optionen nun einmal näher an.

Wenn Sie etwas nachhaltig verändern möchten, starten Sie bei den Positionen mit dem größten Hebel, also den größten Ausgaben. Das gilt nicht nur beim Geld, sondern auch allgemein im Leben. Ein Beispiel: Zwei Kinder streiten sich darüber, wer bei einem Spiel gewonnen hat. Außerdem beschwert sich die Schwester über den unfreundlichen Ton ihres Bruders. Der Bruder kritisiert die Schwester, weil sie angeblich zu viele Gummibärchen aus der Schüssel gefuttert hat. Die beiden Geschwister tragen somit drei unterschiedliche Konflikte gleichzeitig aus. Wenn Sie den Streit schlichten möchten, finden Sie heraus, welches Thema gerade das größte Problem darstellt. Ist es die Diskussion darüber, wer das Spiel gewonnen hat? Ist es die unfreundliche Bemerkung des Bruders? Oder das Thema Gummibärchen? Gelingt es Ihnen, das größte Problem zu lösen, werden Sie sehr wahrscheinlich auch die anderen Themen recht einfach lösen. Sobald Sie das wichtigste Thema erkannt haben, können Sie versuchen, es zu lösen. Erst danach besprechen Sie mit den Kindern das zweitwichtigste und das drittwichtigste Thema.

Bezogen auf Ihr Olivenöl gilt das gleiche Prinzip. Prüfen Sie im ersten Schritt die Positionen, die am größten sind. Dort finden Sie die größten Einsparpotenziale. Wenn Sie beispielsweise siebenhundert Euro im Monat für Essen und neunhundert Euro im Monat für Ihre Miete ausgeben, betragen diese Positionen zusammen eintausend sechshundert Euro. Gelingt es Ihnen, von dieser Summe hundertfünfzig Euro im Monat einzusparen, erzielen Sie eine Ersparnis von eintausend achthundert Euro pro Jahr. Wenn Sie auf der anderen Seite für Ihren Handyvertrag fünfundvierzig Euro im Monat zahlen, erzielen Sie eine Ersparnis von vielleicht einhundertfünfzig Euro im Jahr, wenn es Ihnen gelingt, einen günstigeren Vertrag zu finden. Folgt man der Logik, immer bei den größten Positionen anzufangen, erzielt man die größte Ersparnis. Doch ganz so einfach ist es nicht.

Bei manchen Positionen können Sie recht einfach einsparen. Bei anderen ist es deutlich aufwändiger. Sie möchten beispielsweise Ihre Miete reduzieren? Dann könnten Sie mit der Erlaubnis Ihres Vermieters ein Zimmer untervermieten. Sie könnten alternativ in eine günstigere Wohnung umziehen. Beide Maßnahmen erfordern jedoch eine größere Umstellung sowie Zeit in der Vorbereitung und Umsetzung. Sie benötigen wahrscheinlich mindestens fünf Stunden Ihrer wertvollen Wohlstandszeit, um Einsparungen bei Ihrer Miete zu realisieren. Vielleicht haben Sie auch eine Kündigungsfrist zu beachten, das heißt, Sie können gar nicht sofort aus Ihrer Wohnung ausziehen.

Im Vergleich dazu benötigen Sie vergleichsweise wenig Zeit, Ihren Handyvertrag neu abzuschließen. Sie rufen ein Vergleichsportal im Internet auf, geben Ihre Daten und Wünsche ein. Per

Mausklick erhalten Sie mehrere Angebote, die günstiger sind. Oft übernimmt das Vergleichsportal auch noch den Formalkram, also den Abschluss eines neuen Vertrages, die Kündigung des alten Vertrages und die Mitnahme Ihrer bisherigen Rufnummer. Für alles zusammen benötigen Sie, wenn überhaupt, gerade mal eine Stunde.

So ist es häufig im Leben. Für größere Veränderungen benötigen Sie Zeit und Vorbereitung. Dafür erhalten Sie dann auch einen großen Effekt. Kleinere Veränderungen setzen Sie zwar schnell um, oft ist die Wirkung jedoch überschaubar. Wie gehen wir mit diesem Dilemma um? Dazu gleich mehr.

Sortieren Sie im ersten Schritt die Jahressummen Ihrer Ausgaben pro Kategorie von groß nach klein. Ihre Auswertung sieht nun in etwa so aus, wie in der Tabelle dargestellt.

	2020	2021	2022
Wohnen	8.703	8.964	9.143
Essen und Trinken	4.390	4.522	4.612
Mobilität	3.811	3.925	4.004
Freizeit	2.717	2.799	2.854
Versicherungen, Finanzen	2.218	2.285	2.330
Einrichtung	1.938	1.996	2.036
Kleidung und Schuhe	1.100	1.133	1.156
Kommunikation	644	663	677
Körperpflege	565	582	594
Sonstiges	350	361	368
Summe	**26.436**	**27.229**	**27.774**

Tabelle: Ausgaben nach Kategorien in Euro

Die meisten Deutschen geben die größten Anteile ihres Geldes für Wohnen sowie für Essen und Trinken aus. Danach folgen Ausgaben für Mobilität und dann mit Abstand die anderen Kategorien. Im zweiten Schritt schauen Sie sich die jeweiligen Positionen innerhalb einer Kategorie an. Dabei gehen Sie auch wieder von groß nach klein vor. Hier ein Beispiel für die Positionen innerhalb der Kategorie Wohnen.

	2020	2021	2022
Kaltmiete	6.018	6.199	6.323
Wasser	769	792	808
Strom	682	702	717
Gas	531	547	558
Sonstige Nebenkosten	350	361	368
Reparaturen	243	250	255
Sonstiges	60	62	63
Nebenkosten Nachzahlung	50	52	53
Summe Wohnen	**8.703**	**8.964**	**9.143**

Tabelle: Positionen innerhalb der Kategorie Wohnen in Euro

Sortieren Sie die Einträge innerhalb der Kategorien nach Möglichkeit auch danach, wem Sie Geld bezahlt haben. Hier erleben Sie meist einige Überraschungsmomente. Manche Firmen buchen recht häufig kleinere Beträge ab. Diese summieren sich auf das gesamte Jahr zu ordentlichen Summen. Andere Unternehmen buchen nur einmal im Jahr ab, und zwar gerade dann, wenn man mit Weihnachten oder anderen Themen beschäftigt ist. So fällt es oft gar nicht auf, dass beispielsweise die Nachzahlung für die Nebenkosten ganz schön happig ausfällt. Aus diesen Gründen ist es sehr hilfreich, wenn Sie die Auszahlungen eines gesamten Jahres betrachten.

Einige Firmen bieten Ihnen Dinge, die Sie nicht nur einmal, sondern die ganze Zeit über nutzen. Dafür erlauben Sie ihnen, sich mit einem Abbuchungsauftrag selbst in Ihrem Gewölbekeller mit Olivenöl zu bedienen. Diese Erlaubnis ist einerseits eine Erleichterung für Sie, denn sonst müssten Sie jedes Mal das Olivenöl selbst aus Ihrem Keller holen und der Firma geben. Auf der anderen Seite verlieren Sie schnell die Kontrolle, wem Sie alles die Erlaubnis erteilt haben, sich eine bestimmte Menge Olivenöl aus Ihrem Keller zu nehmen.

Betrachten Sie die Konsequenzen

Genau dafür ist Ihre Wohlstandszeit da. Sie prüfen, wer von Ihnen Geld bekommt, egal ob per Abbuchungsauftrag, per Überweisung oder in bar. Das Spiel besteht darin, weiterhin möglichst viele schöne Dinge und Erlebnisse zu erhalten und dafür so wenig Olivenöl wie möglich weg zu geben. Prüfen Sie dazu nun jede einzelne Position. Stellen Sie sich folgende Fragen: Kann ich diese Position reduzieren? Was wäre die Konsequenz, wenn ich diese Position reduziere? Auf Basis Ihrer Antworten treffen Sie dann eine Entscheidung und legen die nächsten Schritte fest. Schauen wir uns zwei konkrete Beispiele an.

Beispiel eins: Ihre Kaltmiete beträgt zehntausend Euro im Jahr. Sie wohnen in einer sehr schönen und großzügigen Wohnung. Sie plaudern oft und gerne mit den netten Nachbarn, die Sie auch zu Ihren Geburtstagen einladen. Sie lieben Ihre Dachterrasse. Zur Arbeit fahren Sie knapp zwanzig Minuten. Insgesamt sind Sie sehr glücklich mit Ihrer Wohnung. Allerdings ist sie verglichen mit anderen Wohnungen in Ihrer Gegend recht teuer. Als Sie damals den Mietvertrag abgeschlossen haben, brauchten Sie schnell ein Dach über dem Kopf, weil Sie eine

Woche später im neuen Job starteten. Es besteht also die Möglichkeit, eine günstigere Wohnung zu finden.

Was wäre die Konsequenz? Diese hängt natürlich sehr stark davon ab, welche neue Wohnung Sie finden. Es könnte sein, dass Sie nicht mehr ganz so viel Platz haben wie in der jetzigen Wohnung. Es könnte sein, dass sich Ihr Weg zur Arbeit etwas verlängert. Sie wägen nun die verschiedenen Punkte ab und kommen zu dem Ergebnis, dass Ihnen Ihre Freunde und der Weg zur Arbeit besonders wichtig sind. Somit suchen Sie eine neue günstigere Wohnung im Umkreis von etwa einem Kilometer. Als ersten Schritt nehmen Sie sich vor, mit einer Kollegin zu sprechen, die in einer günstigeren Wohnung zwei Straßen weiter wohnt, ob sie Ihnen einen Kontakt zu ihrem Vermieter herstellen kann.

Beispiel zwei: Ihre Stromrechnung ist vergleichsweise hoch. Einerseits stiegen die Preise für Strom. Andererseits verbrauchen Sie auch etwa fünfzehn Prozent mehr Strom als noch vor drei Jahren. Sie beschließen einen günstigeren Stromanbieter zu finden. Gleichzeitig möchten Sie den Verbrauch reduzieren. Als nächste Schritte schließen Sie über ein Vergleichsportal einen günstigeren Vertrag ab. In diesem Fall entsteht keine spürbare Konsequenz für Sie. Beim Verbrauch finden Sie heraus, dass Ihr Fernseher relativ viel Strom verbraucht. Sie besorgen sich eine Mehrfachsteckdose mit Schalter und schalten den Fernseher jeden Abend vollständig aus. Die Konsequenz ist überschaubar. Sie benötigen auf dem Weg ins Bett lediglich ein paar Schritte mehr.

Auf diese Art und Weise gehen Sie Position für Position durch. Sie finden einerseits Positionen, die Sie verändern möchten, wobei die Veränderungen etwas mehr Zeit in Anspruch nehmen, siehe Beispiel eins zur Wohnung. In solchen Fällen erstellen Sie sich einen Plan, in dem Sie die nächsten Schritte eintragen. Nun bearbeiten Sie in Ihrer Wohlstandszeit immer wieder einzelne Punkte Ihres Plans. In der ersten Woche entwerfen Sie ein Schreiben an mögliche neue Vermieter. In der nächsten Wohlstandszeit organisieren Sie sich von Freunden und Bekannten mögliche Kontaktdaten von Vermietern. Bei einem Spaziergang einige Tage später werfen Sie einen Blick in Treppenhäuser von Mietshäusern, deren Wohnungen Ihnen gefallen. Sie kontaktieren die Vermieter, deren Daten Sie aus den Infokästen im Treppenhaus notiert haben. Bei anderen Positionen erzielen Sie deutlich schneller eine Einsparung. Siehe oben das Beispiel zwei zum Wechsel des Stromanbieters. Bei solchen Positionen notieren Sie sich einfach die entsprechenden Aufgaben in einer Liste. Diese arbeiten Sie dann in ihren Wohlstandszeiten Stück für Stück ab.

Erledigen Sie in Ihrer Wohlstandszeit immer beide Typen von Aufgaben. Einerseits einzelne Schritte zu großen Sparpotenzialen, die etwas mehr Zeit benötigen und andererseits Aufgaben, die Sie schnell und einfach erledigen können. Letztere zeigen schnelle Erfolge. So können Sie sich am Ende jeder Wohlstand Zeit freuen, dass Sie etwas vorangebracht haben. Und noch mehr freuen Sie sich dann, wenn eine größere Aufgabe mit mehreren Teilschritten nach mehreren Wohlstandszeiten erfolgreich erledigt ist.

Verstehen Sie es als Spiel, Ihre Ausgaben zu prüfen und zu senken. Stellen Sie sich vor, in Ihrem Gewölbekeller lagert eines der besten Olivenöle der ganzen Region. Die Menschen und Firmen in Ihrem Dorf wissen das. Sie möchten möglichst viel von Ihrem leckeren Olivenöl abhaben. Deshalb lauern Sie vor Ihrem Garten und machen Ihnen verlockende Angebote. Schöne Klamotten, leckeres Essen oder eine unvergessliche Reise.

Freuen Sie sich jedes Mal, wenn es Ihnen gelungen ist, ohne größere Einbußen die Olivenöl-Menge, die Sie weggeben, zu reduzieren. Sie können das gesparte Olivenöl anlegen oder einfach nur aufbewahren. Oder zu einem späteren Zeitpunkt für etwas anderes ausgeben. Das Spiel beinhaltet auch, immer wieder neue Lösungen und Wege zu finden. Manchmal verlieren Sie eine Spielrunde. Nämlich dann, wenn Sie eine Leistung abbestellt haben, die Sie dann vielleicht doch benötigen. Das ist jedoch nicht schlimm. Reduzieren Sie ihre Ausgaben lieber erst mal etwas zu großzügig. Erlauben Sie weniger Firmen, sich selbst über Einzugsermächtigungen in Ihrem Gewölbekeller zu bedienen. Sie können später immer noch entscheiden, bestimmte Dinge weiterhin zu kaufen.

Drum prüfe, wer sich ewig bindet

Pflichten bindet man sich nicht gerne ans Bein. Das gilt in vielen Bereichen, egal ob wir jeden Sonntag unsere Tante zum Kaffee besuchen, ob wir regelmäßig das Treppenhaus putzen oder im Job Arbeiten übernehmen, die sonst keiner machen möchte. Viel schöner ist ein Leben über das man frei bestimmen kann. Ich kann entscheiden, ob ich heute zum Sport gehe, wohin ich in den Urlaub fahre und mit wem ich mich auf einen Wein zum Feierabend treffe.

Beim Geld legen jedoch viele Menschen erstaunlicherweise wenig Wert auf ihre Freiheit. Sie gehen freiwillig Verpflichtungen ein und kümmern sich dann nicht mehr darum. So laufen Verträge oft jahrelang. Die Beträge aus diesen Verpflichtungen summieren sich enorm auf und verhindern so eigenes Vermögen zu bilden.

Veranschaulichen wir uns, was es bedeutet, ein Abo mit regelmäßiger Abbuchung abzuschließen. Das ist so, wie wenn Sie einer fremden Person einen Schlüssel für Ihren Gewölbekeller geben ihr erlauben, sich regelmäßig eine bestimmte Menge Olivenöl daraus zu nehmen. Ein sehr großzügiges Zugeständnis, oder? Von daher ist es wichtig, dass Sie diese Erlaubnis möglichst wenigen Personen geben.

Ein Beispiel: Sie abonnieren einen Musikstreaming-Dienst, der zehn Euro im Monat kostet. Sie denken: „Zehn Euro sind doch wenig, das ist etwa so teuer wie drei Kaffees auf dem Weg morgens zum Bus." Angenommen Sie nutzen den Streaming-Dienst fünf Jahre lang. Dann zahlen Sie in Summe sechshundert Euro. Hinzu kommen rund fünfzig Euro Zinsen, die Ihnen entgehen, wenn Sie die sechshundert Euro zu vier Prozent pro Jahr anlegen würden. Macht zusammen sechshundertfünfzig Euro.

Dafür könnten Sie sich viele andere schöne Dinge kaufen. Zum Beispiel einen Fernseher. Oder einen Städteurlaub übers Wochenende. Alternativ könnten Sie sich etwa sechshundertfünfzig Songs kaufen, downloaden und Ihr ganzes Leben hören, so oft Sie möchten. Sechshundertfünfzig Musiktitel reichen für etwa zwei Tage Musik am Stück. Außer Sie kaufen lauter Oldies aus den Sechzigern, die meist nur etwa zwei Minuten lang sind.

Dieses kleine Beispiel zeigt, wie sich regelmäßige Verpflichtungen auf Ihr Konto und damit auf Ihren Gewölbekeller auswirken. Auf den ersten Blick denken Sie: „Ist doch wenig Geld!". Doch über die Zeit summieren sich die Beträge ordentlich auf. Wenn Sie ein Freund fragen würde: „Möchtest Du die nächsten fünf Jahre Musik hören und dafür 650 Euro bezahlen?" würden Sie wahrscheinlich sehr genau überlegen, bevor Sie Ja sagen.

Unternehmen nutzen dieses Verhalten der Verbraucher so gut es geht aus. Die Firmen wissen, dass sich viele Menschen nicht gerne mit Geld beschäftigen. Sie wissen, dass es Kundinnen und Kunden oft zu viel Arbeit ist, Verträge zu kündigen. Sie verstecken die Buttons zur Beendigung in den Tiefen Ihrer Internetauftritte.

Wie sieht also die richtige Strategie aus, um möglichst viel Olivenöl zu erhalten? Einmalige Käufe sind häufig sinnvoller als langfristige Abos. Bevorzugen Sie Käufe, die Sie nur einmal bezahlen. Nicht bei allen Käufen gelingt dies. Manche Dinge wie

Wasser oder Strom benötigen Sie nun mal regelmäßig. Dann kommen Sie um einen dauerhaften Vertrag mit regelmäßigen Abbuchungen nicht herum.

Manchmal bieten Firmen jedoch unterschiedliche Optionen, sowohl einen einmaligen Kauf als auch ein Abomodell mit regelmäßiger Zahlung. Ein Beispiel: Das Office Paket von Microsoft mit Programmen wie Word, Excel oder PowerPoint können Sie entweder für sieben Euro im Monat im Abo kaufen. Etwas versteckter findet Sie alternativ auch die Möglichkeit, das Paket einmalig für 149 Euro zu erwerben. Natürlich versucht Microsoft vorzugsweise sein Abomodell an die Frau oder den Mann zu bringen. Deshalb hebt das Unternehmen einige Vorzüge des Abos hervor, wie zum Beispiel regelmäßige Updates oder bestimmte Premiumfunktionen.

Wie gehen Sie nun bei Ihrer Entscheidung vor? Im ersten Schritt berechnen Sie, wie lange es dauert, bis die aufsummierten Monatsgebühren den Einmalpreis übersteigen. In diesem Beispiel wäre das nach einem Jahr und neun Monaten der Fall. Ab dann zahlen Sie drauf, wenn Sie das Abo abschließen. Ein neuer Computer hält heute etwa vier Jahre. Wenn Sie ihn danach durch ein neues Gerät mit neuer Office-Software ersetzen, benötigen Sie alle vier Jahre eine neue Office-Lizenz. Gleichzeitig sparen Sie innerhalb der vier Jahre knapp zweihundert Euro, wenn Sie sich für den einmaligen Kauf der Lizenz anstelle des Abomodells entscheiden. Rechnerisch also ein klarer Vorteil für den einmaligen Kauf.

Nun überlegen Sie, ob sich die Vorteile des Aboangebots für Sie persönlich lohnen. Benötigen Sie wirklich regelmäßige Updates? Die Office Programme gibt es seit vielen Jahren. Sie sind in den letzten Jahren weitgehend unverändert. Solange Sie die Programme für den privaten Gebrauch einsetzen, beinhalten sie heute schon weit mehr Funktionen als notwendig. Es ist also völlig ausreichend, wenn Sie alle vier Jahre die neueste Version kaufen.

Noch günstiger wäre es natürlich, wenn Sie für die Programme überhaupt nichts bezahlen. Es gibt gute Alternativen zu den Microsoft Programmen, wie zum Beispiel Open Office. Diese eignen sich bestens für den privaten Gebrauch. Mit etwas Einarbeitung nutzen Sie diese kostenlosen Programme genauso schnell wie die bekannten Programme des Softwareriesen. In diesem Fall behalten Sie sogar Ihr gesamtes Olivenöl für sich.

Immer dann, wenn es die Möglichkeit gibt, wählen Sie eher einen einmaligen Kauf als ein Abomodell. Berechnen Sie beide Modelle im Vergleich. Also ab wann sich der einmalige Kauf rechnet. Überlegen Sie, welche inhaltlichen Punkte für oder gegen ein Abo sprechen. Dann treffen Sie Ihre Entscheidung. Je weniger Lastschrifteinzüge Sie gewähren, desto weniger Firmen bedienen sich in Ihrem Gewölbekeller. Und Sie laufen auch nicht Gefahr, dass die Abbuchungen immer weiterlaufen, obwohl Sie die Leistungen vielleicht gar nicht mehr nutzen.

Lieben Sie Kündigungen und befreien Sie sich von Verpflichtungen

Beim Wort „Kündigung" denken viele Menschen an nichts Gutes. Sie denken an einen Vermieter, der ihren Mietvertrag beendet. Jetzt stehen sie ohne Wohnung da. Sie denken an einen Arbeitgeber, der Kosten spart und Mitarbeiter entlässt. Nun benötigen sie schnell einen neuen Job. Kündigen kann jedoch auch sehr gut sein, nämlich dann, wenn Sie selbst aktiv von sich aus kündigen. Dann befreien Sie sich von Kosten und das ist gut für Ihren Gewölbekeller.

Beim Geld setzen viele Firmen darauf, dass Kunden vor Kündigungen Bedenken haben. Doch eigentlich ist es ganz einfach. Bei einem Abbuchungsauftrag haben Sie jemand anderem die

Erlaubnis erteilt, regelmäßig in Ihren Gewölbekeller hinab zu steigen und sich eine bestimmte Menge Olivenöl zu nehmen. Bei einer Kündigung widerrufen Sie diese Erlaubnis. Sie können jederzeit den Vertrag wieder neu abschließen und die Erlaubnis erteilen.

Sie können auch einen dauerhaften Vertrag durch einmalige Käufe ersetzen, wie eben schon gesehen. Nehmen wir als Beispiel ein Abo für Zeitschriften. Anstatt automatisch jede Woche eine Zeitschrift im Briefkasten zu erhalten, können Sie auch erst mal am Zeitschriftenregal im Laden einen Blick in die Themen werfen. Dann entscheiden Sie jedes Mal neu, ob Sie die aktuelle Ausgabe interessant finden. Und nur dann kaufen Sie die Zeitschrift. Hierdurch sparen Sie schnell größere Summen ein.

Gehen Sie daher großzügig mit Kündigungen um. Ausnahmen bilden eigentlich nur Ihr Arbeitsvertrag, wichtige Versicherungen und Ihr Mietvertrag. Bei diesen Verträgen ist es sinnvoll, sich eine Kündigung vorab in Ruhe gut zu überlegen. Bei allen anderen Verträgen haben Sie wenig zu verlieren. Und eine Menge zu gewinnen. Sie erhalten nämlich Ihr wertvolles Olivenöl umso besser, je mehr Verträge Sie kündigen.

Wenn Sie beispielsweise in Deutschland Verträge für Strom oder Gas kündigen und noch keinen neuen Vertrag abgeschlossen haben, erhalten Sie trotzdem weiter Energie. Sie erhalten dann Strom oder Gas automatisch zum so genannten Grundtarif. Dieser ist etwas teurer. Dafür können Sie sehr kurzfristig einen anderen Vertrag abschließen. Sie brauchen also keine Angst zu haben, dass Sie im kalten Winter plötzlich ohne Heizung im Wohnzimmer sitzen.

Firmen und Konzerne legen es häufig darauf an, eine Kündigung zu erschweren. Nirgendwo auf der Webseite des Unternehmens findet sich eine passende Telefonnummer. Auf E-Mails, die Sie vom Unternehmen erhalten, können Sie nicht antworten. Manchmal verstecken sich die Möglichkeiten zu einer

Kündigung sehr tief in den Kundenbereichen. Dafür benötigen Sie jedoch oft erstmal einen Login. Und der ist nicht immer bekannt. Was tun?

Bevor Sie lange auf die Suche nach einer Kontaktmöglichkeit für eine Kündigung gehen, machen Sie es sich einfach. Ihre Wohlstandszeit ist viel zu wertvoll, herauszufinden, wie ein Unternehmen Kündigungen entgegennehmen möchte. Der schnellste Weg: Rufen Sie die Seite „Impressum" im Internetauftritt von Unternehmen auf. Meistens finden Sie ganz unten auf der Startseite einen entsprechenden Link. Manchmal finden Sie dort eine Mail-Adresse als Kontaktangabe. An diese Adresse senden Sie folgenden Text:

> Sehr geehrte Damen und Herren,
> hiermit kündige ich meine Verträge zum nächstmöglichen Termin.
> Mit freundlichen Grüßen
> Iris Müller

Mit diesem einfachen Text kündigen Sie kurz und schmerzlos. Sparen Sie sich die Zeit, bestimmte Informationen heraus zu suchen, zum Beispiel Ihre Kundennummer bei der jeweiligen Firma oder die Vertragslaufzeiten und genauen Kündigungsfristen. Diese Suche verläuft oft recht mühsam. Es gibt wichtigere Dinge, die Sie erledigen können. Lassen Sie die Firmen sich selbst darum kümmern. Es ist schließlich nicht Ihr Thema, irgendeine Kundennummer heraus zu suchen. Sollten Sie im Internet im Impressum keine Mail-Adresse finden, schicken Sie den Text oben einfach per Brief an die im Impressum angegebene Postadresse.

Im Normalfall wird Ihnen die Firma dann die Kündigung bestätigen. Manchmal weist sie darauf hin, dass noch eine Mindestvertragslaufzeit einzuhalten ist. Sollte dies der Fall sein, prüfen Sie, ob das Unternehmen die Laufzeit richtig ermittelt hat.

Tragen Sie sich eine Erinnerung im Kalender ein, die Sie an das Ende des Vertrags erinnert. Sollte die Firma danach noch weitere Beträge abbuchen, rufen Sie die Abbuchung bei Ihrer Bank zurück. Entweder das Thema hat sich dann erledigt. Oder die Firma meldet sich, weil sie doch noch eine längere Vertragslaufzeit sieht. Dies ist jedoch relativ selten der Fall.

„Die einfachste Trennung im Leben ist die Mülltrennung" – dieser Satz steht auf einem Mülleimer in einem Berliner Einkaufszentrum. Sorgen Sie dafür, dass Sie in Ihrer Wohlstandszeit immer wieder auch andere Trennungen beziehungsweise Kündigungen erfolgreich umsetzen. Mit der Zeit werden Sie feststellen, dass diese genauso einfach sind, wie eine Mülltrennung.

Wir schauen uns nun verschiedene Kategorien und Arten von Ausgaben an. Werfen wir einen Blick darauf, wie wir sie optimieren und reduzieren können.

Schön wohnen und wenig dafür zahlen

Für unser Dach über dem Kopf geben wir häufig den größten Anteil unseres Einkommens aus. Wir wünschen uns eine schöne Wohnung oder ein schönes Haus, mit viel Platz, Komfort und kurzen Entfernungen zur Arbeit und zum Sportverein.

Seit Corona erlebt unser Wohnraum einen neuen Boom. Wir streichen unsere Wände in edlen Farben, wir legen Wert auf hochwertige und schicke Möbel und mit den passenden Leuchten setzen wir schicke Akzente. Gleichzeitig benötigen wir immer mehr Fläche, seit Jahren wächst die Wohnfläche pro Einwohner in Deutschland. Die Mieten steigen von Jahr zu Jahr, gerade in Großstädten wie München, Frankfurt oder Berlin. Um eine schöne und günstige Wohnung zu ergattern, benötigen Sie Geduld, die richtige Strategie und etwas Glück.

„Es hat geklappt", erzählte mir eine Kollegin neulich. Sie hatte endlich für sich und ihre Familie ein Grundstück gefunden, auf dem sie bauen konnten. Der Weg zu diesem Grundstück war abenteuerlich. Über Bekannte bekam meine Kollegin den Tipp, dass ein älteres Ehepaar ins Seniorenheim umzieht und ihr altes Haus verkaufen möchte. Meine Kollegin rief das Ehepaar an und erfuhr, dass die ältere Dame bereits einen Makler beauftragt hatte. Meine Kollegin wusste, dass Grundstücke in dieser Gegend sehr begehrt sind, da sie in der Nähe aufwuchs. So schnell es ging verabredete sie sich mit dem Makler.

Am nächsten Tag begrüßte sie den Makler vor dem Objekt ihrer Begierde. Der Makler stand neben seinem Auto mit einem großen Schriftzug der Maklerfirma. Meine Kollegin plauderte mit ihm zur Begrüßung über dies und das. Langsam fuhr ein Auto an ihnen vorbei. Das Fahrzeug blieb stehen, der Fahrer legte den Rückwärtsgang ein und als er auf Höhe meiner Kollegin und des Maklers war rief er aus dem Autofenster: „Ist hier ein Haus zu verkaufen? Wenn ja biete ich hunderttausend Euro mehr als das höchste Gebot!". Sowohl meine Kollegien als auch der Makler schauten verdutzt. Nach ein paar Sekunden meinte der Makler es gäbe hier nichts zu Verkaufen und schickte den Mann weiter.

Hinterher meinte der Makler zu meiner Kollegin: „Ich sortiere dieses Angebot aus dem Autofenster mal in die Kategorie ‚nicht seriös' ein. Denn eigentlich bin ich verpflichtet, jedes Angebot an die Verkäufer weiter zu geben. Das ältere Ehepaar hat bereits ein gutes Wort für Ihre Familie eingelegt." Diese kleine Episode zeigt, wie verrückt es teilweise auf Immobilienmärkten zugeht. Zumindest in stark nachgefragten Großstädten. Stellen Sie sich also auf diese besondere Situation ein. Wie das funktioniert, schauen wir uns in den folgenden Abschnitten an.

Die Kosten für Ihre Wohnung können Sie meist nur langfristig beeinflussen. Wenn Sie sich für eine Wohnung oder ein Haus entschieden haben, hängen Sie erst mal in den abgeschlossenen Verträgen fest. Umzüge kosten Zeit und Geld, daher lohnt es sich nicht, alle paar Monate umzuziehen. Welche Möglichkeiten gibt es also, die Kosten für Ihre Wohnung niedrig zu halten? Wir schauen uns zuerst Möglichkeiten bei der Kaltmiete von Mietwohnungen an. Danach blicken wir auf Eigentumswohnungen oder eigene Häuser. Und schließlich schauen wir auf die Nebenkosten.

Setzen Sie auf Qualität statt auf Größe

Die Kaltmiete für eine Wohnung oder ein Haus ergibt sich aus der Anzahl Quadratmeter, die Sie gemietet haben und dem Quadratmeterpreis.

Bei der Anzahl Quadratmeter können Sie sparen, wenn Sie das Motto klein aber fein verfolgen. Mieten Sie eine Wohnung mit weniger Fläche als bisher. Dafür richten Sie sich diese Wohnung richtig schön und behaglich ein. Zwar geben Sie dann etwas mehr Geld für Möbel, Teppiche, Lampen und Deko aus, doch unter dem Strich sparen Sie dauerhaft über die günstige Miete. Wie wäre es mit einem schönen Designer-Sofa, hochwertigen Lampen und einem tollen Farbkonzept in Ihrer Lieblingsfarbe? Sparen Sie sich Platz für überflüssige Klamotten, große Bücherregale und Schränke mit Dingen, die Sie selten gebrauchen. Im Internet finden Sie viele Ideen, wie Sie kleine Räume wunderschön gestalten können. Schauen Sie sich Videos über Menschen an, die die Anzahl der Gegenstände, die sie besitzen, deutlich reduzieren.

Sie können ebenfalls teure Wohnfläche einsparen, wenn Sie Dinge die Sie nicht so häufig benötigen, woanders einlagern. Mieten Sie sich eine Garage, einen Lagerraum oder auch eine zweite günstige Wohnung, die etwas außerhalb liegt. Dort verstauen Sie Ihr Mountainbike, mit dem Sie ab und an durch die Wälder heizen. Dort lagern Sie Ihre Skier oder Ihr Snowboard. Im Sommer deponieren Sie Winterklamotten in Ihrem

Außenlager. Wenn Sie der Typ dafür sind, können Sie auch mit mehreren Menschen in eine Wohnung ziehen. Dann teilen Sie sich Gemeinschaftsflächen wie Küche oder Bad.

Prüfen Sie die Wohnfläche, die Sie benötigen immer wieder, mindestens alle zwei Jahre. Viele Menschen leben immer noch in einer riesigen Wohnung, obwohl ihre Kinder längst ausgezogen sind. Wenn Sie Ihren Job wechseln und statt im Home-Office wieder mehr im Büro arbeiten, können Sie auch überlegen, eine kleinere Wohnung zu wählen.

Sie empfinden es als Verschlechterung, wenn Sie in eine kleinere Wohnung ziehen? Dann fragen Sie sich, wie ein schöner Ausgleich aussehen könnte, um sich mit weniger Fläche anzufreunden. Besuchen Sie zum Beispiel regelmäßig große beeindruckende Gebäude. Erkunden Sie Kirchen mit dreißig Meter hohen Kirchenschiffen und Glasbildern, die in schönen Farben erstrahlen. Entdecken Sie Schlösser in Ihrer Umgebung und andere schöne alte Gebäude. Spazieren Sie so oft es geht im Wald oder am Strand und genießen Sie den Blick in die Ferne. So behalten Sie den Blick auf das große Ganze. Inspirieren Sie sich mit neuen Ideen für Ihr Leben. Das alles macht Sie insgesamt glücklicher und zufriedener, egal ob Sie nun auf ein paar Quadratmetern weniger leben als vorher.

Lage, Lage, Lage

Nun zum zweiten Bereich für Sparmöglichkeiten bei Mietwohnungen, dem Quadratmeterpreis. Dieser bestimmt sich einerseits durch die Lage Ihrer Wohnung und andererseits durch die Qualität und Ausstattung der Immobilie. In jeder Stadt finden Sie beliebte und weniger beliebte Viertel. Oft entscheidet mehr das Image als die Entfernung zum Zentrum.

Ein Beispiel: Viele Hamburger lieben den Stadtteil Eimsbüttel. Dort leben Studenten, Künstler und Menschen, die sich für wichtig halten, in schönen Altbauwohnungen. Der Stadtteil

Hamm ist ungefähr genauso weit von der Innenstadt entfernt wie Eimsbüttel. In Hamm leben mehr Menschen mit geringerem Einkommen. Die Wohnungen stammen häufig aus den fünfziger und sechziger Jahren, einer Zeit in der die Politik schnell günstige Wohnungen baute, ohne groß auf schöne Architektur und hochwertige Materialien zu achten.

Fragen Sie eine Hamburgerin, in welchem Stadtteil Sie lieber leben möchte. Die Antwort lautet häufiger „Eimsbüttel" als „Hamm". Gleichwohl gibt es auch in Hamm sehr schöne Wohnungen, die direkt am Park liegen. Überlegen Sie sich also genau, in welchen Stadtteil Sie ziehen. Sie sparen viel Geld, wenn Sie einen nicht so beliebten Stadtteil wählen. Dafür können Sie eventuell eine größere Wohnung in einer schöneren Lage nehmen.

Beachten Sie auch die Entfernung zwischen Ihrem Arbeitsplatz und Ihrem Wohnort. Also wie schnell Sie zur Arbeit, ins Sportstudio, ins Kino oder ins Theater kommen. Zu lange Arbeitswege führen zur Unzufriedenheit, das ist wissenschaftlich belegt.

Viele Menschen erfüllen sich ihren Traum vom Haus im Grünen außerhalb der teuren Städte. Im Umland zahlen sie für Grundstücke und Immobilien vermeintlich weniger. Auf den ersten Blick stimmt das. Oft geht die Rechnung jedoch nicht auf. Als Familie benötigen Sie auf dem Land meist ein zweites Auto. Nehmen wir an, dass ein Auto mit allem Drum und Dran im Monat etwa dreihundert Euro kostet. Dieser Betrag summiert sich über fünfzehn Jahre auf insgesamt 54.000 Euro auf. Ohne Berücksichtigung von Zinsen und Inflation.

Hinzukommt, dass Sie mit einem Haus auf dem Land deutlich länger zur Arbeit brauchen. Bei einem zusätzlichen Fahrweg von einer Stunde, das heißt jeweils eine halbe Stunde mehr für die Hin- beziehungsweise die Rückfahrt, und einem Stundenlohn von fünfzehn Euro ergibt sich ein Betrag von knapp

34.000 Euro, wenn Sie an einhundertfünfzig Tagen im Jahr zur Arbeit fahren. Somit könnten Sie für eine Immobilie, die näher an Ihrem Arbeitsplatz liegt, rund 90.000 Euro mehr investieren. Und hätten gleichzeitig jeden Tag eine Stunde mehr Zeit für schöne Dinge im Leben. Zum Beispiel für einen Besuch mit Verkostung in Ihrem sagenumwobenem Gewölbekeller.

Die Quadratmeterpreise hängen nicht nur von der Lage einer Immobilie ab, sondern auch von der Art der Immobilie. Genossenschaften bieten häufig tolle Wohnungen für wenig Geld an, da Sie anders als private Immobilienfirmen keinen Gewinn zu erzielen brauchen. Da Genossenschaften beliebt sind, sammeln sich oft viele Interessenten auf Wartelisten. Tragen Sie sich einfach auf ein paar solcher Listen ein, vielleicht finden Sie über diesen Weg Ihre Traumwohnung. Ein Angebot für eine Wohnung einer Genossenschaft ablehnen können Sie immer noch.

Achten Sie bei Mietverträgen auf Indexmieten und Mindestlaufzeiten

Wählen Sie am besten einen Mietvertrag in dem die Kaltmiete als fester Wert geregelt ist. Viele Vermieter bieten Ihnen jedoch einen Vertrag mit sogenannten Indexmieten an. Das bedeutet, dass Sie für Ihre Miete jedes Jahr mehr Geld bezahlen. Die Erhöhung ist oft gekoppelt an die Inflationsraten. So eine Regelung ist meist ein teures Vergnügen für Sie. Sie gestatten Ihrem Vermieter, dass er sich jedes Jahr mehr Olivenöl aus Ihrem Gewölbekeller nimmt. Wenn sich beispielsweise Ihre Miete über fünf Jahre jedes Jahr um drei Prozent erhöht, zahlen Sie im fünften Jahr im Vergleich zum ersten Jahr dreizehn Prozent mehr. Gut für Ihren Vermieter, nicht gut für Ihren Öl Vorrat. Machen Sie von daher einen Bogen um Verträge mit Indexmiete, wann immer es möglich ist. Außer Sie beabsichtigen die Wohnung ohnehin nur für kurze Zeit zu mieten.

Achten Sie bei Mietverträgen insbesondere auf die Kündigungsmöglichkeiten. Häufig fordern Vermieter eine Mindestlaufzeit von mehreren Jahren. Dies nimmt Ihnen jedoch Flexibilität, falls Sie beruflich in eine andere Stadt wechseln oder eine günstigere beziehungsweise schönere Wohnung finden. Dann müssten Sie einen Nachmieter suchen, was aufwendig ist und für Sie ein Risiko darstellt. Gelingt es nicht, zahlen Sie im schlimmsten Fall zweimal Miete, sowohl für die alte als auch für die neue Wohnung.

Oft versuchen Vermieter Ihnen eine feste Mindestlaufzeit im Vertrag unterzujubeln. Dann dürfen Sie beispielsweise frühestens nach drei Jahren den Vertrag von sich aus beenden. Probieren Sie in jedem Fall, feste Mindestlaufzeiten weg zu verhandeln. Am besten vollständig. Ein Verweis auf die gesetzlichen Kündigungsfristen laut Bürgerlichem Gesetzbuch genügt völlig.

Manchmal sind jedoch andere Interessenten bereit, eine solche Klausel zu unterschreiben. Dann setzt der Vermieter Sie unter Druck. Versuchen Sie in diesem Fall die Mindestlaufzeit wenigstens einzuschränken. Beispielsweise so: „Wenn die Arbeitsstelle des Mieters an einen anderen Ort wechselt, gilt für den Mietvertrag anstelle der Mindestlaufzeit die gesetzliche Kündigungsfrist."

Solche Anpassungswünsche formulieren Sie am besten freundlich und bestimmt erst ganz kurz vor Unterschrift des Mietvertrags. Bei nachgefragten Wohnungen wäre die Gefahr sonst zu groß, dass der Vermieter Sie gleich aussortiert. Kurz vor der Unterschrift haben Sie den Vermieter schon überzeugt. Er hat sich dann emotional schon für Sie entschieden und es fällt ihm nicht mehr so leicht, Ihnen abzusagen.

Eine gute Beziehung zu Ihrem Vermieter ist bares Geld wert

Achten Sie genau darauf, wen Sie als Vermieter auswählen. Die meisten Wohnungen in Deutschland vermieten private Eigentümer. Meistens gehören ihnen weniger als fünf Wohnungen. Diese vermieten sie, um sich ihr Einkommen aufzubessern oder weil Sie emotional an der Wohnung hängen und sie nicht verkaufen möchten.

Private Vermieter wünschen sich meist eine gute Beziehung zu ihren Mietern. Gleichzeitig legen die Vermieter es meist nicht darauf an, den letzten Cent heraus zu holen. Somit können Sie eine günstige Miete vereinbaren und dauerhaft sichern, wenn Sie sich mit Ihrem Vermieter gut verstehen. Die Wahrscheinlichkeit, dass Ihr privater Vermieter dann Erhöhungen der Miete von Ihnen fordert, sinkt.

Seien Sie vorsichtig bei Vermietern, die ihre Wohnung so behandeln, so als würden Sie selbst noch darin wohnen. Oft hat der Vermieter früher einige Jahre selbst in der Wohnung gewohnt. Dann hat er den Zustand der Wohnung von damals im Kopf abgespeichert. Sobald irgendetwas in „seiner" Wohnung kaputt geht, was völlig normal ist, empfindet es der Vermieter als persönliche Beleidigung. Entsprechend zeigt er sich äußerst knickerig bei der Erstattung von Reparaturen. Sie erkennen solche Vermieter daran, dass Sie bei der Besichtigung unwichtige Details besonders hervorheben, obwohl der Gesamtzustand der Wohnung zu wünschen übriglässt. Erklärt er Ihnen beispielsweise ausgiebig die Fächeraufteilung eines kleinen Einbauschranks, obwohl das Bad schon halb verrottet, suchen Sie sich ein anderes Dach über dem Kopf.

Finden Sie eine schöne und günstige Wohnung

In vielen Städten fehlen Wohnungen. In den letzten Jahren sank die Anzahl der Sozialwohnungen mit günstiger Miete von Jahr zu Jahr. Daher suchen viele Menschen verzweifelt nach bezahlbarem Wohnraum. Gerade private Vermieter vermeiden oft einen großen Andrang an Bewerbern für eine Wohnung, da es ihnen zu stressig ist. Sie setzen eher auf persönliche Empfehlungen.

Versuchen Sie also, bezahlbare Wohnungen außerhalb der normalen Angebote in Immobilienportalen zu finden. Wenn Sie bei Bekannten und Freunden ein Haus mit schönen Wohnungen entdecken, können Sie eine Nachricht an deren Vermieter schicken. In etwa so: „Ich habe dieses Wochenende Freunde in Ihrem Wohnhaus besucht. Die Wohnungen gefallen mir wirklich sehr gut. Falls demnächst mal eine frei wird, freue ich mich sehr über eine Rückmeldung." Mit etwas Glück meldet sich der Vermieter dann irgendwann bei Ihnen.

Wenn Sie niemanden kennen, der im Haus wohnt, können Sie es auch über einen anderen Weg versuchen. Schauen Sie in die Aushänge im Treppenhaus, dort finden sich meistens Informationen über den Vermieter oder die Hausverwaltung. Schreiben Sie dann eine ähnliche Nachricht wie oben.

Bei Besichtigungen mit vielen Interessenten heben Sie sich von der Masse ab, wenn Sie sich etwas Besonderes überlegen. Beispielsweise ein Foto von Ihnen und Ihrer Familie mit handgeschriebenen Zeilen auf der Rückseite. Darin danken Sie für die Besichtigung und schreiben kurz, was Ihnen besonders toll an der Wohnung gefällt.

Erschreckend viele Makler verhalten sich nicht immer ehrlich. Hier hilft ein kleines Zusatzangebot in bar häufig sehr dabei, dass Sie eine Wohnung bekommen. Sprechen Sie das Thema sehr vorsichtig an, wenn keine anderen Personen zuhören. Beispielsweise so: „Manche Makler freuen sich über eine kleine Zuwendung in bar um den richtigen Mieter auszuwählen. Wie ist Ihre Meinung zu diesem Thema?"

Überlegen Sie sich, wie Sie einen Vermieter von sich überzeugen können. Vermieter sind auch nur Menschen. Häufig fragen viele Interessenten bei ihnen an und möchten Wohnungen mieten. Versetzen wir uns daher kurz in die Lage eines

Vermieters. Er wünscht sich in erster Linie Mieter, die ihre Miete pünktlich zahlen. Viele Vermieter verlangen eine Schufa-Auskunft. Diese bezieht sich allerdings nur auf die Vergangenheit und garantiert keine Zahlungen in der Zukunft. Von daher versuchen Vermieter Ihre Zuverlässigkeit zusätzlich anders abzuschätzen. Hier können Sie ansetzen. Erscheinen Sie pünktlich zu Terminen. Halten Sie alle Absprachen ein. Bringen Sie zur Besichtigung ein Maßband mit und vermessen Sie demonstrativ in paar Räume und Ecken in der Wohnung. Schreiben Sie nach der Besichtigung eine Mail, dass Sie die Wohnung toll finden. Ziehen Sie sich passend an. Im Zweifel eher etwas zu spießig.

Vermieter wünschen sich außerdem Mieter, die gerne in der Wohnung leben und nicht sofort nach ein paar Monaten kündigen. Vermitteln Sie daher dem Vermieter, dass Sie länger in der Wohnung wohnen möchten. Sparen Sie Aussagen wie „Ich suche erstmal was für den Übergang."

Weiterhin bevorzugen Vermieter unkomplizierte Mieter. Verzetteln Sie sich daher nicht in unnötige Detaildiskussionen gleich beim ersten Termin. Diese können Sie später immer noch führen. Loben Sie bei der Besichtigung Details zur Wohnung, die der Vermieter hervorhebt. Erzählt er Ihnen beispielsweise von der aufwendigen Badsanierung, betonen Sie, wie toll das neue Bad nun aussieht. Erkundigen Sie sich im Besichtigungstermin auch nach der Hausgemeinschaft, also den anderen Bewohnern. In welchem Alter sind die Mitbewohner? Wie lange wohnen Sie schon im Haus? Diese Fragen zeigen dem Vermieter Ihr Interesse an einer guten Gemeinschaft. Und dass Sie nicht einfach eine Wohnung suchen, egal wer darin wohnt.

Mieten nachverhandeln und reduzieren

Vermieter freuen sich über Mieter, die die Wohnung pfleglich behandeln und pünktlich ihre Miete zahlen. Entsprechend lohnt es sich, nach ein bis zwei Jahren den Vermieter anzusprechen, ob es irgendwelche Möglichkeiten gibt, Ihnen entgegen zu kommen.

Im ersten Augenblick denken Sie vielleicht, das sei unmöglich. Unternehmen, die Gewerberäume mieten, verhandeln anders als Privatpersonen häufig mit Vermietern. Fragen kostet nichts. Wenn sich die Gelegenheit ergibt, fragen Sie Ihren derzeitigen Vermieter, ob er Ihnen die Miete etwas reduziert. Im Gegenzug können Sie ihm anbieten, den Mietvertrag mindestens um zwei Jahre zu verlängern oder alternativ Reparaturen zu übernehmen, die eigentlich der Vermieter erledigen müsste.

Wenn Sie jedoch einen neuen Mietvertrag abschließen, empfiehlt es sich, dass Sie nur nachverhandeln, wenn Sie merken, dass es keine anderen ernsthaften Interessenten für die Wohnung gibt.

Nebenkosten reduzieren

Sie können weiterhin bei Ihren Nebenkosten einsparen. Achten Sie bei der Wohnungsbesichtigung darauf, wie das Wasser erwärmt wird. In Altbauwohnungen machen sich es Vermieter einfach und installieren häufig Boiler, die mit Strom betrieben werden. In der Regel verbrauchen diese Geräte sehr viel Strom. Wenn Ihr Wasser über eine Zentralheizung oder über Fernwärme erwärmt wird, ist das viel besser und günstiger. Lassen Sie sich am besten die Nebenkosten-Abrechnungen von den Vormietern zeigen. Dann bekommen Sie einen realistischen Eindruck, was Sie zusätzlich zu Ihrer Kaltmiete bezahlen müssen.

Sparen bei Strom, Wasser und Gas

In den letzten Jahren erhöhten sich die Energiepreise weiter und weiter, zuletzt durch die Konflikte mit Russland. Auch in diesem Bereich können Sie bares Geld sparen. Der erste Hebel ergibt sich über die verbrauchten Mengen. Je weniger Sie verbrauchen, umso mehr Olivenöl behalten Sie in Ihrem Gewölbekeller.

Um Strom zu sparen, finden Sie heraus, welche Geräte in Ihrem Haushalt am meisten Strom verbrauchen. Dort liegt das größte Einsparpotenzial. Alte Waschmaschinen, alte Kühlschränke, alte Fernseher und Heizungen, die mit Strom laufen – das sind oft gefräßige Stromverbraucher. Ersetzen Sie die Gefriertruhe von Oma im Keller durch ein modernes Gerät. Energiesparlampen lohnen sich in allen Räumen, in denen Sie mehrere Stunden Licht einschalten, zum Beispiel im Wohnzimmer oder in den Kinderzimmern.

Viele Geräte benötigen Strom, obwohl Sie gar nicht laufen. Sie befinden sich im Standby-Betrieb oder das Netzteil saugt wertvollen Strom aus Ihrer Steckdose, obwohl Sie das Gerät gerade gar nicht benutzen. Schalten Sie vor diese Geräte eine Steckdose mit einem Schalter. Damit schalten Sie den Strom schon vor dem Netzteil ab, so dass der Stromzähler nicht mehr weiterläuft.

In vielen Altbauwohnungen erwärmen Boiler das Wasser, beispielsweise für die Dusche oder für das Waschbecken. Diese Geräte verbrauchen ebenfalls sehr viel Strom. Prüfen Sie, ob es eine Möglichkeit gibt, Warmwasser über einen günstigeren Weg zu bekommen. Sprechen Sie dazu mit Ihrem Vermieter.

Vielleicht lohnt es sich auch, über Solarzellen zusätzlich Strom zu erzeugen und diesen selbst zu nutzen. Dadurch reduzieren Sie ebenfalls die Menge an Strom, die Sie einkaufen. Inzwischen bieten Hersteller von Solarzellen viele Lösungen. Von einer Solarzelle auf dem Balkon, bis hin zur integrierten Anlage mit einer Wärmepumpe.

Das Motto „Wasser marsch" gilt nur für die Feuerwehr. Nicht für Sie. Am meisten Wasser verbrauchen Sie in der Regel beim Baden, beim Duschen und für nicht mehr moderne Geschirrspüler oder Waschmaschinen. Für Duschen und

Waschbecken gibt es spezielle Sparventile. Diese verteilen den Wasserstrahl besser. Damit benötigen Sie weniger Wasser beim Duschen. Wenn Sie glücklicher Besitzer eines Gartens sind, fangen Sie Regenwasser auf, um damit Ihre Pflanzen zu gießen.

Auch beim Gas können Sie sparen. Sorgen Sie dafür, dass die Gas-Heizung regelmäßig gewartet wird. Die Heizungsmonteure stellen Ihre Anlage so ein, dass Sie möglichst wenig Gas verbraucht. Heizen Sie die Räume in Ihrer Wohnung nur auf die Temperatur, die Sie zum Wohlfühlen mindestens brauchen. Achten Sie allerdings darauf, dass schnell Schimmel entsteht, wenn Sie im Winter nicht ausreichend heizen. Prüfen Sie, ob Fenster und Türen dicht sind. Ein Dichtungsband aus dem Baumarkt hilft manchmal Wunder.

Nicht nur die Menge entscheidet, sondern auch der Preis

Der zweite Hebel um bei Strom und Gas zu sparen liegt darin, günstige Verträge abzuschließen. Bei Wasser sind Sie meist an den örtlichen Versorger gebunden. Hier ist es nicht möglich, einen anderen günstigeren Anbieter zu wählen. Daher können Sie beim Wasser meist nur über eine Reduzierung der Menge einsparen. Prüfen Sie einmal im Jahr über ein Vergleichsportal im Internet, ob es vielleicht einen günstigeren Vertrag für Strom oder Gas gibt. Manchmal rechnet es sich, einen Vertrag gleich für zwei Jahre abzuschließen. Achten Sie darauf, dass Sie die Verträge rechtzeitig kündigen. Denn oft bieten die Anbieter in den ersten beiden Jahren günstige Preise inklusive Bonuszahlungen und Rabatte. Wenn sich der Vertrag anschließend um ein Jahr verlängert, zahlen Verbraucher ordentlich drauf. Denn die Preise im dritten Jahr sind dann plötzlich deutlich höher.

Sie brauchen mit der Kündigung eines Vertrages auch nicht bis zum Ende der Laufzeit zu warten. Sie können den Vertrag direkt kündigen, nachdem er ein paar Monate gelaufen ist. Machen Sie sich das zur Gewohnheit, als eine regelmäßige Aufgabe in Ihrer Wohlstandzeit. Denn dann brauchen Sie sich nicht mehr darum zu kümmern, ob die Kündigungsfrist zwei oder vier Monate beträgt. Selbst wenn Sie vergessen, einen anderen neuen Vertrag abzuschließen, bekommen Sie weiterhin Gas oder Strom. Sie wechseln dann automatisch in den so genannten Grundtarif der Versorgungsunternehmen. Dieser ist meist etwas teurer. Sie können ihn aber dann sehr kurzfristig kündigen und einen günstigeren Vertrag abschließen.

Für Menschen, die ihre Wohlstandzeit sehr effektiv nutzen möchten, gibt es inzwischen auch Dienstleister, die regelmäßig Verträge mit Versorgungsunternehmen überprüfen und soweit sinnvoll neu abschließen. Sie verlangen meist eine kleine Gebühr für ihre Dienstleistung. Trotzdem sparen Sie unter dem Strich noch Geld.

Bisher betrachteten wir hauptsächlich Sparmöglichkeiten bei gemieteten Wohnungen oder Häuser. Jetzt schauen wir auf die eigenen vier Wände. Dabei stellt sich zuerst die Frage, ob es überhaupt sinnvoll ist, sich eine eigene Wohnung oder ein eigenes Haus zu kaufen, um selbst darin zu wohnen. Etwas später blicken wir dann auf Immobilien, die Sie als Geldanlage kaufen und an Mieterinnen und Mieter vermieten.

Lohnt es sich ein Haus oder eine Wohnung zu kaufen?

Sehr viele Menschen träumen den Traum vom Eigenheim. Sie verbinden damit finanzielle Sicherheit, Geborgenheit und eine sichere Altersvorsorge. Träumen Sie auch davon, auf Ihrer eigenen Terrasse zu liegen mit einem Glas Rotwein in der Hand und den Sonnenuntergang am Waldrand zu beobachten? Eine ganze Branche voller Kreditvermittler, Bauunternehmer und Maklern lebt von diesen Träumen. Und verlangt dafür große Mengen Ihres Olivenöls. Manchmal so viel, dass Ihr Gewölbekeller komplett bis auf den letzten Tropfen leer ist. Schauen wir also etwas genauer hin. Lohnt es sich wirklich, ein Haus oder eine

Wohnung zu kaufen?

Ohne Frage: In einem eigenen freistehenden Haus mit Garten lebt es sich wunderbar. Kein Vermieter, der Sie darauf hinweist, dass Ihre Schuhe nicht im Flur stehen dürfen. Sie entscheiden, ob Sie eine Wand durchbrechen um größere Räume zu schaffen oder wie viele Sonnenblumen Sie im Garten anpflanzen. Und wenn die Preise für Immobilien weiter steigen können Sie Ihre Immobilie später zu einem hohen Preis verkaufen. Soweit die Vorteile eines eigenen Hauses.

Viele Menschen übersehen jedoch, dass sie ihr Haus mit hundertvierzig Quadratmetern nur etwa zwanzig bis dreißig Jahre sinnvoll selbst nutzen. Angenommen Sie sind heute Ende zwanzig und wünschen sich Kinder. Sie kaufen sich ein Haus im Grünen mit zwei Kinderzimmern. Zwanzig Jahre später ziehen Ihre Kinder aus in ihre eigene Wohnung. Jetzt wohnen Sie wie viele ältere Menschen in einem zu großen Haus, das Sie heizen und instandhalten. Sie entnehmen also jeden Monat zu viel wertvolles Olivenöl aus Ihrem Gewölbekeller. Irgendwann, wenn Sie nicht mehr so gut zu Fuß sind, kommen Sie nicht mehr die Treppen hoch ins Badezimmer im ersten Stock. Spätestens dann brauchen Sie ein neues Dach über dem Kopf.

Gut, denken Sie vielleicht, dann verkaufe ich mein Haus doch einfach später zu einem guten Preis. Sie haben ja viele Geschichten von Freunden und Bekannten gehört, die Rekordpreise für Ihre Immobilien erzielt haben. Aktuell mag das so sein, Sie können sich jedoch für die Zukunft nicht darauf verlassen. Immobilien verteuerten sich in den letzten Jahren hauptsächlich, weil die Grundstücke im Wert zulegten. Ein neu gebautes Haus verliert dagegen jedes Jahr an Wert. Die Dämmung und der Energieverbrauch entsprechen in zwanzig Jahren nicht mehr den aktuellen Vorgaben. Die Netzwerkverkabelung reicht allenfalls für Computer aus dem Museum. Das Bad in rosa und hellblau aus den 70ern gefällt der jungen Familie, die Ihr Haus besichtigt, auch nicht mehr. Also plant sie das Bad zu sanieren und zieht Ihnen die Kosten vom Kaufpreis ab.

Wenn Sie Ihre Wohnung oder Ihr Haus schon nach kurzer Zeit, also nach zwei bis fünf Jahren verkaufen, zahlen Sie fast immer drauf. Bei jedem Verkauf fallen vergleichsweise hohe einmalige Kosten wie Grunderwerbsteuer oder Gebühren für Notar und Grundbuch an, das sind schnell mehrere zehntausend Euro. Hinzu kommen eventuell weitere Steuern auf die Wertsteigerung Ihrer Immobilie. So schnell steigt der Wert von Grundstücken oder Immobilien nicht, um diese Kosten schnell wieder reinzuholen.

Der Wert einer Immobilie verändert sich auch durch die Nachbarschaft, die Sie nicht beeinflussen können. Ein Neubau auf dem Nachbargrundstück verschattet auf einmal Ihre Terrasse am Nachmittag. Ein paar Häuser weiter eröffnet ein Dönerladen, der Ihnen schon morgens den Duft von Fritteusen-Fett durchs offene Schlafzimmerfenster serviert. Der Parkplatz des Supermarkts um die Ecke ist irgendwann zu klein. Deshalb stehen regelmäßig Kunden vor Ihrer Einfahrt, nur um kurz etwas Milch zu kaufen. Solche Veränderungen können Sie kaum vorhersehen, wenn Sie sich eine Immobilie kaufen. Trotzdem können sie sich enorm auf Ihr Wohlbefinden oder den späteren Verkaufspreis Ihrer Immobilie auswirken.

Auf noch mehr Spaß können Sie sich freuen, wenn Sie eine Wohnung oder eine Doppelhaushälfte kaufen. Dann diskutieren Sie viele Reparaturen mit anderen Eigentümern. Es geht um viel Geld und manchmal möchte jeder etwas anderes. Ein älteres Ehepaar im Alter von Ende siebzig nimmt kein Geld mehr in die Hand, um das Dach besser zu dämmen. Eine jüngere Familie plant dagegen den Wert des Hauses möglichst zu steigern. Die beauftragte Reinigungsfirma fällt mal wieder krankheitsbedingt aus. Die Eigentümer in den unteren Etagen finden es ungerecht, dass Sie mehr Dreck im Treppenhaus beseitigen müssen als die

Eigentümer der Dachgeschosswohnung. Bei Eigentümergemeinschaften hängt also viel davon, wie gut Sie sich mit anderen Menschen verstehen, die Sie sich nicht aussuchen können.

Sie finden im Internet und in Bücher massenweise Rechnungen, die Kauf und Miete von Immobilien vergleichen. In den meisten Fällen stellen Sie fest, dass sich beides wenig nimmt. Rein finanziell betrachtet und sauber gerechnet ist ein Kauf meist nicht vorteilhafter als zu mieten. Auch wenn Immobilienfirmen Ihnen oft genau das Gegenteil vorrechnen. Die Rechnung hängt immer von Annahmen ab, die weit in der Zukunft liegen. Niemand kann jedoch Verkaufspreise, Zinsen und Nutzungsdauern seriös für zwanzig oder dreißig Jahre prognostizieren. Von daher sparen Sie sich die Mühe, betrachten Sie lieber die Vorteile beziehungsweise Nachteile abseits der Zahlen. Und prüfen Sie ernsthaft zu mieten. Sie bleiben flexibel, brauchen sich um größere Reparaturen nicht zu kümmern und zahlen meist weniger als die Kreditraten für einen Immobilienkauf.

Das Alles schreckt Sie noch nicht ab? Sie halten an Ihrem Wunsch fest, eine eigene Immobilie zu kaufen? Sie möchten nicht mehr flexibel bleiben als Mieter? Gut, dann schauen wir jetzt, wie Sie mit möglichst wenig Olivenöl zu Ihrem Traumhaus oder Ihrer Traumwohnung kommen.

Die Preise von Wohnungen und Häusern steigen

Die Immobilienpreise kannten in den letzten Jahren nur einen Weg: nach oben. Heute zahlen Sie für ein Haus oder für eine Eigentumswohnung deutlich mehr als noch vor zehn Jahren. Preissteigerungen bis zu achtzig Prozent sind zu beobachten, selbst wenn die Preise aufgrund der aktuellen Situation auch mal ein paar Jahre sinken. Die Gründe für die Erhöhungen sind vielfältig. Immer mehr Menschen möchten in den Städten wohnen. Gleichzeitig gibt es nur wenig freie Grundstücke. Auch Baumaterialien wie Steine, Holz oder Stahl kosten deutlich mehr als noch vor einigen Jahren. Schon vor der Coronakrise legten Firmen einige Fabriken für die Produktion von Baumaterial still. Bauunternehmen finden immer schwerer Arbeitskräfte. Kaum jemand möchte heute noch im Freien bei jedem Wetter körperlich schwer arbeiten, wie zum Beispiel bei Maurern.

Mit den Preisen für Neubauten stiegen auch die Preise für Bestandsimmobilien. Teilweise in völlig absurde Höhen. Schauen Sie einmal aus Spaß ein Angebot für ein Haus in einem Immobilienportal an. Ziehen Sie vom geforderten Kaufpreis den Wert des Grundstücks ab. Oft bleibt dann ein geforderter Preis für das Haus selbst übrig, der höher liegt als wenn man neu bauen würde. Und diesen Preis sollen Sie dann für ein fünfunddreißig Jahre altes Haus mit maroder Heizung, erneuerungsbedürftigen Fenstern und wackeligen Dachziegeln bezahlen? Alle Verkäufer von Immobilien kennen die Marktsituation und legen es meist darauf an, möglichst hohe Preise zu erzielen. Somit ist es nicht einfach, günstig zu einer Immobilie zu kommen. Wie gelingt es Ihnen dennoch, Immobilien günstig zu kaufen?

So kaufen Sie eine Wohnung oder ein Haus zu einem günstigen Preis

Die meisten Immobilienkäufer durchforsten Anzeigen in Immobilienportalen. Alternativ setzen sie eine Suchanzeige ins Internet oder in eine Zeitung. Viele Menschen kontaktieren auch Makler und setzen sich auf deren Wartelisten. Das alles ist schön und gut. Es spricht nichts dagegen. Die Wahrscheinlichkeit, dass Sie über diesen Weg Ihre Traumimmobilie finden, ist jedoch recht gering. Viel zu viele Menschen probieren es auf diesen Wegen. Heben Sie sich von der Masse ab und gehen Sie neue Wege, um Ihre Traumimmobilie zu finden.

Beginnen wir mit der Suche nach einem Haus. Konzentrieren Sie sich auf die Suche nach unbebauten Grundstücken oder nach einem Grundstück mit einem sehr alten Haus zum Abreißen. Weshalb? Wie wir gesehen haben, sind die Preise für gebrauchte neuere Häuser relativ hoch. In den meisten Fällen zu hoch. Die Dämmung von gebrauchten Häusern lässt oft zu wünschen übrig, was zu hohen Energiekosten in den Folgejahren führt. Daher finden Sie bei gebrauchten Häusern kaum ein Schnäppchen. Hinzu kommt, dass verschiedene einmalige Kosten wie die Grunderwerbsteuer, die Notarkosten oder eine Provision für den Makler von der Höhe des Kaufpreises abhängen. Je niedriger der Kaufpreis, desto niedriger fallen auch diese Einmalkosten aus.

Vergleichsweise günstig ist es dagegen, ein neues Haus zu bauen. Entweder auf einem Grundstück, das noch nicht bebaut ist. Oder auf einem Grundstück mit einem alten Haus, das Sie abreißen und durch ein neues Haus ersetzen.

Ein Grundstück kaufen Sie am günstigsten von einer Privatperson. Sobald weitere Firmen wie Makler oder Bauunternehmen ihre Finger mit im Spiel haben, halten diese sofort die Hand auf. Denn die Firmen wollen an Ihrem Traumhaus kräftig mitverdienen. Sie suchen also eine Privatperson, die Ihnen ein komplettes Grundstück oder einen Teil davon verkauft. Oder eine Person, der ein sehr altes Haus gehört, das Sie abreißen und neu erbauen können. Meist handelt es sich dabei um ältere Menschen.

Versetzen Sie sich in den Verkäufer

Versetzen wir uns kurz in die Lage eines Verkäufers. Was geht ihm durch den Kopf? Oft fürchten sich Verkäufer vor einem Verkauf. Viel Geld steht auf dem Spiel, manchmal mehr oder weniger das gesamte Vermögen einer Person. Verkäufer haben Angst, betrogen zu werden, sie wissen nicht, wie ein

Grundstücksverkauf abläuft. Vielleicht haben sie vor vielen Jahrzehnten das letzte Mal ein Haus gekauft oder verkauft. Manchmal fühlen sich Verkäufer auch ihren bereits verstorbenen Eltern oder Verwandten verpflichtet, die das alte Haus liebevoll gebaut und gepflegt haben. Und auch die Frage, was die Nachbarn denken, beschäftigt Verkäufer. Denken die Nachbarn vielleicht, dass mir das Wasser bis zum Hals steht und ich dringend Geld benötige? Oder dass ich es alleine nicht mehr schaffe und auf dem Sprung ins Pflegeheim bin?

Aus diesen Gründen beauftragen Privatleute sehr oft einen Makler. Auch wenn der sehr viel Geld kostet, stärkt er sie emotional und bietet ihnen vermeintliche Sicherheit. Wenn Sie also eine Privatperson überzeugen möchten, Ihnen ein Haus oder Grundstück ohne Makler zu verkaufen, gilt es diese Punkte zu berücksichtigen und im Sinne des Verkäufers zu lösen. Wie das funktioniert schauen wir uns jetzt an.

Im ersten Schritt suchen Sie sich schöne mögliche Grundstücke mit oder ohne Abrisshaus aus. Laufen Sie durch Stadtteile, die Sie besonders mögen. Und natürlich auch durch Ecken, die Sie noch nicht so gut kennen. Schauen Sie nach unbebauten Grundstücken oder sehr alten Häusern. Ein Blick von außen durch die Fenster hilft oft dabei, einschätzen, wie alt die Bewohner in etwa sind. Denn so gut wie kein Pärchen Ende zwanzig hängt sich gehäkelte Vorhänge in rosa ins Küchenfenster.

Im Internet finden Sie die Bebauungspläne für die meisten Städte und Gemeinden. Darin prüfen Sie, ob und wie ein Grundstück bebaut werden darf. Bei sehr alten Häusern kann es beispielsweise sein, dass diese direkt nach dem Krieg ohne Genehmigung gebaut wurden. Solche Häuser dürfen Sie nicht einfach abreißen und neu aufbauen. Das zuständige Bauamt hilft Ihnen bei Fragen im Internet oder telefonisch weiter.

So finden Sie heraus, wem ein Grundstück gehört

Nachdem Sie potenzielle Grundstücke gefunden haben, finden Sie heraus, wem ein Grundstück oder ein Haus gehört. Am einfachsten wäre es, wenn Sie in das Grundbuch reinschauen könnten. Das ist jedoch nicht erlaubt. Von daher benötigen Sie einen anderen Weg, um an die Informationen zu kommen. Fragen Sie freundlich Nachbarn oder Paketboten, die Ihnen über den Weg laufen. Manchmal kennen diese Personen die Eigentümer von unbebauten Grundstücken, möchten jedoch die Daten nicht rausrücken. Dann geben Sie ihnen einfach einen Brief mit Ihren Kontaktdaten und ein paar freundlichen Zeilen, verbunden mit der Bitte, den Brief an die Eigentümer weiter zu leiten.

Wenn auf dem Grundstück ein bewohntes Haus steht, werfen Sie einfach einen handschriftlichen Brief ein, in dem Sie Ihr Interesse bekunden. Schreiben Sie die Bewohner persönlich an: „Sehr geehrte Familie Müller ...". Den Namen finden Sie meist auf dem Briefkasten. Formulieren Sie Ihr Schreiben sehr konkret bezogen auf das Haus oder auf das Grundstück. Eigentümer erhalten viele allgemeine Postwurfsendungen von Maklern oder Immobilienfirmen. Sie können sich mit Ihrem Brief am besten abheben, indem Sie speziell auf das Grundstück oder das Haus eingehen.

Schreiben Sie auf keinen Fall, dass Sie das Haus abreißen wollen. Oft verbinden Eigentümer mit ihrem Haus sehr viele schöne Erinnerungen. Und oft finden Sie ihr Haus immer noch wunderschön, obwohl es eigentlich baufällig ist. Um die Vertraulichkeit zu wahren, schreiben Sie besser einen verschlossenen Brief anstelle einer Karte.

Bieten Sie den Eigentümern Lösungen an, um ihre Unsicherheiten zu reduzieren. Schlagen Sie beispielsweise vor, den Wunsch-Notar des Eigentümers einzuschalten. Bieten Sie an, die Kosten für einen unabhängigen öffentlich-vereidigten

Sachverständigen zu übernehmen, der einen fairen Preis für das Grundstück beziehungsweise Haus festlegt. Betonen Sie, dass Sie die ganze Angelegenheit streng vertraulich behandeln und anderen erst von der Sache erzählen, wenn der Eigentümer es erlaubt hat. Oft hilft es auch, wenn Sie einem Eigentümer Zeit geben. Dann kann er emotional in aller Ruhe Abschied nehmen. Und sich ohne Zeitdruck ein neues zu Hause suchen. Beispielsweise können Sie vorschlagen, das Grundstück oder Haus erst nächstes Jahr zu übergeben, und dieses Jahr schon den Vertrag zu unterschreiben.

Ihr Kontaktversuch ist erfolgreich und der mögliche Verkäufer beißt an? Glückwunsch! Im nächsten Schritt bauen Sie erst mal eine gute Beziehung zu ihm auf. Fallen Sie nicht mit der Tür ins Haus, sondern lernen Sie den Menschen erst mal kennen. Lassen Sie sich alles erzählen, was der Verkäufer loswerden möchte, über das Grundstück, das Haus oder sonstige Themen. Umso einfacher laufen später die Vertragsverhandlungen, gerade auch bei kniffligen Punkten.

Nur wenn es gar nicht anders geht, bieten Sie dem Verkäufer an, einen Makler einzuschalten. Dann zahlen Sie zwar hohe Provisionen, aber manchmal ist es besser als ohne Grundstück dazustehen.

Einigen Sie sich mit dem Verkäufer über die wesentlichen Eckpunkte wie Kaufpreis, Übergabezeitpunkt, wer trägt welche Kosten etc. Als Orientierung lesen Sie sich einige Notarverträge aus der Familie oder von Freunden durch. Hilfreiche Tipps finden Sie auch in Büchern von Verbraucherzentralen oder der Stiftung Warentest. Wenn Sie sich mit dem Verkäufer einig sind, bitten Sie einen Notar, den Kaufvertrag zu entwerfen. Grundstücke und Häuser dürfen in Deutschland nur über einen Notar verkauft werden. Nur er kann die erforderlichen Einträge im Grundbuch veranlassen. Ein Vertrag, den Sie selbst ohne Notar aufsetzen, wäre nicht wirksam. Der Notar ist zur

Unabhängigkeit verpflichtet. Er berät sowohl den Käufer als auch den Verkäufer ohne für eine Seite Partei zu ergreifen.

Der unverzichtbare Sicherheitscheck kurz vor Unterschrift

Bevor Sie den Notarvertrag unterschreiben, folgt noch ein wichtiger Schritt. Sie möchten ja nicht die Katze im Sack kaufen. Es geht um eine große Menge Ihres kostenbaren Olivenöls. Besorgen Sie sich alle Bescheinigungen und Gutachten, die Ihnen Auskunft über den Zustand des Grundstücks oder des Hauses geben. Viele Käufer sparen sich diesen Schritt. Die Wahrscheinlichkeit, dass gravierende Themen auftreten ist zwar gering. Doch wenn es ein Problem gibt, zahlen Sie meist sehr viel Geld. Daher lohnt es sich in jedem Fall, etwas Zeit und Geld in Ihre eigene Absicherung zu investieren.

Lassen Sie in jeden Fall ein Bodengutachten von einer qualifizierten Fachfirma anfertigen. Darin erfahren Sie, ob der Boden ein neues Haus trägt und was beim Bau des Fundaments zu beachten ist. Steht beispielsweise das Grundwasser nur knapp unter Oberfläche, kann es entweder sehr teuer oder sogar unmöglich sein, ein Haus mit Keller zu bauen. Bei einem Abrisshaus beauftragen Sie einen Gutachter, mögliche Schadstoffe wie Asbest im Haus zu prüfen. Deren Entfernung und Entsorgung kosten häufig ein Vermögen.

Die Behörden führen verschiedene Verzeichnisse, die Ihnen wertvolle Informationen liefern. Viele Datenbanken finden Sie kostenlos im Internet. Oder Sie erhalten gegen eine geringe Gebühr Auskunft über mögliche Einträge zu Ihrem Grundstück. Haben Soldaten im zweiten Weltkrieg Munition vergraben? Entsorgte eine Tankstelle oder eine Firma vor vielen Jahren Altöl auf Ihrem Grundstück? Befinden sich laute Straßen oder Einflugschneisen in der Nähe? Diese und andere Fragen beantworten die Auskünfte aus den verschiedenen Registern. In

jedem Bundesland existieren unterschiedliche Informationsquellen. Machen Sie sich also schlau, welche Register in Ihrer
Region verfügbar sind.

Viele Ratgeber empfehlen, die erforderlichen Informationen zu einem Grundstück gleich zu Beginn der Verhandlungen
einzuholen. Bedenken Sie jedoch die emotionale Situation eines
Verkäufers. Ist es schlau, wenn Sie ihm gleich in einem der ersten Gespräche ankündigen: „Nächste Woche bohrt ein Gutachter mehrere zehn Meter tiefe Löcher in Ihr geliebtes Grundstück. Dann überlege ich, ob ich Ihnen ein Angebot mache."?
Wohl eher nicht. Besser ist es, wenn Sie dem Verkäufer kurz vor
dem Notartermin erklären, dass noch ein paar Formalien zu erledigen sind. Gedanklich hat Ihnen der Verkäufer das Grundstück oder das Haus dann schon verkauft, wenn er den Notarvertrag bis kurz vor Unterschrift besprochen hat. Sollte eine der
Auskünfte ein größeres Problem aufdecken, handeln Sie lieber
dann erst den Preis runter oder sagen den Kauf ab. In den meisten Fällen ergeben die Auskünfte keine Besonderheiten, gerade
dann, wenn schon ein altes Haus auf dem Grundstück steht. Daher lohnt es nicht, dem Verkäufer schon zum Start zu verunsi-
chern.

Tritt doch ein gravierendes Problem auf, erklären Sie dem
Verkäufer, welche Mehrkosten Ihnen entstehen und versuchen
Sie den Preis zu reduzieren. Sollte keine Einigung gelingen, bla-
sen Sie den Kauf ab. Entscheidend ist nur, dass Sie erst beim
Notar unterschreiben, wenn Sie alles geklärt haben. Denn nur
dann ist der Grundstückskauf auch rechtlich wirksam.

Einen günstigen Preis finden

Woher wissen wir, welcher Preis für ein Grundstück, ein Haus
oder für eine Wohnung angemessen beziehungsweise günstig
ist? „Gutachterausschuss" lautet das Zauberwort. Auch wenn
sich der Name so anhört, als hätte ihn der Amtsschimmel

persönlich erfunden, ist diese Organisation sehr hilfreich. Der Ausschuss besteht aus Experten, die ein besonderes Privileg genießen. Sie dürfen nämlich in alle unterschriebenen Kaufverträge für Grundstücke oder Immobilien in Deutschland reinschauen. So kennen Sie die Preise, die tatsächlich gezahlt wurden. Diese unterscheiden sich oft deutlich von Preisen, die Verkäufer in ihren Anzeigen in Internetportalen fordern.

Einer oder mehrere Ausschüsse je Bundesland werten alle Immobilienkäufe aus. Mit aufwändigen Rechnungen ermitteln sie die durchschnittlichen Preise für Grundstücke, Wohnungen und Häuser. Die Ausschüsse veröffentlichen ihre Ergebnisse regelmäßig, meistens im Internet. Lassen Sie sich nicht verwirren von den manchmal merkwürdigen Begriffen. Nehmen Sie sich etwas Zeit, um die Systematik und Darstellung der Ergebnisse zu verstehen.

So lernen Sie immer besser, wie hoch oder niedrig Preise sind und was Sie beeinflusst. Der Einsatz lohnt sich wirklich, denn wenn Sie ein Grundstück oder eine Immobilie kaufen, geben Sie auf einen Schlag eine große Menge Ihres wertvollen Olivenöls weg. Je besser Sie verstehen, was Sie dafür im Gegenzug bekommen, umso sicherer sind Sie in Ihren Entscheidungen.

Die Preise für Grundstücke und Immobilien schwanken sehr stark, je nachdem, wo Sie Ihr Grundstück kaufen. In Berlin zahlten Sie Ende 2020 für einen Quadratmeter Baugrund etwa fünfhundert Euro, während Sie in der Nähe von Chemnitz nur hundert Euro auf den Tisch legen mussten. Große Preisunterschiede finden Sie auch innerhalb einer Region oder Stadt. Während in einem Stadtteil die Käufer Schlange stehen, brauchen Verkäufer in einem anderen Stadtteil mehrere Monate, bis Sie ein Grundstück oder Haus loswerden. Finden Sie mithilfe der Daten der Ausschüsse heraus, wie sich die Preise für Ihren Wunschort entwickelt haben. Damit haben Sie schon mal einen guten Anhaltspunkt dafür, ob ein Preis fair ist.

Schauen wir uns ein konkretes Beispiel an, wie Sie einen realistischen Preis für ein Grundstück bestimmen. Ein altes Ehepaar möchte Ihnen ein Haus am Stadtrand von Hamburg verkaufen. Das Haus ist schrottreif, daher planen Sie, es abreißen und anschließend ein neues Haus zu bauen. Das Grundstück ist fünfhundert Quadratmeter groß. Sie möchten im März 2023 einen Kaufvertrag unterschreiben. Um einen Preis für das Grundstück zu ermitteln, gehen Sie wie folgt vor:

- Im ersten Schritt benötigen Sie den sogenannten Bodenrichtwert für das Grundstück. Für das Bundesland Hamburg finden Sie die Daten der Gutachter im Internet unter https://www.geoportal-hamburg.de/boris/. Inzwischen finden Sie im Internet für fast alle Regionen oder Bundesländer in Deutschland entsprechende Seiten, in denen Sie Bodenrichtwerte abrufen können.

- In das Eingabefenster des Portals geben Sie die Adresse, die Größe des Grundstücks und die weiteren Daten ein. Anschließend erhalten Sie den Bodenrichtwert der letzten Auswertung von Grundstückskaufverträgen, in unserem Beispiel handelt es sich um Daten vom 31. Dezember 2021. Nehmen wir an, dass der Preis pro Quadratmeter zu diesem Zeitpunkt bei 380 Euro lag. Somit lag der Gesamtpreis für das Grundstück Ende Dezember 2021 bei 190.000 Euro (= 380 Euro x 500 Quadratmeter)

- In den letzten Jahren stiegen die Grundstückspreise in Hamburg um etwa fünf Prozent pro Jahr. Somit schlagen Sie fünf Prozent auf obigen Preis auf, damit Sie einen realistischen Preis für Ihr Kaufdatum im März 2023 erhalten. Der neue Preis beträgt folglich 199.500 Euro (= 190.000 Euro x 1,05). Von einer Abbruchfirma haben Sie ein Angebot für Abriss und Entsorgung des alten Hauses erhalten. Die Kosten liegen bei rund 25.000 Euro. Außerdem müssen die

Anschlüsse für Strom und Wasser erneuert werden. Die Kosten dafür liegen bei rund 3.000 Euro. Beide Positionen ziehen Sie vom obigen Preis ab. Das Ergebnis liegt bei 171.500 Euro (= 199.500 Euro – 25.000 Euro – 3.000 Euro). Dieser Betrag ist ein realistischer Preis, der den Marktwert des Grundstücks widerspiegelt. Legen Sie eventuell ein paar Euro drauf, um eine schnelle Einigung zu erzielen. Oder steigen Sie etwas niedriger in die Verhandlungen ein, wenn Sie den Eindruck haben, dass Sie günstiger zum Abschluss kommen.

Verhandeln Sie Angebote zur Probe

Die Preisermittlung oben erfolgte rein auf Basis der Daten von Gutachtern. In der Praxis bieten diese Daten eine hervorragende Orientierung. Gleichwohl unterscheiden sich tatsächlich gezahlte Preise meist von den statistischen Berechnungen. Starten Sie daher am besten eine kleine Testaktion, um ein Gefühl für realistische Preise von Grundstücken beziehungsweise Immobilien in freier Wildbahn zu bekommen. Besichtigen Sie Abrisshäuser oder Grundstücke, die im Internet beworben werden. Dabei spielt es keine Rolle, ob ein Makler oder eine Privatperson das Angebot unterbreitet. Es geht ja nicht darum, dass Sie das Grundstück kaufen. Es geht nur darum, dass Sie lernen, welche Preise realistisch sind.

Fragen Sie die Verkäufer testweise nach einem reduzierten Preis. Bieten Sie Kaufpreise, die mal zehn, mal fünfzehn Prozent unter den geforderten Preisen liegen. Nun schauen Sie, wie der Verkäufer reagiert. Geht er auf Ihr Angebot ein oder lehnt er ab, weil ihm andere Interessenten mehr bezahlen? Liegt der vom Verkäufer geforderte Preis höher als die Werte laut Gutachterausschuss, argumentieren Sie, dass Sie den Preis zu hoch finden. Manchmal nennt der Verkäufer Ihnen dann Argumente, wieso er glaubt mehr verlangen zu können. Erstellen Sie eine Tabelle in Excel in der Sie die geforderten und die verhandelten Preise pro Quadratmeter für jedes Angebot eintragen. Wenn Sie dem Verkäufer ein Gebot nennen, bedeutet es nicht, dass Sie ein Grundstück kaufen müssen. Zur Erinnerung: Erst wenn Sie einen Kaufvertrag bei einem Notar unterschreiben, ist ein Grundstückskauf für Sie bindend.

Auf diese Weise lernen Sie, welche Preise für Ihren Wunschort realistisch sind. Dieses Wissen erweist sich für Sie extrem wertvoll, wenn Sie später einer Privatperson ein realistisches Angebot machen möchten. Und Sie bekommen eine klare Vorstellung wie weit Sie in Verhandlungen gehen können.

Nehmen Sie sich ruhig mehrere Monate Zeit für Ihre Preis-Analysen. Ähnlich, wie wenn Sie die Qualität von Olivenöl beurteilen möchten, brauchen Sie auch für die Einschätzung von Preisen für Grundstücke und Immobilien Zeit und Erfahrung. Je besser Sie Preise einschätzen können, umso günstiger erwerben Sie später Ihr Traum-Grundstück. Verlassen Sie sich nicht auf Geheimtipps oder Überschlagsrechnungen von vermeintlichen Experten. Bilden Sie sich selber Ihre Meinung, ob ein Preis gut oder schlecht ist. Es geht um Ihr Geld. Also um eine sehr große Menge Ihres hochwertigen Olivenöls aus dem Gewölbekeller.

Handeln Sie schnell und entschlossen, wenn Sie ein gutes Angebot finden

Häufig existiert nur ein kurzes Zeitfenster, um bei Grundstücken oder Immobilien zuzuschlagen. Opa fällt in seinem alten Haus die Treppe herunter und zieht in ein Pflegeheim. Die Kinder wohnen in einer anderen Stadt und möchten das Haus schnell verkaufen, um das Pflegeheim zu bezahlen. Ein Grundstück gehört mehreren Erben. Einer der Erben benötigt kurzfristig Geld und bittet seine Geschwister, schnell zu verkaufen. Es gibt viele Gründe, warum alte Häuser oder Grundstücke manchmal quasi über Nacht verkauft werden. Daher ist es wichtig, dass Sie sofort beurteilen können, ob ein Preis zu hoch oder zu niedrig ist. Und Sie vermitteln dem Verkäufer das Gefühl, dass Sie genau wissen, was Sie wollen und dass Sie den Kauf schnell und zuverlässig durchziehen.

Sie kaufen ein Grundstück mit einem alten Haus, das nicht mehr saniert werden kann? Dann entstehen zusätzliche Kosten für Abriss und Entsorgung des Hauses. Oft sind auch die Anschlüsse für Wasser, Internet und Strom in der Erde schon halb verrottet, so dass sie erneuert werden müssen. Dann können Sie entweder mit dem Verkäufer vereinbaren, dass er das Haus vor Übergabe auf seine Kosten abreißen und entsorgen lässt.

Meist obliegt dies dem Käufer, das heißt Sie kümmern sich darum und ziehen die Kosten vom Kaufpreis ab, wie im Beispiel oben. Holen Sie in diesem Fall mindestens drei Angebote von Entsorgungs-unternehmen ein. Schlagen Sie etwa zehn Prozent auf, denn oft finden sich noch teure Überraschungen wie versteckte Asbestplatten oder Schrott, den Opa vor Jahrzehnten im Garten vergraben hat. Sie können auch bei einem Bauunternehmen anfragen, ob es den Abriss erledigt, bevor es Ihnen ein neues Haus baut. Dann sparen Sie bei der Anfahrt, da Baufirmen für ein neues Haus ohnehin meist einen großen Bagger ranschaffen. Lassen Sie sich bei der ganzen Aktion am besten von einem unabhängigen Experten beraten, zum Beispiel vom Bauherrenschutzbund. Dieser verlangt zwar ein Honorar. Das Geld ist jedoch sehr gut investiert, wenn er Sie vor teuren Kostenfallen schützt.

Ein schönes Haus günstig bauen

Wenn Sie ein Grundstück gekauft haben, folgt im nächsten Schritt der Hausbau. Nehmen Sie sich für die Auswahl des Bauunternehmens mindestens genauso viel Zeit wie für die Suche nach Ihrem Grundstück. Denn eine Baufirma kann Sie ruck zuck finanziell ruinieren, wenn es nicht rund läuft. Das geht sehr schnell. Glauben Sie nicht?

Hier ein Beispiel: Irgendein Kunde der Baufirma bezahlt seine Rechnungen nicht. Der Firma fehlt das Geld, um Materialien und Handwerker zu bezahlen. Schnell kommt die Firma auch bei anderen Bauvorhaben in Verzug. In der Folge halten andere Bauherren ihre Zahlungen zurück. Die Baufirma meldet Insolvenz an. Jetzt stehen Sie da mit einem halb fertigen Haus. Sie suchen eine andere Baufirma, die Ihnen Ihr Haus fertig baut. Die müssen Sie erst mal finden. So oder so bezahlen Sie weit mehr als geplant. Wenn Sie dann auch noch Ihren Job verlieren, wird es ganz schnell sehr eng. Sie können Ihre Raten für den Hauskredit nicht mehr zahlen und haben weiterhin Kosten für die Miete. Es hilft auch nichts, die erste Baufirma zu verklagen, denn bis Sie nach Jahren den Prozess gewonnen haben, ist nichts mehr zu holen. Der Geschäftsführer führt seine Geschäfte längst mit einer neuen Firma unter anderem Namen in einer anderen Stadt fort.

Sie fragen sich, wie Sie eine gute Baufirma finden? Es gibt keine wasserdichten Kriterien, doch zumindest ein paar Anhaltspunkte:

- Wählen Sie eine Firma, die mindestens seit fünfzehn Jahren am Markt ist. Meist hat sich die Baufirma dann einen guten Ruf in einer bestimmten Region aufgebaut und möchte diesen ausbauen und erhalten. Befragen Sie andere Kunden nach Ihren Erfahrungen. Am besten wählen Sie die Kunden selbst aus. Die Baufirmen nennen von sich aus oft nur diejenigen Referenzkunden, die zufrieden waren.

- Suchen Sie sich eine Baufirma, die mindestens hundert Häuser pro Jahr baut. Viele Baufirmen sind recht kleine Unternehmen, die nur wenige Häuser bauen. Geht bei einem Bauprojekt etwas schief, ist die Gefahr groß, dass das Problem die ganze Baufirma in den Abgrund reißt, siehe das Beispiel oben. Größere Firmen handeln bessere Preise für Baumaterialien aus. Außerdem verfügen sie über eine größere Verhandlungsmacht gegenüber Handwerkern und andern Firmen. Bauarbeiter und Handwerker werden von Jahr zu Jahr knapper. Sie können sich die Aufträge aussuchen. Meist arbeiten Handwerker lieber für eine größere Firma, bei der sie wissen woran sie sind. Kleinere Firmen haben oft das Nachsehen und finden keine Mitarbeiter.

- Lassen Sie Ihren Bauvertrag vor Unterschrift von einem unabhängigen Experten überprüfen. Sie kennen bestimmt aus Fernsehsendungen Familien, die in einer halb fertigen Bauruine sitzen. In vielen Fällen haben diese Bauherren Verträge vorher nicht prüfen lassen und blindlings unterschrieben. In Bauverträgen lauern viele Fallen, die viel Geld kosten. Es lohnt sich doppelt und dreifach den Vertrag vor Unterschrift prüfen zu lassen. Beim Bauherrenschutzbund oder anderen Organisationen finden Sie geeignete Ansprechpartner. Nicht alle Punkte, die ein Experte anmerkt, werden Sie beim Bauunternehmen durchsetzen. Zumindest wissen Sie dann aber, woran Sie sind und worauf Sie am besten aufpassen.

- Wählen Sie ein Bauunternehmen, das möglichst viele Leistungen aus einer Hand anbietet. Die einzelnen Gewerke beim Hausbau greifen heute eng ineinander und hängen stark voneinander ab. Für eine Heizungsanlage, die die Abwärme aus den Räumen bestmöglich ausnutzt, verlegen die Bauarbeiter schon beim Gießen der Decke die passenden Schläuche. Das funktioniert nur, wenn alle Arbeiten gut aufeinander abgestimmt sind. Verzichten Sie auf einen Hausbau mit einem Architekten, der dann wiederum verschiedene Baufirmen und Handwerker beauftragt. Auch wenn es verlockend erscheint, alles komplett kreativ zu planen, steht doch die Sicherheit der Fertigstellung Ihres Baus im Vordergrund. Bei einem Architekten besteht das Problem, dass er zu viele Dienstleister koordinieren muss. Und selbst bei Fertighausanbietern können Sie heute Ihren Grundriss kreativ gestalten.

Planen Sie ausreichend Geld ein für Leistungen, die nicht von der Baufirma erbracht werden. Üblicherweise erhalten Sie ein Haus ohne Bodenbeläge, ohne gemalerte Wände, ohne Leitungen von der Straße für Wasser und Strom, ohne Küche, ohne gepflasterte Wege ringsherum, ohne Carport und ohne angelegten Garten. Für diese Arbeiten beauftragen Sie nämlich andere Firmen, die natürlich auch die Hand aufhalten. Für diese Arbeiten fallen zusätzliche Kosten an, die Sie am besten von Anfang an einplanen.

Seien Sie freundlich zu allen Handwerkern, nicht nur beim Hausbau. Häufig erhalten Sie von ihnen wertvolle Tipps. In der Regel wissen die Arbeiter besser Bescheid, wie der Bau läuft als ein Architekt oder Bauleiter. Wenn Handwerker merken, dass Bauherren interessiert nachfragen, geben sie sich meist auch mehr Mühe als bei einem muffigen Bauherrn, der an allem herumkritisiert und alles besser weiß.

Was gibt es zusätzlich zu beachten, wenn Sie eine Eigentumswohnung kaufen, egal ob neu oder gebraucht? In einem Mehrfamilienhaus mit mehreren Bewohnern leben sind Sie nicht alleine. Es gibt andere Eigentümer, die oft ihre eigenen Interessen haben. Viele Dinge entscheiden Sie gemeinsam mit den anderen Eigentümern, zum Beispiel wann eine neue Heizung eingebaut wird. Das führt oft zu Konflikten. Informieren Sie sich daher so gut wie möglich vorab, wer die anderen Eigentümer sind. Sprechen Sie mit den Hausverwaltungen der letzten fünf Jahre über deren Eindruck vom Miteinander der

Eigentümer. Lesen Sie sich die Protokolle der Beschlüsse und Versammlungen aus den letzten Jahren genau durch. In diesen Unterlagen erfahren Sie auch, wie viel Geld die Gemeinschaft zurückgelegt hat für größere Reparaturen. Lassen Sie die Wohnung von einem Experten auf versteckte Baumängel prüfen.

Soweit der Überblick rund um die eigenen vier Wände, egal ob gemietet oder gekauft. Damit kommen wir nun zur nächsten Kategorie unserer Ausgaben.

Lecker Essen und Trinken – nicht nur Olivenöl

Nach dem Wohnen geben die Deutschen für Essen und Trinken den zweitgrößten Anteil ihres Einkommens aus. Auch in diesem Bereich gibt es einige Sparmöglichkeiten.

Beginnen wir mit Ihren Einkäufen von Lebensmitteln. In Deutschland finden Sie jede Menge Supermärkte, Discounter und Fachgeschäfte wie Metzgereien oder Feinkostläden. Meine Oma studierte jede Woche alle Sonderangebote in den Prospekten der Supermärkte. Dann erstellte sie sich eine Einkaufsliste und fuhr quer durch die Stadt. Beim ersten Laden kaufte sie Blumenkohl, beim zweiten füllte sie ihre Mehlvorräte auf und im dritten Laden besorgte sie Kartoffeln. Dies ist sicher eine sehr sparsame Einkaufsstrategie. Allerdings kostet sie viel zu viel Zeit.

Sinnvoller ist es, wenn Sie Ihre Lebensmitteleinkäufe in zwei Gruppen aufteilen. Die erste Gruppe umfasst alle Produkte, die Sie bei einem Discounter bekommen. Hierzu gehören Gemüse, Mehl, Nudeln und so weiter. Wenn Sie ein Auto besitzen, können Sie alle vierzehn Tage einen Großeinkauf organisieren, um diese Grundnahrungsmittel einzukaufen. Die meisten Produkte dieser Art sind genormt oder unterliegen einer EU-Richtlinie. Sie unterscheiden sich in der Qualität kaum von Markenprodukten. Meist zahlen Sie bei Markenprodukten etwas mehr, da

Sie auch die teure Fernsehwerbung des Herstellers mitbezahlen. Dieses Geld können Sie sich sparen.

Legen Sie sich am besten einen gewissen Vorrat mit diesen Artikeln der ersten Gruppe an. Was früher undenkbar war, erlebten wir in der Corona-Zeit und beim Krieg in der Ukraine. Plötzlich sind bestimmte Produkte wie Mehl oder Speiseöl mehrere Wochen nicht mehr lieferbar. Daher lohnt es sich, wenn Sie sich einen gewissen Vorrat für ca. zwei Wochen zulegen. Verbrauchen Sie aus Ihrem Vorrat immer die ältesten Einkäufe.

Die zweite Gruppe für Ihre Einkäufe besteht aus Produkten, die Sie nicht beim Discounter bekommen. Die leckeren Oliven aus Spanien, die Grillsoße mit der besonderen Geschmacksrichtung oder außergewöhnliche Käsesorten. Solche Artikel kaufen Sie in einem gut sortierten Supermarkt oder in einem Feinkostladen. Achten Sie auf Sonderangebote und nutzen Sie diese so gut wie möglich. Wir möchten gut gelaunt unseren Wohlstand erreichen, also gönnen Sie sich zur Abwechslung auch besondere Leckereien. Und nicht nur Produkte vom Discounter.

Wenn Sie für eine Feier einkaufen, wählen Sie solche Produkte, die Sie selbst gerne mögen. Oft kauft man wild etwas zusammen. Dann bleibt eine Menge übrig, weil doch ein paar Gäste weniger kamen. Daher nehmen Sie am besten diejenigen Sachen, die Sie selber mögen und später noch verbrauchen können.

Achten Sie im Supermarkt auf den Grundpreis, also den Preis pro Liter, Kilogramm und so weiter. Manchmal sind kleine Packungen anders als erwartet doch günstiger als größere „Sparpackungen". Es kann aber auch umgekehrt sein. Die Hersteller ziehen alle Register, um uns möglichst wenig Menge für möglich viel Geld zu verkaufen. Artikel, die in Griffnähe stehen sind häufig teurer als Produkte, für die Sie sich bücken müssen.

Verzichten Sie darauf, Mineralwasser in Flaschen zu kaufen. Trinken Sie entweder Leitungswasser oder besorgen Sie sich ein

Sprudelgerät. Inzwischen gibt es auch Wasserhähne, die Wasser mit Kohlensäure versetzen. Die Trinkwasserqualität in Deutschland ist hervorragend.

Essen und Trinken gehen

Flackerndes Kerzenlicht, es duftet aus der Küche. Ein aufmerksamer Kellner schenkt Ihnen leckeren Weißwein ein. Schöne Restaurants bieten eine tolle Atmosphäre, außergewöhnliches Essen und aufmerksamen Service. Zusammen mit Freunden verbringen Sie einen schönen Abend in Ihrem Lieblingslokal. Keine Frage, Essen gehen ist eine sehr schöne Sache. Und gleichzeitig kein billiges Vergnügen. Gerade an Getränken verdienen Restaurants oft bestens. Wenn Sie für sechzig Euro beim Italiener essen gehen, könnten Sie davon zu Hause mindestens dreimal eine leckere Pizza mit Beilagen selbst machen.

Viele Menschen kochen kaum noch zu Hause. Manchmal fehlt ihnen die Zeit, manchmal können sie gar nicht mehr kochen. Stattdessen essen sie häufig auswärts, bestellen beim Lieferdienst oder lassen sich teure Pakete mit Zutaten und Kochanleitungen schicken. Das summiert sich schnell auf größere Summen. Wenn Sie zweimal in der Woche fertiges Essen mit Getränken für jeweils fünfundzwanzig Euro kaufen, summiert sich der Betrag auf rund zweihundert Euro im Monat auf. Für weniger als die Hälfte dieses Betrages erhalten Sie Zutaten in bester Qualität, die Sie dann für Ihr eigenes Gericht verwenden können.

Auch die kleinen Snacks für zwischendurch gehen ganz schön ins Geld. Ein belegtes Brötchen beim Becker kostet gerne mal 4,50 Euro. Die Zutaten für das gleiche Brötchen würden dagegen unter zwei Euro kosten. Ebenso reißt Coffee to go regelmäßig tiefe Löcher in Ihr Portmonee.

Besonders teuer ist es, wenn Sie unterwegs regelmäßig Eis genießen. Für einen Liter Eis zahlen Sie im Supermarkt etwa drei Euro. Wenn Sie die gleiche Menge in der Eisdiele am See kaufen, zahlen Sie für einen Liter etwa achtzehn Euro. Das ist in etwa das sechsfache.

Wieso bezahlen wir so viel mehr Geld für Essen und Trinken, wenn wir unterwegs sind? Der Grund ist relativ simpel: Bequemlichkeit. Wir laufen morgens zum Büro und freuen uns auf einen frischen Coffee to go. Wir genießen die Sonne am Badesee. Da kommt uns ein Eis als kalte Abkühlung gerade recht. Einerseits wollen wir natürlich auf den Genuss nicht verzichten. Auf der anderen Seite ist das ein Sparpotenzial groß.

Planen Sie soweit es geht Getränke und Essen im Voraus ein. Besorgen Sie sich leckeren Kaffee, den Sie im Büro kochen. Nehmen Sie sich an den Badesee eine Kühltasche mit Obst, Eis und Getränken mit. Ein Saunabesuch wird viel schöner, wenn Sie Ihre eigenen Lieblingsgetränke mitbringen.

Besorgen Sie sich zwei bis drei Kochbücher, die einfache Rezepte beinhalten für Gerichte, die Sie gerne mögen. Kochen Sie am besten gleich mehrere Portionen und frieren Sie einen Teil ein. Dann sparen Sie sich den Aufwand für das Kochen. Und Sie brauchen keine Lebensmittel wegwerfen.

Selbstverständlich gönnen Sie es sich ab und zu, Essen zu gehen. Planen Sie diese Highlights bewusst vorher ein. Und genießen Sie Ihr Mittagessen oder Abendessen in vollen Zügen. Gehen Sie lieber viermal im Jahr richtig gut essen, anstatt viermal im Monat in mittelmäßigen Restaurants.

Buchen Sie im Urlaub wenn möglich Halbpension. Das ist meist deutlich günstiger, als wenn Sie jeden Tag in einem anderen Restaurant essen gehen.

Wenn Sie mit mehreren Leuten Essen gehen, stellt sich manchmal die Frage, wer die Rechnung bezahlt. Ob jeder einzeln oder zusammen. Am schlausten ist es, wenn Sie sich die Rechnung kommen lassen und dann zusammen das Geld auf den Tisch legen. Dann bezahlen Sie das Trinkgeld nur einmal und nicht für jeden einzelnen.

Achten Sie bei der Auswahl Ihrer Lokale auf ein gutes Preis-Leistungs-Verhältnis. Viele Restaurants verlangen überteuerte Preise bloß, weil der Inhaber, der nie im Restaurant ist, mal vor fünf Jahren zu Gast in einer Fernsehkochshow war. Oft sind die Portionen dann sehr klein und von überschaubarer Qualität. Besuchen Sie daher lieber Restaurants, die als Geheimtipp gehandelt werden. Das sind häufig Lokale, die nur eine kleine Karte anbieten und deren Köche mit Liebe und Leidenschaft kochen.

Restaurants in Hotels sind oft überteuert. Suchen Sie sich ein schönes Lokal in der Nähe Ihres Hotels. Gleichzeitig lernen Sie so noch die Umgebung kennen. Verzichten Sie soweit es geht auf Getränke aus der Minibar. Im Supermarkt um die Ecke erhalten Sie Ihre Lieblingsgetränke deutlich günstiger.

Günstig und bequem von A nach B

Neben Wohnen sowie Essen und Trinken geben wir außerdem sehr viel Geld dafür aus, von A nach B zu kommen. Auch in diesem Bereich können Sie wertvolles Olivenöl sparen.

Am meisten sparen Sie, wenn Sie einen kurzen Weg zu Ihrer Arbeit haben. Suchen Sie sich eine Wohnung oder ein Haus, das nahe an Ihrem Arbeitsplatz liegt. Idealerweise fahren Sie wann immer es geht mit dem Fahrrad. Oder mit öffentlichen Verkehrsmitteln, also mit Bus oder Bahn. In Städten mit einer Straßenbahn, U-Bahn oder S-Bahn lohnt es sich auf jeden Fall, in die Nähe einer Station zu ziehen. Bahnen sind meist deutlich schneller und häufiger unterwegs als Busse. Wenn Sie ein Monatsticket für den öffentlichen Nahverkehr abonniert haben, prüfen Sie regelmäßig, ob Sie das Ticket auch wirklich ausnutzen. Manchmal sind Einzelfahrten oder Zehnerkarten deutlich günstiger.

Ihre Einkäufe erledigen Sie am besten mit einem Fahrrad-Anhänger. Ein gutes Modell kostet zwar ein paar Euro. Sie können jedoch locker darin den Einkauf für eine sechsköpfige Familie transportieren. Meist sind Sie dabei sogar schneller als mit dem Auto, da Sie direkt vor Ihrem Lieblingssupermarkt parken. Gleichzeitig bleiben Sie fit und stärken Ihre Gesundheit. Nutzen Sie neben Ihrem Fahrrad auch die öffentlichen Verkehrsmittel. Sie kommen günstig von A nach B und können während der Fahrt lesen, Musik hören oder andere schöne Dinge machen.

Wie wir bereits gesehen haben, rechnet es sich durchaus, etwas näher an der Arbeit und mit guten Einkaufsmöglichkeiten zu wohnen. Häufig benötigen Sie dann gar kein Auto oder statt zwei Autos nur noch ein Auto. Und das schont Ihren Olivenöl-vorrat enorm. So sparen Sie nicht nur die Fahrtkosten, sondern auch wertvolle Lebenszeit. Denn wer möchte schon gerne täglich im Stau stehen?

Die Deutschen lieben ihre Autos. Unser ganzes Land ist für den Autoverkehr ausgelegt. Autobahnen, Straßen, und jede Menge Parkplätze. Egal, wohin man schaut. Gleichzeitig gewährt uns der Staat fürs Autofahren zahlreiche Vorteile. Egal, ob die Entfernungspauschale oder die steuerlichen Vorteile für Dienstwagen.

Kein Wunder, dass sich sehr viele Menschen ausgiebig mit Autos beschäftigen. Welche Automarke ich fahre sagt sehr viel über mich selbst aus. Sind Sie eher der coole sportliche Audi Fahrer? Gefällt Ihnen das tolle Design des Minis? Ist ein Toyota Ihr Lieblingsauto, weil die Marke ein tolles Preis-Leistungs-Verhältnis bietet und weil die Autos sehr zuverlässig sind? Oder setzen Sie eher auf deutsche Wertarbeit und fahren am liebsten einen Volkswagen? Viele Menschen definieren sich über ihre Automarke. Sie geben sehr viel Geld aus für neue Autos, die Sie sich selbst konfigurieren. Doch ist es das wirklich wert?

Bei vielen Gegenständen sinkt der Wert in der Sekunde, wenn Sie den Gegenstand kaufen sofort erheblich. Wenn Sie Ihre hart ersparte Luxus-Uhr von Rolex neu kaufen und einen Tag tragen, sinkt der Wert Ihrer Uhr um mehr als zehn Prozent. Bei einem neuen Laptop oder bei Klamotten verhält es sich ähnlich.

Ganz besonders schnell an Wert verlieren neue Autos. Ein gutes Preis-Leistungs-Verhältnis erhalten Sie, wenn Sie ein etwa drei Jahre altes Auto kaufen. Dann können Sie noch einige Jahre fahren, bevor größere Reparaturen anfallen. Gleichzeitig kaufen Sie das Auto etwa zwanzig bis dreißig Prozent günstiger als einen Neuwagen.

Wenn Sie schon besonderen Wert darauflegen, ein neues Auto zu fahren, nehmen Sie zumindest eine Tageszulassung. Auch dadurch sparen Sie erhebliche Summen im Vergleich zum Neukauf.

Überlegen Sie sich gut, ob Sie wirklich ein Auto als Statussymbol benötigen. In jedem Fall ist es ein recht teures Vergnügen. Die meiste Zeit stehen Autos ungenutzt herum. Sie sparen enorm viel Geld, wenn Sie auf ein Auto komplett verzichten. Sollten Sie doch eines benötigen, können Sie immer noch für ein paar Tage ein Auto mieten. Oder Autos über ein Car Sharing für einige Stunden buchen, sofern in Ihrer Stadt verfügbar.

Bei längeren Reisen nutzen Sie so weit wie möglich die Bahn. Flugreisen sind in den letzten Jahren enorm teuer geworden. Außerdem benötigen Sie bei Flugreisen eine Menge Zeit für die Sicherheitskontrollen, das Einchecken und die Wartezeit am Gate. Flughäfen liegen meist außerhalb der großen Städte. Sie benötigen also zusätzliche Zeit, um erstmal zum Abflughafen zu kommen. Und an Ihrem Ankunftsflughafen müssen Sie auch wieder vom Flughafen zu Ihrem Ziel gelangen.

Außerdem bietet Ihnen die Bahn mehr zeitliche Flexibilität. Nur wenn Sie eine Fahrkarte haben, die für einen bestimmten

Zug gilt, müssen Sie genau diesen nehmen. Sitzplatzreservierungen erhalten Sie für ein paar Euro. Wenn Sie noch nicht genau wissen, wann Sie fahren möchten, reservieren Sie sich einfach für zwei Züge Sitzplätze und lassen die Reservierung dann für einen Zug verfallen. Wenn Sie häufiger mit der Bahn fahren, lohnt sich die Anschaffung einer BahnCard.

Überlegen Sie bei Reisen gut vorab, ob sich die Reise wirklich notwendig ist. Das gilt sowohl für private als auch für dienstliche Reisen. Manchmal ist ein Video-Call genauso nützlich. Wenn Sie sich für eine Reise entscheiden, nutzen Sie Ihre Zeit vor Ort so gut wie möglich.

Bei größeren Reisen ins Ausland lohnt es sich oft, ein Reisebüro zu beauftragen. Wenn Sie kompliziertere Reisen selbst im Internet zusammensuchen, brauchen Sie oft sehr viel Zeit. Hinzu kommt, dass Sie die einzelnen Komponenten, also Flug, Unterkunft, Mietwagen, Eintritt etc. dann meist separat buchen. Ändern sich einzelne Stationen Ihrer Reise, ist der Aufwand enorm, die Einzelleistungen wieder aufeinander abzustimmen.

Mein Onkel Bernhard machte diese Erfahrung sehr eindrücklich. Er wollte im Internet einen Schnäppchen-Flug nach Budapest buchen, vertippte sich jedoch und landete stattdessen in Bukarest. Dort fand gerade eine große Messe statt, so dass er vor Ort Probleme hatte, eine neue Unterkunft zu finden. Außerdem bezahlte er Stornogebühren für das Hotel in Budapest.

Kleine Anekdote am Rande: Als kleinen Ausgleich für das falsche Reiseziel lief Bernhard abends mit einer Flasche Wein in Bukarest zum Hafen. Vor einem großen Haus entdeckte er eine große Menschenmenge, die gerade in die Halle lief. Bernhard war neugierig, lief mit hinein und setzte sich in einem schönen Konzertsaal auf einen freien Platz im Zuhörerraum in die Mitte einer Sitzreihe. Offenbar hatte das Konzert gerade Pause und niemand kontrollierte die Eintrittskarten beim erneuten Eintritt. Kurz bevor das Konzert weiterging, sah Bernhard einen anderen Konzertbesucher, der verzweifelt einen freien Platz suchte. Bernhard bleib einfach mit einer Flasche Wein intus sitzen und genoss die zweite Hälfte des wunderschönen klassischen Konzerts.

Auch ein anderes Mal erlebte Bernhard, dass ihm ein Reisebüro durchaus helfen kann. Er buchte einen Städteurlaub übers Internet in Paris. Spät in der Nacht kam er im Hotel an. Mit großer Vorfreude auf sein Bett checkte er im Hotel ein und suchte sein Zimmer. Als er die Tür öffnete, weckte er einen anderen schlafenden Gast. „Da liegt schon jemand in meinem Zimmer", erklärte Bernhard an der Rezeption. „Das ist richtig" lautete die Antwort. „Sie haben ein Einzelbett im Mehrbettzimmer gebucht." Bernhard war total überrascht und konnte es nicht glauben. Als er in die Reisebestätigung schaute, stellte er fest, dass der Mann an der Rezeption Recht hatte. Jetzt war Bernhard auch klar, warum das Hotel so günstig war. Als Ergebnis schlief er dann zusammen mit anderen Reisenden, die auch auf die Beschreibung des Hotels hereingefallen waren, auf einer Liege im Saunabereich des Hotels. Immerhin hatte er so einen kurzen Weg in die Dusche.

Shoppen und andere Dinge im Leben

Außer Wohnen, Essen und Trinken und Mobilität gibt es viele weitere Bereiche, in denen Sie regelmäßig Geld ausgeben. Nicht alle können wir ausführlich behandeln. Schauen wir uns noch ein paar weitere ausgewählte Themen an.

Für Kleidung und Schuhe geben die Deutschen durchschnittlich etwa eintausend Euro im Jahr aus. In diesem Bereich können Sie viel Geld sparen, wenn Sie sich ein persönliches Farbkonzept zulegen. Das sind zwei bis drei Farben, die Ihnen besonders gut stehen. Entweder wissen Sie selbst, welche Farben Sie mögen oder Sie holen sich Hilfe von einer professionellen Farbberaterin. Dieses Geld ist sehr gut investiert. Künftig kaufen

Sie nämlich nur noch Bekleidung und Schuhe, die in Ihr Farbkonzept passen. Damit können Sie all Ihre Hosen, Pullis, Hemden, Blusen usw. sehr gut miteinander kombinieren. Sie brauchen deutlich weniger Outfits und damit weniger verschiedene Kleidungsstücke. Außerdem sehen Sie immer gut aus.

Nicht nur bei Kleidung, auch bei anderen Artikeln achten viele Verbraucher auf Sonderangebote und Rabatte. Prüfen Sie genau, ob sich solche Aktionen lohnen. In der Regel versuchen Unternehmen Sie zu verleiten, mehr zu kaufen als Sie eigentlich brauchen. Egal, ob mit zwei-für-eins-Aktionen, mit Kundenkarten oder mit zusätzlichen Gratis-Produkten, wenn Sie einen bestimmten Umsatz überschreiten. Küchenstudios nutzen Rabatte sehr stark, um ihre Küchen los zu werden. Vergleichen Sie immer die Endpreise von Artikeln miteinander, egal wie hoch irgendein Rabatt ist. Manchmal schreiben Unternehmen ursprüngliche Fantasiepreise auf die Preisschilder, nur um Ihnen mit dickem Rotstift ein tolles Schnäppchen vorzugaukeln.

Bei manchen Menschen sind Schulden ein großes Thema. Machen Sie darum am besten einen großen Bogen. Schulden bedeuten, dass Sie Ihr Olivenöl jemand anderen versprochen haben. Im Extremfall sogar Ihren gesamten Vorrat im Gewölbekeller.

Schulden entstehen auf verschiedene Arten. Ein Kredit, den sie bei der Bank aufnehmen, die Abbuchung der Kreditkarte, die noch nicht erfolgt ist, Geld, das Sie sich von Ihrer Familie geliehen haben oder ein überzogenes Konto. Vermeiden Sie Schulden so gut es geht. Wenn überhaupt, nehmen Sie nur Kredite auf für Dinge, die einen dauerhaften Wert besitzen, zum Beispiel Immobilien und vielleicht ein Auto. Schulden für Dinge, die Sie einfach nur konsumieren, wie zum Beispiel Urlaube oder Hochzeitsfeiern, machen überhaupt keinen Sinn. Sollten Sie Schulden haben, zahlen Sie diese so schnell wie möglich zurück. Nutzen Sie Sondertilgungen soweit wie möglich. Erst dann bauen Sie Ihren Wohlstand auf.

Mehrere hundert Euro im Jahr gibt jeder von uns für Versicherungen aus. Eine ganze Branche lebt davon, alle möglichen Dinge zu versichern. Sortieren Sie Ihre Versicherungen gnadenlos aus und sparen Sie sich das Geld für andere schöne Dinge. Sie benötigen im Normalfall nur wenige Versicherungen, nämlich für Risiken, die selten eintreten, aber einen großen Schaden anrichten könnten. Dazu gehören beispielsweise eine Haftpflicht- und eine Berufsunfähigkeitsversicherung. Prüfen Sie bei notwendigen Versicherungen in jedem Fall die genauen Bedingungen und die Kosten. Bei den Verbraucherzentralen und bei der Stiftung Warentest erhalten Sie sehr gute und seriöse Informationen rund um das Thema Versicherungen.

Abschließend blicken wir in diesem Abschnitt auf Steuern. Bei quasi jedem Euro, den wir verdienen, verlangt der Staat einen bestimmten Anteil. Manche unserer Euros besteuert der Staat gleich mehrfach. Im ersten Schritt zahlen wir auf unser Einkommen Lohnsteuer. Wenn wir uns dann aus dem bereits versteuerten Geld etwas kaufen, zahlen wir noch mal Mehrwertsteuer oder beispielsweise Grunderwerbsteuer. So erhält der Staat eine Menge Geld von uns. Dieses Geld benötigt er, da sich die staatlichen Ausgaben immer weiter erhöhen.

Da die laufenden Einnahmen aus Steuern dem Staat nicht ausreichen, alles zu bezahlen, hat er zusätzlich noch enorme Schulden aufgenommen. Unsere Kinder und Enkelkinder werden daran noch ihre Freude haben. Aber dies ist ein anderes Thema.

Ein ganzer Wirtschaftszweig beschäftigt sich damit, Menschen zu helfen, so wenig Steuern wie möglich zu zahlen. Und sehr viele Personen finden solche Angebote richtig klasse. Sie legen es darauf an, mit windigen Konstruktionen möglichst große Steuerbeträge einzusparen. Meistens gehen solche

Aktionen nicht gut aus, wie man an einigen prominenten Personen sieht. Selbstverständlich lohnt es sich, legale Steuertipps zu nutzen. Beispielsweise wenn Ihre Eltern eine wertvolle Immobilie schon frühzeitig an Sie übertragen, um Erbschaftsteuer zu sparen.

Hüten Sie sich Sie jedoch unbedingt vor nicht legalen Steuertricks. Die deutschen Gerichte bestrafen Verstöße gegen das Steuerrecht relativ hart. Ab einer gewissen Summe sitzen Sie recht sicher im Gefängnis. Außerdem sind Sie meist Ihren Job los und bekommen viele Jahre nur sehr schwer wieder einen Fuß durch die Tür. Daher stehen Risiko und Nutzen bei Steuervergehen in keinem guten Verhältnis. Nicht legale Steuersparmodelle fliegen heute in relativ kurzer Zeit auf. Da wir die meisten Dinge mit dem Handy oder Computer erledigen, finden die Finanzämter bei einer Hausdurchsuchung sehr schnell alles, was sie benötigen.

Beurteilen Sie Investitionen und Geldanlagen nicht zuerst danach, ob sie Steuervergünstigungen mit sich bringen. Im ersten Schritt muss sich eine Anlage auch ohne irgendwelche Steuervorteile rechnen. Wenn sie dann noch zusätzliche Steuervorteile bringt, können Sie diese gerne mitnehmen. Steuereffekte sollten jedoch nie ausschlaggebend für eine Kaufentscheidung sein.

Gut gelaunt zum Wohlstand – Ihre Schlüssel zum Erfolg

- Schaffen Sie volle Transparenz über Ihre Einnahmen und Ausgaben.
- Prüfen Sie, welche Ausgaben Sie reduzieren können.
- Reduzieren Sie Ausgaben, die Sie einfach und schnell senken können.
- Reduzieren Sie Ausgaben, für deren Senkung Sie etwas mehr Zeit benötigen, in mehreren Teilschritten.

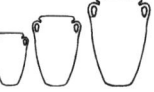

Geld einnehmen

Bisher beschäftigten wir uns damit, wie Sie Ihre Ausgaben im Griff behalten und nach Möglichkeit reduzieren. Je mehr Olivenöl Sie in Ihrem Gewölbekeller behalten desto besser. Nun schauen wir auf die Einnahmenseite. Hier geht es darum, dass Sie möglichst viel Olivenöl bekommen, mit dem Sie Ihre Gefäße auffüllen. Wir starten zunächst mit einem Blick auf das Einkommen aus Arbeit. Danach betrachten wir Ihre Möglichkeiten als Unternehmer oder Existenzgründer Geld zu verdienen. Geldanlagen und Erträge aus Kapitalvermögen schauen wir uns dann im folgenden Abschnitt an.

Angestellt zu mehr Olivenöl

Wie können Sie Ihr Einkommen aus Arbeit steigern? Die größten Steigerungen erreichen Sie, wenn Sie mehr Verantwortung übernehmen und für die neue Aufgabe mehr Geld bekommen. Diese Strategie schauen wir uns zuerst an. Außerdem können Sie in einem bestehenden Job ein höheres Gehalt verhandeln. Darauf blicken wir anschließend.

Finden Sie einen Job, der zu Ihnen passt

Vor hundert Jahren dienten Jobs ausschließlich dazu, Wohnung Essen und Trinken zu bezahlen. Chefs machten klare Ansagen, was zu tun ist. Heute ist die Welt eine völlig andere. Arbeit soll die Mitarbeitenden glücklich machen. Sie soll ihrer inneren Berufung entsprechen. Und ihnen dabei helfen, sich selbst zu verwirklichen. Moderne Büros sehen kaum noch aus wie ein Platz zum Arbeiten, sondern eher wie ein Wohnzimmer. Heerscharen an Beratern, Coaches und Weiterbildungsunternehmen leben davon, Unternehmen bei der Umsetzung dieser Vision zu unterstützen.

Schauen wir realistisch auf das Thema. Jobs verändern sich heute sehr schnell. Es kann im Extremfall über Nacht passieren, dass ein Produkt eines Unternehmens bei Konsumenten nicht mehr nachgefragt ist. Kaum jemand wollte während der Corona-Zeit freiwillig zum Konzert seiner Lieblingsband gehen. Umgekehrt kauften auf einmal alle Menschen Atemschutzmasken, Webcams und Blumenerde. Aber auch unabhängig von solch drastischen Ereignissen ändern sich die Wünsche der Verbraucher schnell.

Von daher ist es heute kaum noch möglich, nach Schule und/ oder Studium eine Arbeit zu beginnen und diese bis zum Lebensende zu behalten. Auch innerhalb der Firmen ändert sich viel in kurzer Zeit. Langjährige Kollegen wechseln zu einer anderen Firma. Die Stimmung und bisher gute Zusammenarbeit verändern sich deutlich. Ein Investor kauft Ihr Unternehmen. Innerhalb kurzer Zeit organisiert er Abläufe Abteilungen und Angebote völlig anders. Rechnen Sie also immer damit, dass sich Ihre Arbeit verändert. Außer Sie arbeiten bei staatlichen Arbeitgebern wie Behörden, Schulen oder Universitäten. Im besten Fall entwickelt sich Ihr Job so, dass er Ihnen noch mehr Spaß macht. Es kann aber auch anders herum sein. Von daher: Bleiben Sie flexibel. Wenn sich die Bedingungen in Ihrem Job zu Ihrem Nachteil ändern, suchen Sie sich einen neuen.

Auch ein radikaler Wechsel ist anders als früher heute durchaus möglich. Thiemo, ein sehr guter alter Freund von mir, arbeitete etwa zwanzig Jahre als Architekt. Dieses Fach hatte er auf Wunsch seines Vaters studiert. Die ganzen Jahre über programmierte er nebenbei aus Spaß. Nachdem sein Vater starb, reifte in Thiemo mehr und mehr die Erkenntnis, dass er seine Architektenlaufbahn hauptsächlich eingeschlagen hatte, um den Wünschen seines Vaters zu entsprechen. Darauf beendete er seinen Job als Architekt mit gutem Gehalt und absolvierte einen Crashkurs im Programmieren. Schnell fand er eine Stelle als

Junior-Projektleiter bei einer Firma für Software-Projekte. „Es war die beste Entscheidung meines Lebens", freut sich Thiemo heute.

Überlegen Sie, welche Aufgaben Ihnen besonders liegen. Sind Sie ein Organisationstalent und arbeiten gerne mit anderen Menschen zusammen? Können Sie Kunden gut überzeugen? Oder sind Sie ein Zahlenfuchs und analysieren gerne Verkaufszahlen, Umsätze und Kosten? Oder lieben Sie kreative Gestaltungen, wie zum Beispiel ein Produktdesign oder ein Layout? Je nachdem, was Sie besonders gut können und mögen, eignen sich unterschiedliche Jobs. Die jeweilige Branche eines Unternehmens ist dabei gar nicht so entscheidend. Auch in einem Maschinenbauunternehmen können Sie kreativ arbeiten, wenn sie für die Gestaltung der Webseite zuständig sind. Umgekehrt benötigt auch eine kreative Werbeagentur Experten, die die Zahlen beherrschen.

Es ist schön, wenn Sie einen Job finden, der Ihrer inneren Berufung entspricht. Verwenden Sie jedoch nicht zu viel Zeit darauf, diese zu finden. Die meisten Seminare und Bücher zu diesem Thema sind eigentlich mehr oder weniger überflüssig. Denn sie berücksichtigen das Umfeld eines Jobs zu wenig. Fragen Sie sich einfach selbst, was Sie gerne machen. Oder fragen Sie Ihre Kollegen und Freunde. Das genügt völlig. Denn nicht nur Sie selbst, auch Ihr Umfeld wie zum Beispiel Ihre Kollegen beeinflussen maßgeblich die Zufriedenheit im Job. Selbst wenn Sie eine tolle Aufgabe gefunden haben, die Ihrer inneren Berufung entspricht, kann es sein, dass viele beliebte Kollegen wechseln. Auf einmal gefällt Ihnen Ihre Aufgabe nicht mehr so sehr.

Wenn Sie einen Job gefunden haben, der zu Ihnen passt, starten Sie die nächsten Schritte, um Ihr Einkommen zu steigern.

Denken und handeln Sie wie ein Unternehmer

Thorsten mag seinen Job im Autohaus. Er kümmert sich um die Termine für Reparaturen und Inspektionen. Sein Ziel ist es, seine Kunden bestmöglich zu bedienen. Egal, ob er einer alleinerziehenden Mutter hilft, weil ihr Auto nicht anspringt. Oder ob er dem langjährigen Stammkunden noch vor dessen Urlaub einen Termin für die Jahresinspektion organisiert.

Immer wieder kommt es jedoch vor, dass Thorsten seine Versprechen zu Terminen gegenüber den Kunden nicht einhalten kann. Er verschiebt häufig langfristig vereinbarte Termine, weil eilige Reparaturen an anderen Fahrzeugen noch nicht fertig sind. Er verspricht, dass ein Auto am Mittwoch fertig ist, kurz davor informiert er den Kunden, dass es zwei Tage länger dauert, was diesen natürlich verärgert.

Es liegt nicht an Thorsten, dass er die Termine nicht einhalten kann. Eine Stelle in der Werkstatt ist seit über einem Jahr nicht besetzt. Bislang fand sein Chef keinen geeigneten Bewerber. Manchmal dauert die Lieferung von Ersatzteilen überraschend länger. Zwei neue Mechaniker sind noch nicht richtig eingearbeitet und brauchen oft deutlich länger als die langjährigen Mitarbeiter um Fehler zu finden. Thorsten versucht dann, seinen Kunden die Situation zu erklären und um Verständnis zu bitten. Bei vielen gelingt ihm das auch. Manche sind jedoch recht ungehalten. Oft haben seine Kunden an anderer Stelle schon genug um die Ohren. Und dann gießt seine Nachricht, dass der Werkstatttermin doch einen Tag länger dauert als geplant, zusätzlich Öl ins Feuer.

Die Verzögerungen entstehen oft aus einer schlechten Abstimmung zwischen der Werkstatt und der Materialbestellung. Für bestimmte Autos werden immer die gleichen Teile benötigt. Die Materialbestellung versucht jedoch aus Kostengründen den Lagerbestand so gering wie möglich zu halten. So kommt es immer wieder vor, dass die Werkstatt einen weiteren Tag auf den Zahnriemen oder andere Teile wartet. Die Führungskräfte der beiden Abteilungen Werkstatt und Materialbestellung verstehen sich untereinander nicht gut. Thorsten versteht sich mit beiden eigentlich gut, er möchte allerdings nicht zwischen die Fronten geraten. So nimmt er es hin, dass die Termine häufig länger dauern als geplant. Manchmal versucht Thorsten schon gegenüber den Kunden etwas mehr Zeitpuffer einzuplanen, damit er seine Zusagen einhalten kann.

Zu seinem Chef hat Thorsten ein gutes Verhältnis. Thorsten würde die Probleme gerne mit ihm besprechen und um Hilfe bitten. Denn nur mit glücklichen Kunden kann die Werkstatt langfristig überleben. Leider ist Thorstens Chef sehr mit anderen Dingen beschäftigt. Thorsten arbeitet mittlerweile seit neun Jahren im Autohaus. Die Situation frustriert ihn zunehmend. Daher könnte er sich demnächst eine Veränderung vorstellen. Ihm schwebt ein ähnlicher Job vor mit mehr Gehalt.

Sabine arbeitet seit vier Jahren in einem Supermarkt. Sie ist zuständig für die Obst- und Gemüseabteilung. In letzter Zeit fragen sie immer wieder Kunden nach einer neuen Apfelsorte. Sabine testet die Sorte auf dem Wochenmarkt und findet sie sehr lecker. Sie bringt ihrer Chefin ein paar der Äpfel mit und schlägt vor, die Sorte in das Sortiment des Supermarktes aufzunehmen. Ihre Chefin ist erstmal skeptisch, da der Supermarkt bereits über zehn Apfelsorten anbietet. Außerdem darf ausschließlich der Zentrale Einkauf, der zweihundert Kilometer entfernt in der Zentrale sitzt, entscheiden, welche Waren angeboten werden.

Sabine ist sich sicher, dass die neue Apfelsorte bei den Kunden extrem gut ankommen wird. Immer wieder liest sie in Zeitschriften von Rezepten mit der neuen Sorte. Sie nimmt sich vor, einen neuen Anlauf zu starten. Bei einem Geburtstagsumtrunk spricht sie ihre Chefin erneut an. Sabine schlägt vor, an einem Samstag einen Probierstand mit der neuen Apfelsorte einzurichten. Dort bewerten Kunden die Äpfel und geben an, ob sie diese kaufen würden. Ihre Chefin ist weiter etwas zurückhaltend. Sie verspricht jedoch, die Idee mit der Zentrale zu besprechen.

Drei Wochen später bekommt Sabine grünes Licht. Die Probieraktion ist ein voller Erfolg. Mehrere Kunden sagen, dass sie die Apfelsorte bereits im Laden gesucht hätten. Sabine dokumentiert die Aktion mit ein paar Fotos und wertet die Fragebögen aus. Die Ergebnisse der Aktion zeigt Sie ein paar Tage später zusammen mit ihrer Chefin einem Vertreter der Zentrale. Er lobt die Aktion und verspricht, mit dem Zentralen Einkauf zu sprechen. Vier Wochen später erhält Sabine eine Ankündigung, dass die neue Apfelsorte ab sofort in allen Filialen in das Sortiment aufgenommen wird. Die Umsätze entwickeln sich hervorragend.

Sieben Monate später klingelt Sabines Handy. Die Mitarbeiterin der Personalabteilung erklärt, dass für eine neue Filiale im Ort nebenan eine Leitung gesucht werde. Sabine sei aufgrund ihrer Probieraktion empfohlen worden. Die Mitarbeiterin aus der Personalabteilung fragte Sabine, ob sie sich vorstellen könnte, die neue Filiale zu leiten.

Was sind die wichtigsten Unterschiede zwischen Sabine und Thorsten? Wie verhalten sie sich ihrem Arbeitgeber gegenüber? Schreiben Sie hier die wichtigsten Eigenschaften für beide Personen auf, die Ihnen spontan einfallen.

Was können wir aus diesen beiden Beispielen lernen? Zunächst einmal sind sowohl Thorsten als auch Sabine zufrieden in ihren aktuellen Jobs. Thorsten identifiziert die Termin-Probleme sehr genau. Auch Sabine hört sehr genau auf das Feedback ihrer Kunden. Der große Unterschied zwischen beiden Personen: Sabine denkt und handelt wie eine Unternehmerin. Sie tritt für ihre Ideen ein, um noch mehr Kunden mit Obst zu begeistern. Damit steigert sie den Umsatz ihres Supermarkts. Sabine lässt sich nicht von Hürden oder Schwierigkeiten ausbremsen. Sie verfolgt freundlich und bestimmt die Umsetzung ihrer Ideen. Ohne dabei ihre Chefin zu übergehen. Denn das kann schnell nach hinten losgehen.

Thorsten akzeptiert seine Situation und hofft auf einen neuen Job mit mehr Geld. Was fehlt ist seine Initiative. Thorsten könnte die Abteilungsleitung des Einkaufs ansprechen und ihm vorschlagen, ein paar mehr Ersatzteile, die häufig benötigt werden, ins Regal zu legen. Er könnte versuchen zwischen Werkstatt und Einkauf zu vermitteln. Er könnte seinem Chef Ideen vorstellen, wie dieser neue Mitarbeiter für die Stelle in der Werkstatt begeistert.

Wenn Sie Ihr Gehalt steigern möchten, schauen Sie immer darauf, was Ihrem Unternehmen helfen könnte. Am Ende möchten Firmen Umsätze und Gewinne steigern. Das geht nur mit zufriedenen Kunden. Bringen Sie Ihre Ideen ein und zeigen Sie, dass sie funktionieren. Überlegen Sie sich, wie Sie Umsätze erhöhen können. Ein Beispiel von Sabine finden Sie oben. Wie bringen Sie bestehende Kunden dazu, mehr Geld auszugeben? Wie könnte Ihr Unternehmen neue Kunden gewinnen?

Ebenso helfen Sie Ihrem Unternehmen, wenn Sie mit Ihren Ideen dazu beitragen, Kosten zu senken. Wo sehen Sie in Ihrem Unternehmen Dinge, die verbessert werden können? Gestalten Sie veraltete Abläufe einfacher. Lassen Sie Dinge weg, die niemandem mehr nützen.

Seit ein paar Jahren bemühen sich Unternehmen immer mehr um Arbeitskräfte. In vielen Bereichen fehlen qualifizierte

Bewerber. Auch hier können Sie Ihre Ideen einbringen. Wie lassen sich potentielle Kandidaten überzeugen, zu Ihrem Unternehmen zu wechseln? Welche Vorteile sind besonders einzigartig und geeignet sie breit zu kommunizieren?

Nehmen Sie die Dinge selbst in die Hand. Sehr viele Arbeitnehmer warten auf Ansagen ihres Chefs, was sie tun sollen. Viele erkennen Themen, die nicht optimal laufen genau. Sie sprechen mit ihren Kollegen darüber. Sie ändern jedoch nichts daran. Helfen Sie Ihrem Unternehmen dabei, besser zu werden. Damit steigt die Wahrscheinlichkeit enorm, dass Sie befördert werden. Und eine Beförderung ist in der Regel auch mit einem höheren Gehalt verbunden. Nutzen Sie ein Angebot für eine neue Position oder für mehr Verantwortung direkt für ein höheres Gehalt. Fragen Sie Ihren Chef, welche Möglichkeiten er sieht.

Einige Menschen scheuen sich vor mehr Verantwortung. Schule, Ausbildung und Studium befördern diese Haltung. Denn dort zählt meist, Aufgaben und Anweisungen genau zu befolgen. Und die Aufgaben besser nicht zu hinterfragen. Um gute Noten zu bekommen mag diese Strategie hilfreich sein. In einem Unternehmen hilft diese Einstellung Ihnen dagegen kaum weiter.

In Wahrheit macht mehr Verantwortung sehr viel Spaß. Sie entscheiden mehr und verdienen mehr Geld. Sie brauchen schließlich nicht jede Position, die Ihnen angeboten wird, anzunehmen. Es steht Ihnen frei, in Ruhe zu überlegen. Und eine Beförderung auch mal abzusagen. Besser Sie sagen mehrere Angebote ab, als dass Sie überhaupt keine Angebote für eine neue Aufgabe bekommen.

Diese Strategie für mehr Einkommen gilt auch für Organisationen, die nicht als gewinnorientierte Unternehmen geführt werden. Denn auch Verwaltungen, Schulen, Krankenhäuser und Behörden oder andere staatliche Stellen wünschen sich

Mitarbeiter, die mitdenken und anpacken. Auch wenn dort Gehälter nicht frei verhandelbar sind, können Sie mehr Olivenöl durch eine neue Aufgabe einnehmen.

Wechseln Sie etwa alle fünf Jahre Ihre Stelle

Nutzen Sie Ihre Chancen für mehr Gehalt, indem Sie etwa alle fünf Jahre Ihre Stelle wechseln. Entweder innerhalb Ihres aktuellen Unternehmens oder durch einen Wechsel zu einer anderen Fima. In den meisten Fällen fallen Gehaltssteigerungen größer aus, wenn Sie den Arbeitgeber wechseln.

Unternehmen zahlen nämlich mehr Geld für Mitarbeiter, die Wissen und Fähigkeiten von außen mitbringen als für langjährige Stammmitarbeiter. Schauen wir uns zwei Beispiele an. Zwei Mitarbeiterinnen sind beide fünfundvierzig Jahre alt. Die eine Mitarbeiterin ist seit fünfundzwanzig Jahren im Unternehmen. Sie hat dort ihre Ausbildung absolviert und sich im Laufe der Jahre zur Abteilungsleiterin hochgearbeitet. Heute führt sie ein Team von sechs Mitarbeitern und übernimmt anspruchsvolle Projekte. Die andere Mitarbeiterin arbeitete nach ihrer Ausbildung noch zwei Jahre bei ihrem Ausbildungsunternehmen. Anschließend wechselte Sie im Laufe der Jahre im Abstand von drei bis fünf Jahren immer wieder ihren Arbeitgeber. Sie lernte große und kleine Unternehmen kennen. Sie arbeitete in unterschiedlichen Branchen. Sie löste knifflige Projekte in Teams mit älteren und in Teams mit jüngeren Mitarbeitern.

Wer von beiden verdient im Normalfall mehr? Ganz klar die zweite Mitarbeiterin. Sie bringt einerseits eine deutlich größere Erfahrung mit. Unternehmen erreichen häufig das gleiche Ziel auf unterschiedlichen Wegen. Eine Person, die mehrere Wege kennt, sie ausprobiert hat und Vorteile beziehungsweise Nachteile erlebt hat, ist da natürlich im Vorteil. Gerade in Zeiten wie diesen, wo sich die Anforderungen an Stellen permanent verändern.

Der zweite Grund für den höheren Verdienst der zweiten Mitarbeiterin liegt in den Kosten, die einem Unternehmen im Falle einer Beendigung der Zusammenarbeit entstehen. Eine Mitarbeiterin, die seit fünfundzwanzig Jahren in dieser einen Firma arbeitet, erhält im Falle einer Kündigung eine hohe Abfindung. Dagegen bekommt die Mitarbeiterin mit einer fünfjährigen Zugehörigkeit zum Unternehmen wesentlich weniger. Auch wenn kein Unternehmen offen darüber sprechen wird, führt dieser Unterschied dazu, dass die zweite Mitarbeiterin ein höheres Gehalt erhält. Denn im Falle einer Sozialauswahl kann sich das Unternehmen günstiger von ihr trennen.

Neben einem höheren Verdienst existieren auch andere Vorteile, ab und zu den Arbeitsplatz zu wechseln. Sie bauen sich ein immer größeres Netzwerk auf. Falls Sie einmal schnell einen neuen Job benötigen, ist so ein Netzwerk bares Geld wert. Je mehr Kontakte Sie haben, umso größer ist die Wahrscheinlichkeit, dass Sie schnell eine spannende neue Stelle finden.

Außerdem entwickeln Sie Ihre Persönlichkeit durch Wechsel immer weiter. Sie stellen sich immer wieder auf neue Chefs und Kollegen ein. Sie lernen somit immer besser, mit unterschiedlichen Menschen zurecht zu kommen. Sie lernen auch, welche Jobs und Umfelder Ihnen gut gefallen und welche weniger.

Vielleicht fragen Sie sich, ob es angemessen ist, wirklich alle fünf Jahre den Job zu wechseln? Schließlich investiert ein Unternehmen in Ihre Qualifikation. Es bezahlt Ihnen Seminare und Fortbildungen. Arbeitgeber verkaufen sich gerne als langfristige Heimat für gute Mitarbeiter. Für ein Unternehmen hat dies Vorteile. Jeder Wechsel von Mitarbeitern führt für die Firma zu Aufwand. Neue Mitarbeiter müssen gefunden und eingearbeitet werden. Loyale Mitarbeiter verfügen über langjährige Erfahrung, was einem Unternehmen hilft.

Das Versprechen der Unternehmen, gute Mitarbeiter an das Unternehmen zu binden, gilt meist jedoch nur einseitig, solange die Geschäfte gut laufen. Gerät eine Firma in eine Schieflage, ist es ganz schnell vorbei mit den schönen Versprechungen. Dann baut das Unternehmen möglichst schnell und kostengünstig Personal ab. Nur das deutsche Arbeitsrecht hindert ambitionierte Chefs daran, Mitarbeitern über Nacht zu kündigen, wie es in den USA oder in England durchaus üblich ist. Wenn seitens der Unternehmen also keine langfristige Loyalität existiert, sollten Sie sich gut überlegen, ob Sie Ihrerseits diese Loyalität entgegenbringen.

Achten Sie jedoch bei Ihren Wechseln darauf, dass Sie kein Jobhopping betreiben. Manche Lebensläufe sind kaum zu überschauen, weil Bewerber permanent alle ein bis zwei Jahre wechseln. Noch schlimmer ist es, wenn die Jobs nur sechs Monate dauern. Dann hat oft der Arbeitgeber die Probezeit nicht verlängert.

Berücksichtigen Sie vor einem Wechsel auch die Lebensphase, in der Sie sich gerade befinden. Nicht immer ist es sinnvoll, genau jetzt den Job zu wechseln. Wenn Sie Kinder bekommen und ein paar Jahre in Teilzeit arbeiten, kann es durchaus sinnvoll sein, länger als etwa fünf Jahre bei einem Arbeitgeber zu bleiben.

Pflegen Sie Ihr Profil in sozialen Netzwerken

Einen neuen Job ergatterten sie noch vor einigen Jahren häufig so: In einer Zeitung oder in einem Stellenportal im Internet prüften Sie die angebotenen Stellen. Sie schickten Ihre Bewerbung mit Anschreiben, Lebenslauf und Zeugnis-Kopien an die Firma. Mit etwas Glück erhielten Sie eine Einladung zu einem Vorstellungsgespräch. Wenn Sie die Entscheider dort überzeugten, erhielten Sie ein Angebot für einen Arbeitsvertrag.

Dieses Vorgehen hat sich gründlich verändert. Heute pflegen Sie Ihr Profil in einem sozialen Netzwerk für Geschäftskontakte wie zum Beispiel LinkedIn oder Xing. Dort hinterlegen Sie Ihren Lebenslauf. Kollegen und Geschäftspartner können Ihre Kenntnisse bewerten. Direkt in den Netzwerken finden Sie passende Stellenangebote. Genauso können Sie über diesen Weg bei Unternehmen anfragen, ob gerade eine passende Stelle frei ist. Manchmal sprechen Unternehmen Sie auch direkt an. Über Ihre Kontakte informieren Sie sich über ein potenziell neues Unternehmen. Umgekehrt können frühere Kollegen Ihnen auch eine Referenz für eine neue Position aussprechen.

Soziale Netzwerke eignen sich hervorragend, um Kontakte zu knüpfen und aufrecht zu erhalten. Sie finden per Klick die Kollegin, den Sie schon vor über fünfzehn Jahren während Ihrer Ausbildung kennen lernten. Sie brauchen keine zerfledderten Adressbücher mehr mit Kontakten, die ohnehin schon längt überholt sind. Auch für einen schnellen Austausch zu allen möglichen Themen eignen sich Plattformen für berufliche Netzwerke hervorragend.

Pflegen Sie daher immer Ihren Lebenslauf in sozialen Netzwerken für Geschäftskontakte. Nur wenn Personalberater oder interessierte Unternehmen Sie dort finden, können sie sich melden und Sie ansprechen. Aktualisieren Sie alle paar Jahre Ihr Foto. Manchmal ist es peinlich, wenn Sie Ihren Geschäftspartner das erste Mal sehen und feststellen, dass er im echten Leben Jahre gealtert ist. Anders als auf dem Foto sind die Haare grau oder ganz verschwunden. Die Brillengläser sind um einiges dicker, weil das Foto im Profil schon mehrere Jahrzehnte alt ist.

Bleiben Sie bei Ihren Angaben zu Jobs, Abschlüssen, Verantwortung und Titeln immer bei der Wahrheit, wenn Sie Ihren Lebenslauf formulieren. Sehr viele Menschen können Ihr Profil sehen. Daher ist es meist nur eine Frage der Zeit, bis nicht richtige Angaben auffliegen. Dann stehen Sie als Lügner da. Das führt schnell dazu, dass Sie den begehrten interessanten neuen Job dann doch nicht bekommen.

Beschreiben und erklären Sie Ihre Positionen und Erfolge in sozialen Netzwerken für Geschäftskontakte in einfach verständlichen Worten. Viele Unternehmen verwenden exotische Begriffe für Stellenbezeichnungen oder Abteilungsnamen. Außenstehende verstehen dann meist nur Bahnhof. Setzen Sie daher auf Begriffe, die mindestens in Ihrer Branche verbreitet und bekannt sind. Erläutern Sie lieber ein wenig zu viel, nicht jeder Personalberater kennt jedes Unternehmen.

Wenn Sie selber Inhalte in sozialen Netzwerken posten, dosieren Sie Ihre Botschaften genau. Manche Nutzer überfluten ihre Kontakte hartnäckig mit unwichtigen Inhalten. Haben Sie sich schon mal gefragt, ob diese Nutzer eigentlich auch für ihre Firma arbeiten oder die meiste Zeit mit Kommunizieren verbringen? Diese Frage stellt sich über kurz oder lang auch deren Chef. Von daher empfiehlt es sich, ab und an über spannende Themen zu schreiben, allerdings nicht ständig. Bedenken Sie jedoch, dass Ihre Inhalte jahrelang im Netz sichtbar sind. Seien Sie insbesondere zurückhaltend mit Meinungsäußerungen in beruflichen Netzwerken zu privaten Themen. Denn ein paar Jahre später können alte Meinungen vielleicht gegen Sie verwendet werden.

Dies gilt übrigens nicht nur für berufliche Netzwerke, sondern genauso für private Netzwerke wie Facebook oder Instagram. Unternehmen prüfen inzwischen genau, welche Inhalte ihre künftigen oder aktuellen Mitarbeiter veröffentlichen. Es hilft Ihnen nicht unbedingt in Ihrer Karriere, wenn Sie Ihrem künftigen Chef zeigen, wie Sie dem Sonnenuntergang nach zwei Flaschen Wein entgegenlächeln.

Behalten Sie somit eine gesunde Distanz gegenüber allen Social Media Netzwerken. Egal, ob beruflich oder privat. Dies dient einerseits Ihrem Selbstschutz. Menschen zeigen in den

Netzwerken häufig ihre Erfolge und ihre tollen Jobs. Alles sieht aus wie im Bilderbuch. Wenn Sie private oder berufliche Netzwerke zu intensiv nutzen, entsteht bei Ihnen selbst schnell ein Neid-Gefühl, weil andere ein vermeintlich viel schöneres und aufregenderes Leben führen. Auch wenn die Realität natürlich eine völlig andere ist. Jeder Mensch ist mal nicht gut drauf. Oder schränkt sich gerade finanziell ein, weil er auf eine größere Anschaffung spart. Manche Menschen erleben ihren Urlaub heute hauptsächlich auf dem Handybildschirm. Immer und überall schießen sie Fotos und verbreiten diese in ihren Netzwerken.

Auf der anderen Seite klaut Ihnen Social Media Zeit für das echte Leben. Echte reale Erlebnisse können die Netzwerke nicht ersetzen. Der wunderschöne Sonnenuntergang, den sie im warmen Sand sitzend beobachten. Der Fahrradausflug zum Baggersee.

Setzen Sie in Ihrem Leben lieber auf echte Erlebnisse anstatt auf soziale Netzwerke. Führen Sie lieber echte Gespräche mit echten Menschen und genießen Sie die reale Welt. Spätestens nach der Corona Zeit ist uns allen klar geworden, wie wertvoll Events, Reisen an exotische Orte und gemeinsame Aktivitäten mit echten Menschen sind.

Achten Sie darauf, welche Abteilungen in Ihrer Firma besonders wichtig sind

Sehr hilfreich ist es, wenn Sie herausfinden, welche Bereiche in einem Unternehmen besonders wichtig sind. Checken Sie, mit welchen Themen die Leitung Ihres Unternehmens viel Zeit verbringt. Schauen Sie sich an, welche Funktionen im engeren Führungsteam vertreten sind. Meist verteilt sich die Verantwortung auf Themen wie Produktentwicklung, Vertrieb, Finanzen, Forschung, Marketing, Recht, Logistik oder andere Funktionen.

Auch die Herkunft der Unternehmensleitung gibt Ihnen Hinweise darauf, welche Funktionen Unternehmen besonders schätzen. Schauen Sie sich an, aus welchem Bereich die Unternehmensleitung, also der Sprecher der Geschäftsführung oder der Vorstandsvorsitzende kommt. Ist er ein Ingenieur oder ein Jurist? Oder ein Marketing-Spezialist? Unternehmen setzen unterschiedliche Schwerpunkte, häufig abhängig davon, in welcher Branche das Unternehmen tätig sind. In vielen Autofirmen sagen Ingenieure, wo es lang geht. Die Chefs von VW, BMW und Porsche absolvierten alle ein Ingenieur-Studium (Stand: Juni 2022). Bei Konsumgüterherstellern wie zum Beispiel Procter & Gamble spielt dagegen der Bereich Marketing eine besondere Rolle. Für diese Unternehmen ist das Wissen, wie man Produkte inszeniert, für welche Zielgruppen man sie anbietet und wie man sie bewirbt, besonders wertvoll.

Schauen Sie sich außerdem an, zu welchen Themen Ihr Unternehmen in der Öffentlichkeit häufig kommuniziert, egal ob in Interviews, Werbekampagnen oder im Rahmen von Events. Auch so finden Sie heraus, was besonders weit oben auf der Agenda steht. Ein weiteres Indiz besteht darin, zu schauen, wer in der Zentrale nahe an der Leitung sitzt. Oft platzieren Chefs Abteilungen, die Ihnen besonders wichtig sind, in ihrer Nähe, damit sie kurze Wege haben.

Was fangen Sie mit diesem Wissen an? Unternehmen bieten häufig die besten Möglichkeiten für eine Karriereentwicklung in Bereichen, die für das Unternehmen besonders wichtig sind. Manchmal gibt es sogar eigene interne Entwicklungsprogramme. Unternehmen investieren in diesen Bereichen viel Geld. Als Mitarbeiter oder Führungskraft können Sie besonders viel lernen. Und dieses Wissen hilft Ihnen beim nächsten Karrieresprung, egal ob innerhalb oder außerhalb Ihres Unternehmens.

Umgekehrt funktioniert es natürlich auch. Suchen Sie sich gezielt ein Unternehmen, das einen Schwerpunkt auf Themen setzt, die Sie lernen möchten. Sie sind besonders gut im

Rechnungswesen? Dann bietet es sich an, bei einem Steuerberatungsunternehmen oder bei einem Wirtschaftsprüfer zu arbeiten. Sie programmieren gerne? Dann ist eine Firma für Software-Entwicklung wahrscheinlich genau der passende Arbeitgeber für Sie.

Wenn Sie ein paar Jahre in einer Softwarefirma gearbeitet haben, sind Sie hervorragend qualifiziert. Und Sie können sich in der IT-Abteilung von anderen Unternehmen einen gut dotierten Job aussuchen. Denn Unternehmen, in denen IT nicht die wichtigste Abteilung ist, benötigen Know-how von extern und zahlen dafür in der Regel sehr gut.

Zeigen Sie mit Ihrem Auftreten, dass Sie mehr Verantwortung verdienen

Wir haben uns bisher viele Aspekte zu Ihrer fachlichen Qualifikation angesehen. Genauso wichtig für Ihre Karriere ist es allerdings, wie Sie auftreten, wie Sie kommunizieren und wie Sie Dinge anpacken.

Sie können noch so gut programmieren. Solange Sie den ganzen Tag im Home-Office im ausgewaschenen T-Shirt Ihrer Heavy Metall-Lieblingsband sitzen, wird Ihr Chef Sie kaum zu Meetings mit wichtigen Kunden mitnehmen. Wenn Sie als Frau nuschelig sprechen und überwiegend Klamotten tragen, die praktisch für den Kindergeburtstag sind, traut Ihnen niemand zu, einen größeren Bereich zu repräsentieren.

Menschen beklagen häufig alles Mögliche, was ihnen im Job nicht gefällt. Der Chef hat sie nicht informiert. Die Vorgaben aus der Zentrale sind nicht umsetzbar. Kollege Meier hat sich im Meeting total danebenbenommen, als er ankündigte mit der Abteilung X nicht mehr zusammen zu wollen, weil er zu einem Event nicht eingeladen wurde. Der Rechner funktioniert nicht, weil die IT es nicht auf die Reihe bekommt. Die Kunden fordern lauter Sonderwünsche, die so nicht erfüllbar sind. Diese und ähnliche Themen diskutieren Arbeitnehmer ausgiebig beim gemeinsamen Mittagessen oder nach Feierabend. Zwar ist es sinnvoll, Probleme anzusprechen. Mindestens genauso wichtig ist es, sie zu lösen.

Menschen, die positive Energie ausstrahlen, kommen im Job leichter weiter. Chefs vertrauen lieber positiv gestimmten Mitarbeitern wichtige Projekte an, da Zuversicht und der Glaube ans Gelingen wichtige Erfolgsfaktoren sind. Überprüfen Sie sich einmal selbst. Wie groß ist der Anteil in Ihren Gesprächen mit Kollegen, in denen sie sich über etwas beklagen? Und wie groß ist Ihr Gesprächsanteil mit Vorschlägen Ideen und Lösungen? Achten Sie darauf, dass Ihr Anteil an Lösungen deutlich höher liegt als der Anteil am Beklagen.

Die Bedeutung von Auftreten und Kommunikation hat in den letzten Jahren eher zugenommen als abgenommen. Hierarchien spielen auf den ersten Blick keine so große Rolle mehr als noch vor dreißig Jahren. Damals behielten die Chefs viele Informationen für sich und konnten sich alleine dadurch schon von „normalen" Mitarbeitern abgrenzen. Heute sind Informationen überall verfügbar. Folglich definieren sich Führungskräfte und Leistungsträger anders.

Meist sind es nur kleine aber feine Unterschiede durch die Sie zeigen, dass Sie für anspruchsvolle Positionen geeignet sind. Werfen wir nun einen Blick auf Ihr Auftreten. Potenzialträger, das heißt Führungskräfte und solche, die es werden wollen, bewegen sich beim Sprechen meist eher langsam. Sie nutzen mit ausladenden Gesten viel Raum. Sie sprechen aktiv und konkret. Und sie sprechen gerne über Ihre Erfolge.

Hier zwei Beispiele. Stellen Sie sich vor, Sie arbeiten in einem Projektteam und berichten Ihrem Chef von einem Projekt, das Sie gerade noch rechtzeitig vor dem Weihnachtsgeschäft abgeschlossen haben.

- Beispiel eins: „Die neue Software führten wir in Rekordzeit ein, auch wenn wir gerne früher fertig gewesen wären. Von Samstag auf Sonntag arbeiteten wir die Nacht durch. Immer wieder druckten die Drucker bestimmte Formulare doppelt. Dann fanden wir den Fehler. Jetzt läuft alles rund und wir starten im Weihnachtsgeschäft voll durch."

- Beispiel zwei: „Das Projekt nahm mehr Zeit in Anspruch als im Projektplan vorgesehen. Probleme gab es insbesondere bei der Einrichtung der Druckertreiber. Man kann nur hoffen, dass der Fehler nicht wieder auftritt. Das ist gerade für das bevorstehende Weihnachtsgeschäft von großer Bedeutung."

Beispiel eins enthält aktive Formulierungen, die Zuversicht ausstrahlen. Zugleich zeigt der Sprecher anschaulich, wie begeistert sich das Team reingehängt hat. Auch wenn es den vorgesehenen Zeitplan nicht ganz schaffte. Beispiel zwei formuliert viel abstrakter und passiver. Obwohl es um das gleiche Projekt geht. Egal, ob mündlich oder schriftlich, formulieren Sie immer anschaulich und aktiv. Es geht nicht darum, dass Sie alles schönfärben und nur noch blumig daherreden. Sehr wohl können und sollen Sie natürlich auch auf Risiken hinweisen. Am besten immer verbunden mit Ideen, wie Sie Risiken möglichst minimieren. Denn das Leben ist nie ohne Risiken.

Auch Ihre Körperhaltung trägt maßgeblich zu Ihrem Auftreten bei. Gehen Sie aufrecht durchs Leben. Stellen Sie sich vor den Spiegel und richten Sie sich auf, als wenn Sie jemand an den Haaren am Hinterkopf nach oben zieht. Halten Sie Ihren Kopf gerade. Nur wenn Sie anderen zuhören legen Sie ihn leicht zur Seite. Das signalisiert Ihrem Gesprächspartner, dass Sie ihm aufmerksam zuhören und sich für ihn interessieren.

Potenzialträger (Mitarbei-tende mit Aufstiegschancen)	Normale Mitarbeitende
o langsame Bewegungen	o hektische Bewegungen
o viel Raum einnehmen, ausladende Gesten	o wenig Raum einnehmen, wenige Gesten
o konkrete, aktive Sprache	o passive Formulierungen („man")
o Unterhaltung lenken	
o wenig blinzeln, Kopf gerade halten	o unsicher sein
	o blinzeln
o Gutes von sich erzählen	o Missgeschicke preisgeben
o Blickkontakt halten ohne zu starren	o Blick des Partners nicht standhalten
o andere bemuttern	o allem zustimmen
o Selbstvertrauen ausstrahlen	o geringes Selbstvertrauen
	o gebeugte Haltung
o sich aufrecht halten, intensiver Bodenkontakt	

Tabelle: Ihr Auftritt als Potenzialträger

Je nach Branche kleiden sich Mitarbeiter und Führungskräfte sehr unterschiedlich. Der klassische Anzug mit Krawatte für Männer und das einfarbige Businesskostüm haben weitgehend ausgedient. Schauen Sie sich am besten genau an, wie sich Führungskräfte in Ihrem Unternehmen oder bei direkten Wettbewerbern kleiden. Achten Sie auf die Details. Tragen Männer rahmengenähte Lederschuhe, dann kommen Sie mit der billigen Version mit verklebten Sohlen nicht weit. Da hilft es auch nichts, wenn Sie Ihre Schuhe noch so schön polieren. Sind die Ärmelknöpfe an Sakkos nur eine aufgenähte Attrappe oder lassen sich die Knöpfe tatsächlich schließen? Diese kleinen aber feinen Details machen oft den Unterschied aus, ob Sie mit Ihrem Kleidungsstil dazugehören oder nicht. Das Gleiche gilt für Schmuck und Uhren. Ausführliche Informationen zur Kommunikation und zum Habitus finden Sie in den im letzten Teil genannten Büchern. Die Tabelle fasst wesentliche Punkte rund um Ihr Auftreten im Überblick zusammen.

Bauen Sie einen guten Draht zu Multiplikatoren auf

Versetzen Sie sich kurz zurück in die Zeit, als Sie in der fünften oder sechsten Klasse waren. Gab es unter Ihren Mitschülern welche, die besonders herausragten?

In meiner Klasse gab es beispielsweise Matthias. Fast jeder an der Schule kannte ihn. Viele Jahre wählte ihn die Klasse begeistert zum Klassensprecher. Matthias war immer bestens informiert. Wer hat gerade wen geküsst? Welcher Lehrer düst seit kurzem mit einem neuen silbernen Sportwagen zur Schule? Matthias baute sich einen großen Freundeskreis auf. Er war nicht bei allen beliebt, aber auf seine Freunde und Informanten konnte er zählen. Da Matthias zwei Schwestern hatte, wusste er genau, wie er Mädchen in der Schule erobern konnte. Viele himmelten ihn an. Wenn Matthias bestimmte Markenklamotten trug oder Musik einer neuen Band hörte, dauerte es nicht lange, bis viele aus unserer Schule die gleichen T-Shirts, Hosen oder CDs kauften.

Menschen wie Matthias bezeichnet man als Multiplikatoren. Vielleicht fallen Ihnen auch Personen mit ähnlichen Eigenschaften ein, die Sie aus der Schule oder aus Ihrer Arbeitswelt kennen. Diese Personen verfügen über eine besondere Gabe. Sie kommunizieren mit vielen anderen Personen in ihrem Umfeld. Sie erhalten viele Informationen. Häufig setzen Sie Trends.

In der Arbeit lohnt es sich, gute Kontakte zu den richtigen Multiplikatoren zu pflegen. So erfahren Sie schnell, wenn irgendwo eine Stelle frei wird. Dann können Sie rechtzeitig Ihre

Hand heben. Außerdem lernen Sie viel darüber, wie es dem Unternehmen gerade geht. In manchen Unternehmen verheimlichen die Chefs die wirklichen Zahlen. Sie glauben, dass es ihnen hilft, wenn Sie einen Informationsvorsprung haben. Multiplikatoren wissen manchmal sogar besser als die Chefs, wie ein Unternehmen wirtschaftlich dasteht.

Sie finden sogenannte Multiplikatoren in sehr unterschiedlichen Abteilungen. Es kann sich um den Pförtner handeln, der sich mit vielen Mitarbeitenden nett unterhält. Es kann eine Person aus dem Rechnungswesen sein, die gleichzeitig noch die Betriebssport-Mannschaft im Tennis leitet. Es kann sich aber auch um eine Führungskraft der unteren Managementebene handeln, die nach einer Entwicklung strebt. Halten Sie also Ausschau nach Menschen, an denen sich andere orientieren. Sie brauchen nicht zum inneren Fanclub der Multiplikatoren zu zählen, es genügt, wenn Sie eine gute Beziehung zu ihnen aufbauen. Treffen Sie sich regelmäßig mit diesen Personen, zum Beispiel zum Mittagessen. Geben Sie ihnen auch ein paar Informationen. Im Gegenzug werden Sie Dinge erfahren, die Ihnen auf jeden Fall weiterhelfen.

Finden Sie heraus, welche Multiplikatoren wirklich über gute Informationen verfügen. Manche Kollegen, die beliebt sind, sind einfach nur lustig und erzählen alles Mögliche. Diese Plaudertaschen machen sich oft wichtig, ohne über gute Informationen zu verfügen. Merken Sie sich, was Ihre Kollegen vorhergesagt haben. Dann überprüfen Sie, was davon wirklich eingetreten ist. Ein Beispiel: Eine Kollegin erzählt Ihnen, dass ein Abteilungsleiter sich mit seinem Chef streitet. Spätestens zum Ende des Jahres werde der Abteilungsleiter nicht mehr da sein. Sollte der Abteilungsleiter tatsächlich ausscheiden, wissen Sie, dass Ihre Kollegin über gute Informationen verfügte. Zumindest in der Mehrzahl der Fälle sollten die Ankündigungen Ihrer Multiplikatoren zutreffen.

Es lohnt sich immer, einen guten Draht zu wichtigen Multiplikatoren in Organisationen aufzubauen. So sind Sie oft frühzeitig informiert, wohin die Reise in Ihrem Unternehmen geht. Und das hilft Ihnen für ihre eigenen Planungen. Und vielleicht sogar für die nächsten Schritte Ihrer Karriere.

Entschlüsseln Sie den Gewölbekeller Ihres Arbeitgebers

Jedes Unternehmen besitzt seinen eigenen Gewölbekeller mit Olivenöl. Denn jedes Unternehmen gibt Geld aus und erhält (hoffentlich) Geld von seinen Kunden. Bei Firmen ist es jedoch nicht so einfach wie bei Privatpersonen zu erkennen, wieviel Olivenöl sich im Keller befindet und ob eine Firma mehr Öl bekommt als sie weggibt. Stellen Sie sich vor, Sie betreten den gut versteckten Gewölbekeller Ihrer Firma und stehen erstmal vor lauter Gefäßen beschriftet mit Hieroglyphen. Wie finden Sie nun heraus, wie die Situation beim Olivenöl Ihres Unternehmens aussieht?

Firmen streben danach Gewinne zu erzielen. Nur wenn die Umsätze langfristig höher sind als die Kosten, kann ein Unternehmen dauerhaft überleben. Im Grunde verhält es sich bei Unternehmen genauso wie mit Ihrem eigenen Gewölbekeller. Ein positiver Saldo, also mehr Olivenöl das reinkommt als Olivenöl das weggeht, ist elementar wichtig. Wie der Saldo aussieht, erfahren Sie in der Regel aus dem Jahresabschluss von Unternehmen. Die Abschlüsse beinhalten meist eine Bilanz, eine Gewinn- und Verlustrechnung und einen Lagebericht.

Viele Menschen machen um Bilanzen von Unternehmen einen weiten Bogen. Sie glauben, dass die Jahresabschlüsse einer Firma nur für Experten da sind. In Wahrheit liefern die Abschlüsse sehr wertvolle Informationen über den Zustand einer Firma. Ein Geheimagent wie James Bond würde sich immer zuallererst einen Überblick über die wirtschaftliche Lage eines Unternehmens verschaffen. Je mehr Sie über Ihre Firma wissen, umso besser für Ihre Karriere. Außerdem hilft Ihnen das Wissen über Bilanzen auch weiter, wenn Sie Ihr Geld gut anlegen möchten. Dazu später mehr.

Mit dem Wissen über die finanzielle Situation Ihres Unternehmens können Sie die Aussagen Ihrer Chefs kritisch hinterfragen. Denn häufig erzählen die Leiter nur die schönen positiven Aspekte. Insofern ist es sehr hilfreich, zu verstehen, wie ein Unternehmen gerade dasteht. Im letzten Teil finden Sie einige Bücher, die Ihnen einen sehr guten Einblick geben. Schauen Sie sich einige Videos im Internet zu den Themen „Bilanz" sowie „Gewinn- und Verlustrechnung" an. Tauschen Sie sich mit Kollegen aus dem Controlling oder Rechnungswesen Ihres Unternehmens aus. Diese Personen haben meist einen sehr tiefen Einblick in die finanzielle Situation Ihrer Firma.

Sie brauchen kein Experte für Bilanzen zu werden. Zunächst genügt es völlig, sich ein paar wesentliche Größen anzuschauen. Die meisten Unternehmen in Deutschland veröffentlichen ihre Jahresabschlüsse. Diese Daten können Sie im Internet unter unternehmensregister.de abfragen.

Unternehmen, die an der Börse gelistet sind, veröffentlichen ihre Zahlen meist auf ihrer eigenen Internetseite, oft in einer Rubrik namens „Investor Relations". Suchen Sie dort nach den offiziellen Jahresabschlüssen eines Unternehmens. Häufig stellen die Unternehmen die positiven Entwicklungen in einigen Bereichen nach vorne. Die Bilanz finden Sie dann ganz hinten versteckt im Anhang, oft nicht mehr ganz so schön aufbereitet vom Layout her.

Besorgen Sie sich die Jahresabschlüsse der letzten drei bis fünf Jahre, idealerweise die Bilanz, die Gewinn- und Verlustrechnung sowie Übersichten zur Cash-Flow Situation. Im ersten Schritt erstellen Sie daraus eine Tabelle mit Jahreswerten für die letzten Jahre. Quartalszahlen, sofern diese vorliegen, können Sie erst mal außen vorlassen. Diese sind nicht so entscheidend für die langfristige Beurteilung eines Unternehmens.

Prüfen Sie die Entwicklung der Umsätze im Laufe der Jahre. Sind die Umsätze eines Unternehmens von Jahr zu Jahr gestiegen oder gesunken? Finden Sie die Ursache heraus. Hat das Unternehmen für viel Geld andere Unternehmen zugekauft, um dadurch die sinkenden Umsätze im Stammgeschäft zu verbergen?

Im nächsten Schritt betrachten Sie die Gewinn-Entwicklung Ihres Unternehmens. Bei deutschen Unternehmen finden Sie in den Gewinn- und Verlustrechnungen die Position „Jahresüberschuss". Bei Unternehmen aus dem Ausland heißen die Kennzahlen häufig EBITDA oder Operation EBIT. Analysieren Sie, wieso die Gewinne in den letzten Jahren gestiegen, gefallen oder mehr oder weniger gleichgeblieben sind.

Bei börsennotierten Unternehmen können Sie auch die Aktienkurse im Verlauf der letzten Jahre betrachten. Hat eine Aktie stärker verloren als Aktien der direkten Wettbewerber? Dann finden Sie heraus wieso.

Im nächsten Schritt prüfen Sie die Entwicklung der Eigenkapitalquote. Diese sagt vereinfacht aus, wie viel eigenes Geld Ihr Unternehmen auf dem Konto hat und wie stark ein Unternehmen verschuldet ist. Die Eigenkapitalquote sollte mindestens zwanzig bis dreißig Prozent betragen. Liegt Sie darunter, wendet Ihr Unternehmen relativ viel Geld auf, um hohe Kredite abzustottern.

Sofern verfügbar, können Sie sich auch den Free Cash Flow ansehen. Diese Kenngröße sagt aus, wie viel Geld in den Kassen Ihres Unternehmens landet.

Vergleichen Sie die obigen Kennzahlen für Ihr Unternehmen auch mit den Kennzahlen von direkten Wettbewerbern. Versuchen Sie herauszufinden, warum die Wettbewerber mehr oder weniger Umsatz beziehungsweise Gewinn machen.

Ihre Wohlstandszeit eignet sich hervorragend, um in den Gewölbekeller Ihres Unternehmens hinabzusteigen. Je mehr Sie davon verstehen, umso besser für Ihre Karriere. Mitarbeitende, die sich mit ihren Vorgesetzten auf Augenhöhe über die finanzielle Situation eines Unternehmens unterhalten können, werden bei Beförderungen stärker berücksichtigt als Mitarbeitende, die sich kaum damit beschäftigen.

Soweit einige Insidertipps, wie Sie sich für neue Herausforderungen und Aufgaben in Unternehmen qualifizieren. Über diesen Weg steigern Sie Ihr Einkommen als Angestellter immer weiter. Im nächsten Abschnitt schauen wir auf Optionen, wie es Ihnen gelingt, mehr Gehalt in Ihrem aktuellen Job zu verhandeln, ohne Ihre Aufgabe deutlich zu verändern. Auch hier gibt es durchaus Spielräume. Meistens sind sie jedoch nicht so groß, wie bei einer größeren Änderung Ihrer Aufgaben.

Mehr Gehalt verhandeln

Haben Sie auch das Gefühl, das andere für die gleiche Arbeit mehr verdienen als Sie? Willkommen im Club. So denken viele Arbeitnehmer.

Gehälter sind ein sensibles Thema. Wir blicken nun auf Gehälter und Gehaltserhöhungen. Als erstes nehmen wir einen Perspektivenwechsel vor und versetzen uns in die Rolle eines Arbeitgebers. Das hilft dabei, zu verstehen wie Gehälter zustande kommen. Und wann Erhöhungen von Gehältern möglich sind. Danach beschäftigen wir uns mit Strategien, wie Sie am besten konkret vorgehen, wenn Sie eine Erhöhung Ihres Gehalts erreichen möchten.

Wir betrachten im folgenden Unternehmen, die nicht an einen Tarifvertrag gebunden sind. Sofern flächendeckend Tarifverträge vereinbart sind, erübrigt sich die individuelle Verhandlung Ihres Gehalts größtenteils. Allenfalls können Sie dann noch über übertarifliche Zulagen mit Ihrem Arbeitgeber verhandeln. Arbeiten Sie dagegen in einem Unternehmen, das Gehälter frei festlegt, haben Sie Spielraum für Erhöhungen.

Gehälter aus der Sicht eines Unternehmens

Gehälter sind aus Sicht eines Unternehmens zunächst Kosten. Jeder Euro Gehalt reduziert den Gewinn eines Unternehmens. Auf der anderen Seite wünschen sich Unternehmen zufriedene Arbeitnehmer. Gerade bei Dienstleistungsunternehmen hängt von ihnen der Erfolg des Geschäftes ab. Daher gilt es für ein Unternehmen einerseits, Personalkosten möglichst niedrig zu halten, andererseits jedoch die Mitarbeiter bestmöglich zu motivieren.

In den meisten Fällen ist das Gehaltsgefüge in Unternehmen sehr unterschiedlich und nicht wirklich gerecht. Normalerweise würde man erwarten, dass Mitarbeitende umso mehr verdienen, je länger sie im Unternehmen sind und je höher ihre Qualifikation ausfällt. Dem ist jedoch nicht so.

Dies hat unterschiedliche Gründe. Wenn die Geschäfte gut laufen, erhöhen Unternehmen häufiger großzügig die Gehälter ihrer Mitarbeitenden. Diese Erhöhungen können dann nicht mehr abgesenkt werden, wenn Umsätze und Gewinne in Folgejahren geringer ausfallen.

Außerdem bezahlen Unternehmen Mitarbeitern, die ihre ersten Karriereschritte im Unternehmen unternommen haben und schon lange Zeit dabei sind, geringere Gehälter als extern eingekauften Mitarbeitern. Zur Veranschaulichung ein Beispiel: Michael schließt seine Ausbildung im Unternehmen ab. Danach wird er übernommen und erhält ein Brutto-Gehalt von 3.200 Euro pro Monat. In den Folgejahren erhält er über fünf Jahre jedes Jahr fünf Prozent mehr Gehalt. Damit beträgt sein Gehalt 4.084 Euro. Nehmen wir an, das Unternehmen von Michael benötigt nun einen weiteren Mitarbeiter mit fünf Jahren

Berufserfahrung, um einen neuen Auftrag annehmen zu können. Ein guter Kandidat von einem anderen Unternehmen verdient jedoch 4.500 Euro pro Monat. Das Unternehmen wird ihn sehr wahrscheinlich trotzdem einstellen, da die zusätzlichen Personalkosten im Vergleich zum potenziellen Umsatzausfall kaum ins Gewicht fallen.

Vielleicht hat Michael, unser ehemaliger Auszubildender, aber auch gerade ein gutes Angebot eines anderen Unternehmens vorliegen. Er verhandelt bei seinen aktuellen Arbeitgeber nach und erhält einen größeren Gehaltssprung als die bisherigen fünf Prozent pro Jahr. In der Situation der Entscheidung möchte das Unternehmen Michael nicht verlieren, da er gerade dringend benötigt wird. In Zeiten mit weniger Aufträgen bleibt sein Gehalt jedoch unverändert. Sie sehen, ein paar hundert Euro mehr oder weniger Gehalt sind oft zufallsbedingt.

Die Gehaltsstruktur in Firmen ist weiterhin nicht gerecht, wenn in bestimmten Phasen einzelne Mitarbeiter mit besonderen Qualifikationen besonders gefragt sind. Dies führt dazu, dass ihre Gehälter steigen. Im Laufe der Zeit qualifizieren sich mehr und mehr Mitarbeiter in diesem nachfragestarken Bereich. Nun gibt es mehr Bewerber als Jobs für die jeweiligen Stellen. Trotzdem behalten Mitarbeiter, die in der Phase starteten, als es nur wenige Mitarbeiter mit entsprechender Qualifikation gab, ihre nun vergleichsweise hohen Gehälter. Nehmen wir als Beispiel eine Fachkraft für Arbeitssicherheit. Als die Corona-Pandemie begann, benötigten Unternehmen sehr schnell qualifizierte Kräfte, die sich mit Sicherheitsvorkehrungen bei Virus-Erkrankungen auskannten. Dafür zahlten sie auch mal recht hohe Gehälter. Inzwischen haben sich sehr viele Mitarbeiter im Bereich Arbeitssicherheit und Pandemie-Bekämpfung fortgebildet. Damit ist es einfacher und günstiger, entsprechende Stellen zu besetzen. Gleichwohl senken Unternehmen die während der

Anfangszeit der Pandemie recht hoch gewährten Gehälter nicht mehr ab.

Hinzukommt, dass wie wir bereits gesehen haben, Mitarbeiter, die schon lange im Unternehmen arbeiten, hohe Abfindungsansprüche für sich geltend machen können. Nämlich dann, wenn ein Unternehmen Mitarbeiter abbaut. Die Dauer der Betriebszugehörigkeit spielt dabei in Deutschland für die Höhe der Abfindung eine große Rolle.

Sie sehen, es gibt viele Gründe, warum Gehälter im Quervergleich der Mitarbeitenden untereinander sehr unterschiedlich ausfallen können. Dies liegt meist nicht am bösen Willen von Unternehmen, sondern einfach daran, dass Entscheidungen zu unterschiedlichen Zeitpunkten unter unterschiedlichen Voraussetzungen getroffen werden. Im Laufe der Zeit laufen Gehältern im Quervergleich immer mehr auseinander.

Dies ist zwar nicht im Sinne der Gerechtigkeit, auf der anderen Seite bietet es Ihnen Möglichkeiten, Ihr Gehalt immer wieder nach zu verhandeln. Wenn Sie es schaffen, schrittweise jährliche Gehaltssteigerungen zu vereinbaren, steigern Sie im Laufe der Jahre Ihr Gehalt deutlich.

Vergessen Sie Vergleiche mit Kollegen

Sie glauben oder wissen, dass ein Kollege mehr verdient als Sie? Und das obwohl er deutlich weniger arbeitet? Diese Situation kennen wir wohl alle. Eine empfundene Ungerechtigkeit wiegt schwer. Selbst wenn wir überdurchschnittlich gut verdienen. Solange wir wissen, dass eine andere Person mehr verdient, macht es uns unzufrieden. Dies zeigen mehrere psychologische Versuche und Studien.

Machen Sie sich frei davon. Freuen Sie sich über Ihr Gehalt. Es ändert sich keinen Cent, wenn sie unzufrieden damit sind. Konzentrieren Sie sich lieber auf das, was Sie selbst beeinflussen können, nämlich Ihr eigenes Gehalt. Alles andere kostet Sie nur Zeit und Nerven.

Viele Mitarbeiter trauen sich nicht, nach mehr Gehalt zu fragen. Sie sind zufrieden mit dem was sie haben. Sie möchten sich die gute Beziehung zu ihren Vorgesetzten nicht verscherzen. Sie denken im Sinne ihres Unternehmens, dass wirtschaftlich gerade nicht gut dasteht und möchten freiwillig einen Beitrag leisten, die Kosten nicht weiter zu steigern.

Dies alles sind ehrbare Motive. Es ist Ihre Entscheidung, ob Sie nach einer Erhöhung fragen. Das heißt ja noch lange nicht, dass Sie diese auch bekommen. Gleichzeitig lohnt es sich, Gehaltserhöhungen anzufragen, wenn Sie entsprechende Leistungen erbringen und dem Unternehmen wirtschaftliche Vorteile verschaffen. Ansonsten schenken Sie all diese Vorteile den Gesellschaftern Ihres Unternehmens. Letztendlich geht es darum, dass Sie einen fairen Anteil erhalten. Und Gehaltserhöhungen sind nun mal auch ein Weg, mehr Olivenöl zu bekommen. Eine Erhöhung, die Sie erhalten haben, nimmt Ihnen niemand so schnell wieder weg. Hinzukommt, dass durch die Inflation Ihr Geld immer weniger wert wird. Von daher spricht nichts dagegen, bei entsprechender Leistung auch mehr Gehalt zu fordern. Zumal es einige wenige Mitarbeitende gibt, die regelmäßig nach Erhöhungen fragen. Oft erhalten diese Personen mehr Geld, auch wenn es eigentlich nicht gerechtfertigt ist. Schauen wir uns an, wie Sie am besten vorgehen.

Argumentieren Sie über Ihre Leistung

Unternehmen bezahlen ihre Mitarbeiter danach, welchen Wertbeitrag sie aus Sicht des Unternehmens bringen. Es kann gut sein, dass eine Außendienstmitarbeiterin doppelt so viel verdient wie ein Mitarbeiter im Innendienst. Das Unternehmen schätzt in diesem Fall die Aufgaben, neue Verträge mit Kunden abzuschließen oder bestehende Verträge zu verlängern sowie die direkte Betreuung von Kunden vom Wert her doppelt so hoch ein wie Aufgaben im Innendienst. Ob diese Einschätzung richtig ist, steht auf einem anderen Blatt. Es kann gut sein, dass ein Mitarbeiter in den Innendienst sehr viel Einfluss auf die Zufriedenheit von Kunden hat. Bearbeitet er Anfragen nicht schnell genug, springt ein Kunde schnell ab. Daher mag die unterschiedliche Entlohnung ungerecht erscheinen. Gleichzeitig ist sie eine weit verbreitete Praxis.

Wenn sie mehr Gehalt verhandeln wollen, argumentieren Sie daher hauptsächlich über Ihren Wertbeitrag für das Unternehmen. Schreiben Sie die wichtigen Punkte auf, die zeigen, wie Sie für Ihr Unternehmen mehr Umsatz geholt oder Kosten eingespart haben. Möglichst konkret, möglichst auch mit Zahlen belegt, selbst wenn es sich nur um ungefähre Schätzungen handelt. Sie können auch eine Schätzung angeben mit einem unteren und einem oberen Wert, wenn es nicht möglich ist, einen genauen Betrag zu ermitteln.

Folgende Argumentationen sind bei Gehaltsverhandlungen nicht hilfreich: „Mein Sohn studiert demnächst, deshalb benötige ich mehr Geld." – „Wir möchten in eine größere Wohnung ziehen, die teurer ist." – „Alles wird teurer, deshalb wünsche ich mir auch mehr Gehalt." – „Mein Kollege verdient mehr und hat in den letzten Jahren zusätzliche Erhöhungen erhalten." Diese Argumente sind zwar aus Ihrer eigenen Sicht richtig, Sie liefern damit Ihrem Chef jedoch keine Argumente, eine Gehaltserhöhung bei seinen Chefs durch zu bekommen. Besser ist wie schon gezeigt eine Begründung über Ihre Leistung.

Planen Sie ausreichend Zeit ein, um Gehaltserhöhungen erfolgreich zu verhandeln. In den meisten Unternehmen entscheidet die erste oder zweite Führungsebene über Gehaltsanpassungen. Sie entscheidet nicht unbedingt über jede einzelne Anpassung, sondern über die Veränderungen der Personalkosten je Bereich. Daher benötigen Führungskräfte der unteren

Ebenen in der Regel längere Zeit, bis sie die tatsächliche Freigabe erhalten. Oft führen die Personalabteilung regelmäßig einmal jährlich die gesamten Gehaltsüberprüfungen durch. Die Personalabteilung sammelt die Wünsche aller Teamleiter ein, verdichtet diese, legt sie der Unternehmensleitung zur Entscheidung vor, verarbeitet Anpassungen, diskutiert diese wieder mit den Teamleitern, bespricht die neue Version mit der Leitung, und so weiter.

Von daher erwarten Sie nicht, dass Ihr Vorgesetzter innerhalb von zwei Tagen über eine Gehaltserhöhung entscheiden kann.

Lassen Sie sich nicht vertrösten

Oft antwortet Ihr Vorgesetzter, wenn Sie ihn auf eine Anpassung ansprechen, dass der offizielle Prozess noch nicht gestartet ist. Bleiben Sie trotzdem dran und bitten Sie ihn schon mal vorab zu sprechen. Bieten Sie zusätzlich ein längeres Gespräch an, wenn dann der offizielle Prozess startet. Der Grund, warum Sie nicht auf den offiziellen Prozess warten sollten, ist folgender: Manchmal treffen Unternehmen Entscheidungen über Gehaltserhöhungen überraschend und nicht geplant. Das Controlling findet zum Jahresende noch ein paar nicht ausgeschöpfte Budgettöpfe. Gleichzeitig möchte die Unternehmensleitung ein bestimmtes Ziel-Ergebnis erreichen, das bereits den Gesellschaftern kommuniziert wurde. Nun sucht das Controlling hektisch nach Möglichkeiten, die Kosten im laufenden Geschäftsjahr zu erhöhen. Eine einfache Möglichkeit sind Sonderzahlungen an Mitarbeiter oder auch Gehaltsanpassungen, die schon im letzten Quartal eines Jahres starten. Diese Entscheidungen werden oft chaotisch und kurzfristig getroffen.

Sie steigern Ihre Chance, bei solchen Sonderaktionen dabei zu sein, wenn Ihr Vorgesetzter Ihre Wünsche schriftlich klipp und klar auf dem Tisch liegen hat. Nicht erst zum offiziellen

Prozess, sondern auch schon vorher. In der Vergangenheit habe ich es häufig live erlebt, dass ganzen Teams Sonderzahlungen oder Gehaltserhöhungen gewährt wurden, nur weil der jeweiligen Teamleiter zur richtigen Zeit Anpassungswünsche parat hatte.

Liefern Sie Ihrem Chef passende Argumente

Ihr Chef ist in der Regel selbst in der Situation, dass er für die Anpassungswünsche seines Teams kämpfen muss. Dazu braucht er sachliche Argumente. Am besten untermauert er diese mit Fakten. Sonst wimmelt die erste Führungsebene seine Forderungen schnell mit unqualifizierten Argumenten ab. Nach dem Motto: „Ach, Frau Müller aus der Abteilung Kundendienst. Die sehe ich immer nur bei ihrer Raucherpause vor dem Gebäude, der brauchen wir keine Erhöhung geben."

Erstellen Sie ein Dokument, auf dem Sie Ihr aktuelles Gehalt angeben. Dann schreiben Sie Ihre Wünsche auf. Einmal einen optimalen Wert für eine Erhöhung. Und einmal einen realistischen Wert. So überlassen Sie Ihren Chefs die Entscheidung, geben aber gleichzeitig einen Zielkorridor vor. Darunter schreiben Sie Ihre Erfolge der letzten Zeit und quantifizieren diese in zusätzlichen Umsätzen oder eingesparten Kosten für Ihr Unternehmen. Auch wenn es nur ungefähre Angaben sind. Ihr Chef muss dann ja erst mal dagegen argumentieren. Und ein paar Führungsebenen weiter oben kann sowieso niemand mehr beurteilen, was Sie genau leisten. Geben Sie Ihr Gehalt immer als Monatswert an, dann erscheint der Betrag optisch geringer als eine Jahressumme. Die folgende Abbildung zeigt ein Muster eines solchen Dokuments, das Sie Ihrem Chef übergeben.

Sprechen Sie diesen Zettel gemeinsam mit Ihrem Chef durch. Fragen Sie ihn, ob er die Punkte genauso sieht. Eventuell gibt er Ihnen Feedback, das Sie anschließend einarbeiten können. Nach dem Gespräch versenden Sie das Dokument per Mail an Ihren Chef. Dieser Schritt ist wichtig, da er das Dokument eventuell weiterleiten wird. Platzieren Sie Ihre Gehaltswünsche auch auf höheren Führungsebenen. Beispielsweise dann, wenn Sie ein Lob erhalten für ein erfolgreich durchgeführtes Projekt.

Gehaltsentwicklung Doris Müller
Key Account Managerin in der Abteilung Deutschland West
Aktuelles Gehalt: 4.800 Euro brutto pro Monat
Letzte Gehaltsanpassung: Juli 2020, vor zwei Jahren
Wunsch Gehaltsanpassung ab 1. Januar 2023: mindestens +3%, Best Case: +7%

Erfolge Doris Müller:

- Aktive Mithilfe bei der Überzeugung von Kunde X, seinen Vertrag mindestens ein Jahr zu verlängern, Zusatzumsatz von ca. 400.000 Euro pro Jahr.

- Einführung einer Priorisierung für Anfragen des Außendienstes, zusätzlicher Umsatz etwa 30.000 bis 60.000 Euro pro Jahr.

- Durchführung einer Informationskampagne zur Nutzung von CarSharing per App auf Dienstreisen, Einsparung Taxi-Kosten in Höhe von ca. 15.000 bis 25.000 Euro pro Jahr.

Abbildung: Muster für Gehaltsverhandlungen

Formulieren Sie Ihre Wünsche in jedem Fall schriftlich, schwarz auf weiß. Bei mündlichen Absprachen kommt es häufig zu Missverständnissen, gerade wenn es um sensible Themen wie das

Gehalt geht. Stellen Sie sich vor, Sie fragen Ihren Vorgesetzten nach einer Anpassung von sechs Prozent. Ihr Chef reagiert zurückhaltend und erklärt Ihnen, dass er höchstens vier Prozent für realistisch hält. Sie nehmen dies wortlos hin, Ihr Chef interpretiert Ihre Reaktion jedoch als Zustimmung. Ein paar Wochen später kommt er zu Ihnen und verkündet Ihnen freudig, dass er nicht ganz die vier Prozent, aber immerhin drei Prozent durchbekommen hat. Er erwartet von Ihnen Dankbarkeit. Sie sind jedoch eher enttäuscht, da es gerade mal die Hälfte Ihrer ursprünglichen Forderung war. Ihr Chef ist jedoch fest davon ausgegangen, dass Ihre Forderung bei vier Prozent lag. Solche Missverständnisse vermeiden Sie, wenn Sie Ihre Forderungen klipp und klar aufschreiben und Ihrem Chef überreichen. Sollten Sie im Gespräch feststellen, dass Ihre Forderung zu hoch ist, schicken Sie ihm einfach eine neue aktualisierte Fassung nach Ihrem Gespräch.

Achten Sie auch darauf, einen passenden Zeitpunkt für Gehaltsgespräche zu finden. Kurz vor Abgabe eines wichtigen Projektes hat Ihr Chef sicher andere Themen im Kopf, als sich über Ihr Gehalt Gedanken zu machen. Überlegen Sie daher genau, wann ein passender Zeitpunkt sein könnte. Wählen Sie möglichst einen Termin am Anfang der Woche am Vormittag. In der Regel sind Menschen dann aufmerksamer und noch nicht entscheidungsmüde wie gegen Ende der Woche oder am späten Nachmittag.

Wenn Ihr Chef Sie dann informiert, dass die Erhöhung geklappt hat, freuen Sie sich über das zusätzliche Gehalt. Sie haben sich damit mehr Olivenöl organisiert. Das hilft Ihnen sehr beim Aufbau Ihres Wohlstands. Wenn Ihr Chef dagegen erklärt, dass es nicht geklappt hat, erkundigen Sie sich nach den Gründen. Erkundigen Sie sich auch bei Kollegen, die eine Gehaltserhöhung erhalten haben, was die Gründe dafür waren. Nehmen Sie das Feedback konstruktiv auf. Fragen Sie nach etwas mehr als einem halben Jahr wieder nach. Es hilft, wenn Sie sich bereits mehrfach vergeblich eine Erhöhung gewünscht haben. Ihre Chancen steigen von Jahr zu Jahr, dass es dann tatsächlich klappt.

Manchmal ist jedoch eine Forderung nach mehr Gehalt recht aussichtslos. Beispielsweise weil Sie in Ihrem Unternehmen vom Gehaltsniveau sehr hoch eingestiegen sind. In diesem Fall überlegen Sie, ob Sie nach alternativen Vorteilen fragen. Egal, ob ein Dienstwagen, ein Zuschuss zur Monatskarte im öffentlichen Nahverkehr, ein Diensthandy, das Sie auch privat nutzen dürfen – es gibt alle möglichen Sachzuwendungen, die Ihr Leben verschönern. Und vielleicht besteht auch die Option, dass Sie einen halben Tag die Woche weniger arbeiten und dafür das gleiche Gehalt bekommen. So hätten Sie mehr Zeit für Ihren Gewölbekeller. Oder Zeit, um ein eigenes Unternehmen vorzubereiten.

Starten Sie mit Ihrem eigenen Unternehmen durch

Wenn Sie angestellt arbeiten, tauschen Sie Zeit gegen Geld. Egal, wie erfolgreich Ihr Unternehmen läuft, Sie bekommen immer das gleiche Gehalt, kleinere erfolgsabhängige Gehaltskomponenten mal außen vorgelassen. Damit ist Ihr Spielraum, Ihr Gehalt zu steigern, automatisch begrenzt. Sehr gut bezahlen Unternehmen meist nur wenige Jobs, beispielsweise wenn Sie im Vorstand oder der Führungsebene darunter arbeiten. Um einen solchen Job zu ergattern benötigen Sie viel Ausdauer, Einsatz und Glück. Da Ihre Arbeitszeit nun mal begrenzt ist – der Tag hat nur vierundzwanzig Stunden – sind die Chancen als Angestellter große Mengen Olivenöl zu erhalten überschaubar. Der große Vorteil als angestellter Mitarbeiter ist auf der anderen Seite die Sicherheit, dass Sie Ihr Gehalt bekommen, egal wie gut es Ihrem Arbeitgeber geht, solange er keine Insolvenz anmeldet. Denn er alleine trägt die wirtschaftlichen Risiken seines

Geschäfts. Wenn Sie jedoch selbst bereit sind, selber eine Firma aufzubauen, sind Ihre Verdienstmöglichkeiten nach oben offen. Gleichzeitig bestimmen Sie, wo es lang geht. Daher schauen wir uns nun an, wie Sie mit Ihrem eigenen Unternehmen durchstarten.

Suchen Sie aus Spaß einmal im Internet nach Erfolgsrezepten für Unternehmensgründungen. Sie finden tonnenweise Empfehlungen und Ratgeber. Ebenso beliebt sind Biografien über erfolgreiche Gründer wie Mark Zuckerberg, Elon Musk oder Steve Jobs. Sehr viele Ratgeber analysieren deren Strategien und schlagen Ihnen dann entsprechende Vorgehensweisen vor. Wie also gründen Sie ein erfolgreiches Unternehmen? Hilft es, die Rezepte anderer zu kopieren?

Die Antwort ist ähnlich simpel wie die Antwort auf die Frage, wie Sie Wohlstand aufbauen. Es gibt kein Geheimrezept und keinen Königsweg. So schön es wäre, leider verlaufen Gründungen von Firmen meist zufällig und chaotisch. Manchmal werden sie ein Erfolg, oft laufen Unternehmen auch nicht erfolgreich. In diesem Abschnitt finden Sie einige Tipps und Gedanken, die Sie im Blick behalten können. Ähnlich wie ein Rahmen, der Ihnen gewisse Leitplanken setzt. Doch manchmal lohnt es sich auch, den Rahmen bewusst zu verlassen und neue Wege einzuschlagen.

Loslegen und Stück für Stück optimieren

Schauen wir gleich ein einfaches naheliegendes Beispiel an. Nehmen wir an, Sie möchten eine Firma gründen und Ihr hochwertiges Olivenöl verkaufen. Nun gibt es zwei Möglichkeiten, wie Sie vorgehen.

Möglichkeit eins: Sie starten mit Vollgas durch. Sie beauftragen eine Unternehmensberatung. Die erstellt Ihnen ein Marketing-Konzept mit einer Strategie für den Markteintritt, entwirft einen Business Plan und berät sie beim Aufbau der Logistik.

Von Ihrer Bank leihen Sie sich eine Million Euro, die sie für einen Onlineshop, ein Ladengeschäft und für sechs Mitarbeiter ausgeben. Mit sehr viel Glück verdienen Sie das Geld innerhalb von drei bis fünf Jahren wieder zurück. Mit noch mehr Glück wächst Ihr Geschäft von Jahr zu Jahr. Es kann jedoch auch sein, dass der Supermarkt um die Ecke ein eigenes Regal mit feinsten Olivenölen aufstellt und dieses massiv bewirbt. Ihre Umsätze bleiben weit unter den Erwartungen des Businessplans, nach einem Jahr melden Sie Insolvenz an, weil sie die Kosten nicht mehr bezahlen können.

Möglichkeit zwei: Sie starten klein ohne weitere Mitarbeiter und testen mit wenig Risiko. Stellen Sie sich mit einem kleinen Tisch auf einen regionalen Markt und schauen Sie, ob Menschen Ihr Olivenöl kaufen und mögen. Bieten Sie über eine Verkaufsplattform im Internet verschiedene Flaschen und Sorten Ihres Öls an, schalten Sie eine Werbekampagne bei einer Suchmaschine für dreihundert Euro. Dokumentieren Sie genau die Reaktionen Ihrer potenziellen Käufer. Sofern Sie noch nicht genug verkaufen, verändern Sie Ihre Strategien. Testen Sie andere Flaschen, neue Größen, neue Sorten, neue Namen, neue Geschichten zu Ihrem Öl oder auch neue Vertriebskanäle. Bieten Sie Ihr Öl zum Beispiel bei einem Versandhändler für Bio-Lebensmittel an. Nach einem Jahr finden Sie heraus, dass sehr viele Single-Haushalte Ihre neuen blauen Flaschen mit einem halben Liter Bio-Olivenöl nachfragen. Ihre Konkurrenz setzt eher auf Familien mit günstigem Öl in größeren Flaschen. Jetzt akquirieren Sie im großen Stil weitere Läden für Ihre kleinen blauen Flaschen. Schritt für Schritt wächst Ihr Umsatz ohne, dass Sie sich vorher bis übers Dach verschuldet haben. Mitarbeiter stellen Sie immer dann ein, wenn Sie die Gehälter auch langfristig finanzieren können.

Vergleichen Sie die beiden Strategien. Welche Vorteile und welche Nachteile sehen Sie in den unterschiedlichen Ansätzen?

_____

_____

_____

_____

_____

Ein zentraler Grundsatz für Ihr eigenes Unternehmen lautet: Fangen Sie einfach an. Klein und mit geringem Risiko. Nach jedem Schritt schauen Sie sich den Erfolg an. Wenn etwas erfolgreich gelaufen ist, setzen Sie darauf auf. Ansonsten versuchen Sie einen anderen Weg. Entscheidend ist, dass Sie aktiv etwas umsetzen. Nur dann finden Sie nämlich heraus, ob eine Idee Potenzial hat.

Der Vorteil der schrittweisen Strategie ist, dass Sie lediglich überschaubare Risiken eingehen. Sollte Ihr Test eines Marktstands mit Olivenöl nicht funktionieren, haben Sie immer noch Zeit und Geld, Alternativen ausprobieren. Wenn Sie alles auf eine Karte setzen, wie im ersten Beispiel, sitzen Sie auf einem hohen Schuldenberg. Und Ihr Gewölbekeller wird immer leerer. Denn Sie haben Ihren Kreditgebern eine große Menge Olivenöl versprochen, egal ob Ihr Geschäft läuft oder nicht.

Bevor Sie Ihr Unternehmen starten, versuchen Sie möglichst viel über Ihr Produkt oder Ihre Dienstleistung vorab zu lernen. Am besten nicht mit Ihrem eigenen Geld. Denken Sie beispielsweise darüber nach, ein Café zu eröffnen, dann arbeiten Sie vorher mindestens in zwei Cafés als Angestellter oder als Praktikant. Selbst wenn es sich um ein Praktikum ohne Bezahlung handelt. Viel wichtiger sind in diesem Fall die Dinge, die Sie lernen können. Welche Getränke und welches Gebäck laufen besonders gut? Worauf gilt es zu achten bei der Bestellung von

Lebensmitteln? Welche Kunden sorgen zu welcher Zeit für besonders hohe Umsätze? Gibt es Themen, bei denen die Kunden nicht zufrieden sind? Diese wertvollen Informationen können Sie dann für ihr eigenes Geschäft nutzen.

Bestimmt kennen Sie die Sendungen im Fernsehen über Auswanderer, die sich im Ausland ein eigenes Geschäft aufbauen möchten. Erstaunlich viele Gründer in diesen Sendungen möchten ein Restaurant oder ein schnuckeliges Café eröffnen, haben jedoch vorher noch nie selbst in der Gastronomie gearbeitet. Die Erfolgswahrscheinlichkeit ihrer Gründungen ist, wie man in den Sendungen sieht, meist erstaunlich gering. Auswanderer die bereits Erfahrung gesammelt haben in der Branche, in der sie gründen, sind deutlich erfolgreicher.

Begeistern Sie Ihre Kunden, nicht nur sich selbst

Was ist der größte Fehler, den Gründer begehen? Haben Sie zu wenig Kapital? Stimmt die Geschäftsidee nicht? Fehlt ihnen qualifiziertes Personal? Meiner Ansicht nach nichts davon.

Der größte Fehler von Gründungen besteht meist darin, dass Gründer von sich selbst ausgehen und nicht von den Wünschen ihrer potentiellen Kunden. Kennen Sie auch eine Freundin, die ein schickes Café in irgendeiner Seitenstraße eröffnen möchte? Die total davon überzeugt ist, dass dieses Café hervorragend laufen wird, obwohl es in direkter Nähe schon mehrere Cafés gibt? Meist begründet die Freundin ihren wahrscheinlichen Erfolg damit, dass nur sie die besten Kuchen backt und den leckersten Espresso zaubert. Damit argumentiert sie aus ihrer eigenen Sicht und schließt automatisch auf andere. Entscheidend ist jedoch nicht der Geschmack ihrer Freundin, sondern der Geschmack ihrer möglichen Kunden.

Viele Jahre habe ich bei verschiedenen privaten Radiosendern gearbeitet, die sich ausschließlich durch Werbung finanzieren. Ein privater Sender verkauft nur dann erfolgreich

Werbung, wenn er viele Hörer hat. Nur dann sind Werbekunden bereit, in Werbespots zu investieren, um ihre Produkte bekannt zu machen. Viele Hörer wundern sich darüber, dass bei den großen Sendern in Deutschland häufig die gleiche Musik läuft. Lady Gaga, Coldplay und Ed Sheeran – von Flensburg bis München. Egal, ob bei RSH, bei Antenne Bayern oder allen Sendern zwischen Nord und Süd. Die großen Stationen spielen mehr oder weniger alle die gleiche Musik. Beliebte Künstler laufen alle drei Stunden. Neben neuen Titeln laufen überall die gleichen fünf- bis sechshundert größten Hits der letzten drei Jahrzehnte.

Viele Mitarbeiter von Radiosendern, ehemalige Kollegen von mir, halten diese Strategie für totalen Unfug. Sie glauben, dass ein Sender mehr eine deutlich größere Musikvielfalt bieten sollte. Was ist der entscheidende Fehler, den diese Menschen begehen? Sie gehen von sich selbst aus. Und natürlich langweilt einen die Musik, wenn man acht Stunden am Tag in einer Redaktion im Sender sitzt und immer wieder die gleichen bekannten Songs hört.

Normale Hörer nutzen jedoch das Radio so nicht. Sie hören täglich immer mal wieder nebenbei. Ein paar Minuten im Badezimmer beim Aufstehen. Dann beim Frühstück in der Küche, schließlich auf der Fahrt zur Arbeit. Und anschließend vielleicht wieder auf dem Heimweg von der Arbeit nach Hause. Normale Hörer wünschen sich möglichst bekannte Lieder, die sie gut kennen. Sie haben wenig Lust auf unbekannte Titel, bei denen sie nicht mitsummen können. Deshalb sind die großen Sender, die ausschließlich bekannte Titel spielen, seit Jahrzehnten erfolgreich. Obwohl es immer mehr Programme gibt und obwohl Streaming-Dienste wie Spotify Hörer abziehen.

Trotzdem gibt es immer wieder Gründer, die viel Geld in die Hand nehmen und einen neuen werbefinanzierten Radiosender mit einem anderen Musikmix starten, darunter viele meiner ehemaligen Kollegen. Sie spielen eine wesentlich größere Bandbreite an Musik. Und bieten anspruchsvolle Unterhaltung. Keiner dieser Sender ist wirtschaftlich nennenswert erfolgreich, wenn er heute überhaupt noch sendet. Viele Gründer haben mit Ihren Sendergründungen dieser Art Millionen verloren. Einige dieser Sender finanzieren sich inzwischen durch Spenden, jedoch nicht durch Werbung. Denn ihre Reichweite ist so klein, dass sie für Werbekunden nicht interessant ist. Mich selbst erstaunt es immer wieder, wie sehr Gründer im Radiobereich den Grundsatz missachten, auf ihre Kunden, also die Hörer zu hören, und stattdessen ihren eigenen Geschmack zum Maßstab für ihr Programm machen. Begeistern Sie Ihre Kunden, nicht nur sich selbst.

Achten Sie genau darauf, was sich Ihre Kunden wünschen. Es hilft Ihnen nichts, wenn Sie als Konditorin die besten und ausgefallensten Torten der Stadt backen. Mit exotischen Zutaten aus fernen Ländern, und mit viel Liebe handwerklich hervorragend gebacken. Wenn die Masse der Kunden lieber für Schokoladentorte, Nusstorte und Schwarzwälder Kirschtorten ihr Geld ausgibt.

Häufig stellen sich im Fernsehen oder im Internet Gründer vor, die gesunde Riegel zum Essen anbieten. Mit weniger Zucker, weniger Kalorien und gesünderen Zutaten wie die bekannten Schokoriegel. Was die Verbraucher jedoch wirklich kaufen, sehen Sie in jeder Tankstelle am Regal neben der Kasse. Dort finden Sie überall die seit Jahrzehnten bekannten Riegel wie Snickers, Mars oder Twix. Von gesunden Alternativen sehen Sie meist weit und breit keine Spur. Wenn überhaupt gibt es nur sehr wenige gesündere Riegel in den Tankstellen. Der Grund dafür ist relativ simpel. Die Menschen lieben die bekannten Riegel und kaufen sie am häufigsten. Auch wenn andere Snacks definitiv gesünder sind, würden die Tankstellen damit keine großen Umsätze erzielen. Und so setzen sie auf die üblichen

Schokoriegel. Wenn Sie also überlegen, mit Ihrem Unternehmen einen neuen Riegel an Tankstellen anzubieten, achten Sie darauf, die Riegel genauso süß, bunt und schokoladig herzustellen wie die etablierten Wettbewerber.

Viele Gründer verbrennen viel Zeit und Geld, weil sie den Grundsatz, sich am Käufer zu orientieren, nicht berücksichtigen. Sie investieren viel Kapital in eine Idee, von der nur sie selbst überzeugt sind. Natürlich ist es richtig und wichtig, als Unternehmensgründer an sein Produkt zu glauben und es mit Leidenschaft zu verkaufen. Entscheidend ist dabei jedoch immer, dass der Kunde die Bewertung zu einem Produkt vornimmt und nicht der Gründer.

Diese grundsätzliche Haltung erkennen Sie bei vielen Unternehmen recht schnell an ihren Internetseiten oder in Katalogen. Bei Unternehmen, die selbst entscheiden, was ihre Kunden angeblich mögen, finden Sie sehr häufig das Wort „Wir“. Dies spiegelt die grundsätzliche Haltung des Unternehmens wider. Die Mitarbeiter des Unternehmens gehen von sich aus und meinen, dass dies zugleich auch das Richtige für alle Kunden ist. Unternehmen, die ihre Kunden in den Mittelpunkt ihres Handelns stellen, sprechen Kunden „Du“ oder „Sie“ beziehungsweise „Ihnen“ an. Sie versetzen sich in die Perspektive ihrer Kunden, und erklären ganz genau, welche Vorteile für den Kunden entstehen, wenn er das Produkt oder die Dienstleistung der jeweiligen Firma kauft. Finden Sie also für sich die richtige Haltung, wenn Sie ein Unternehmen gründen. Idealerweise gelingt es Ihnen, das Wort „Wir“ in Ihrer Kommunikation gegenüber Kunden überhaupt nicht zu benutzen. Eine Gegenüberstellung am Beispiel von zwei Bauunternehmen für Häuser finden Sie in der Tabelle.

Unternehmen eins geht stark von sich aus. Die Wörter „wir“ und „unser“ prägen die Sätze. Das Unternehmen ist selbst überzeugt von seinen Leistungen ohne den Kunden wirklich einzubeziehen. Unternehmen zwei stellt dagegen ganz klar die Bedürfnisse seiner Kunden in den Mittelpunkt. Anders als Unternehmen eins bietet es Interessenten konkrete Hilfe an, das passende Haus zu finden.

Bauunternehmen 1	Bauunternehmen 2
Wir sind ein mittelständisches Familienunternehmen im Landkreis Esslingen. Durchdachte Raumkonzepte, gepaart mit zeitgemäßer, individueller Architektur und ausgereiften Haustechnik-Komponenten - diese Eigenschaften stehen für jedes unserer massiv gebauten Häuser. Wir sind stolz auf unsere Mitarbeiter.	Vom unkomplizierten Zuhause für die kleine Familie bis hin zur repräsentativen Villa - rund 40 Hausmodelle stehen Ihnen zur Auswahl. Damit Sie ganz einfach Ihr perfektes Haus auswählen, finden Sie hier drei unterschiedliche Serien: kleine Häuser, große Häuser und Luxusvillen. Welche Serie passt zu Ihnen? Machen Sie den Test!

Tabelle: Ansprache von Kunden in der Wir-Form (links) und der Sie-Form (rechts)

Der Grundsatz, immer in der Sie-Form zu kommunizieren gilt für die Kommunikation Ihres Unternehmens an alle Zielgruppen, also auch für Stellenanzeigen. Viele Unternehmen formulieren ihre Job-Angebote mit Wir-Formulierungen: „Wir sind der Marktführer im Bereich XY. Wir bieten tolle zusätzliche Leistungen. Wir besetzen eine Position als Projektleiter am Standort XY ..." Auch wenn Sie Job-Angebote formulieren, beschreiben Sie diese aus der Perspektive des möglichen neuen Mitarbeiters. Schließlich wollen Sie ihn für Ihr Unternehmen gewinnen. So könnte Ihr Text beispielsweise lauten: „Sie arbeiten in einem Team mit schnellen Entscheidungen und flachen

Hierarchien. Zusätzlich zu Ihrem Gehalt erhalten Sie eine kostenlose Mitgliedschaft im Fitnessstudio. Sie übernehmen eigenverantwortliche Projekte in internationalen Teams."

Neben der richtigen Haltung, nämlich Ihre Kunden in den Mittelpunkt Ihrer Aktivitäten zu stellen, gibt es weitere Punkte, die für eine Gründung eines Unternehmens wichtig sind. Sobald Sie eine Leistung oder ein Produkt gefunden haben, die Sie verkaufen möchten, gilt es im nächsten Schritt die Aufmerksamkeit Ihrer Kunden zu gewinnen.

So gewinnen Sie die Aufmerksamkeit Ihrer Kunden

Noch vor wenigen Jahrzehnten war die Welt des Einkaufens recht überschaubar. Wenn Sie etwas einkaufen wollten, fuhren Sie meist in die nächste Stadt. In den dortigen Läden suchten Sie aus dem vorhandenen Angebot passende Artikel aus. In Ausnahmefällen kauften Sie Waren per Bestellung. Damals warteten viele Menschen sehnsüchtig auf Kataloge von Versandunternehmen wie Quelle oder Neckermann. Diese Unternehmen gibt es lange nicht mehr. Für sehr spezielle Sachen wie zum Beispiel elektronische Bauteile, Pflanzensamen oder Kleidung in Übergrößen gab es schon damals Spezialversender, die ihre Waren per Katalog oder Postwurfsendungen bewarben.

Heute ist die Welt eine völlig andere. Im Internet finden Sie eine unüberschaubare Vielfalt an Waren und Dienstleistungen. Sie können nicht nur in Deutschland bestellen und einkaufen, sondern auch in China und anderen Ländern. Versandhändler wie Amazon bieten eine riesige Auswahl an Artikeln. Die meisten liegen wenige Tage nach Ihrer Bestellung in Ihrem Briefkasten oder vor Ihrer Haustür.

Jedes Jahr bewerben Unternehmen in Deutschland zigtausende Produkte und Dienstleistungen, egal ob im Fernsehen, im Internet, im Radio, in Zeitschriften, in Zeitungen oder in exotischen Werbemöglichkeiten wie Plakate in der Toilette im

Flughafen. Folglich ist es für Konsumenten immer herausfordernder, sich Werbung zu merken und an Produkte zu erinnern. Die Wirkung von Werbekampagnen nimmt von Jahr zu Jahr ab. Vor vierzig Jahren erreichten Sie mit einem Fernsehspot vor der Tagesschau fast halb Deutschland. Unternehmen konnten sich darauf verlassen, dass die Menschen am nächsten Tag in den Supermarkt strömen und das beworbene Produkt kaufen. Das ist heute bei weitem nicht mehr der Fall. Wie gelingt es Ihnen und Ihrem Unternehmen, dass Ihr Produkt oder Ihre Dienstleistung überhaupt von möglichen Käufern wahrgenommen wird?

Ein sehr guter Weg sind Empfehlungen. Studien zeigen regelmäßig, dass Konsumenten Empfehlungen von anderen Personen, die sie kennen, sehr hohes Vertrauen schenken. Das ist natürlich nachvollziehbar. Stellen Sie sich vor, Ihr Nachbar empfiehlt Ihnen sein neues Fitnessstudio. Im Gespräch mit ihm finden Sie recht schnell heraus, ob das Fitnessstudio für Sie passen könnte. Ihr Nachbar antwortet Ihnen gegenüber grundsätzlich ehrlich. Denn im Normalfall möchte er seine gute Beziehung zu Ihnen aufrechterhalten. Er weiß, dass sein Ruf auf dem Spiel steht, wenn er Sie anlügt oder Ihnen größere Nachteile verschweigt. Außerdem erscheint er Ihnen gegenüber sehr glaubwürdig, da er kein besonderes Interesse daran hat, Ihnen eine Mitgliedschaft im Fitnessstudio zu verkaufen.

Die beste Werbung für ein Produkt ist daher die, die Sie gar nicht benötigen. Weil das Produkt selbst so überzeugt, dass Menschen es von sich aus weiterempfehlen. Beachten Sie diesen Aspekt, wenn Sie ein Unternehmen aufbauen und gründen. Fragen Sie sich immer wieder, ob das Produkt so gut ist, dass Menschen es aktiv von sich aus weiterempfehlen.

Schauen wir uns ein Beispiel an. Viele Menschen wünschen sich seit der Corona-Zeit einen schönen eigenen Garten. Er soll pflegeleicht sein, schick aussehen und Freunde beeindrucken.

Gartenbaufirmen profitieren sehr stark von dieser hohen Nachfrage. Gute Gartenbauer benötigen außer einer Internetseite mit ihren Kontaktdaten aktuell im Grunde kein Marketing. Wenn die Unternehmen einen guten Job machen, führt dies automatisch dazu, dass Nachbarn, Freunde und Bekannte sie weiterempfehlen. Die Kunden fragen dann aktiv bei ihnen an.

Machen Sie einmal den Test. Informieren Sie sich über Gartenbauunternehmen, die große Werbeaktionen machen, zum Beispiel in Form von Anzeigen oder Werbespots im Radio. Meistens sind dies Firmen, die kaum zufriedene Kunden haben. Sie versuchen daher ein Produkt, das nicht wirklich überzeugt, mit Werbung an den Mann oder die Frau zu bringen. Das ist ein sehr teurer Weg und meistens führt er über kurz oder lang in die Insolvenz.

Eine zentrale Frage für Ihr Unternehmen lautet also: Wie schaffe ich es, meine Kunden so zu begeistern, dass sie mein Produkt aktiv von sich selbst heraus anderen Menschen empfehlen? Im ersten Schritt ist es wichtig, dass Ihre Kunden begeistert sind von Ihrem Produkt. Egal, ob es sich um einen Liter Olivenöl handelt oder um eine komplexe Software-Lösung.

Testen Sie Ihr Produkt beziehungsweise Ihre Prototypen bei mehreren zufällig ausgewählten Menschen. Befragen Sie sie nach der Zufriedenheit mit dem Produkt. Auch wie sie Ihr Produkt im Vergleich zu Wettbewerbsprodukten bewerten. Befragen Sie zufällig ausgewählte Menschen, die Sie vorher nicht kannten. Denn egal ob Freunde, Familie oder Bekannte aus dem Sportverein, diese Menschen sind Ihnen gegenüber bereits positiv eingestellt. Daher ist die Wahrscheinlichkeit, dass sie Ihnen wirklich ehrliches Feedback geben geringer.

Arbeiten Sie immer weiter daran, Ihr Produkt hinsichtlich der Kundenzufriedenheit zu verbessern. Dabei geht es nicht nur um das Produkt, sondern auch um die Geschichte zum Produkt und um sämtliche Kundenkontakte Ihres Unternehmens.

Bleiben wir bei unserem Beispiel, Ihr Unternehmen für hochwertiges Olivenöl. Im ersten Schritt benötigen Sie ein Öl, das Ihre Konsumenten begeistert. Optimal wären Statements wie „Mit diesem Öl schmeckt mein Salat besonders lecker". Dazu könnten Sie natürlich noch herausstellen, dass Ihr Öl frei von Schadstoffen ist. Oder dass das Öl speziell hergestellt wurde, um wertvolle Inhaltsstoffe zu erhalten.

Nun geht es um die Services rund um Ihr Öl. Ist Ihre Webseite aus Sicht Ihrer Kunden gebaut? Ein Unternehmen, dass sehr auf sich fokussiert ist, wird vielleicht die Vorzüge der unterschiedlichen Ölsorten aus der Sicht eines Olivenöl-Experten beschreiben. Konsumenten stellen sich dagegen eher die Frage, welches Öl benötige ich für welches Gericht? Dies könnten Sie für den Einstieg auf Ihrer Webseite nutzen. Der User klickt sich durch verschiedene Vorschläge, welches Essen er zubereiten möchte und erhält anschließend eine Empfehlung, welches Öl sich besonders gut dafür eignet. Zusätzlich könnten Sie gleich noch Probierpakete mit unterschiedlichen Olivenölsorten anbieten.

Nutzen Sie Kanäle, die zu Ihrer Zielgruppe passen

Wenn Sie sicher sind, dass Ihr Produkt Ihre Kunden begeistert, können Sie sich überlegen, über welche Kanäle Sie am besten Aufmerksamkeit erzeugen. Grundsätzlich ist die Vielfalt der Möglichkeiten fast unbegrenzt. Sie können heute werben mit Postwurfsendungen, Internet-Werbung in sozialen Netzwerken oder auf redaktionellen Seiten, auf Plakaten, im Kino, im Radio, auf Messen, im Fernsehen, auf Bussen, in Bahnen, in Bahnhöfen. Bis hin zu ausgefallenen Werbemöglichkeiten wie ein Flugzeug, das ihr Werbebanner am Himmel hinter sich herzieht.

Wenn Sie Ihr Produkt bewerben möchten, lautet die erste Frage: Wer ist genau Ihre Zielgruppe? Welche Menschen kaufen Ihr Produkt? Bei manchen Produkten oder Dienstleistungen ist die Frage recht einfach zu beantworten. Ältere Menschen kaufen einen Rollator. Coole Skater-Klamotten kaufen dagegen meist Jugendliche im Alter zwischen zwölf und dreiundzwanzig Jahren. Bei vielen Produkten ist jedoch nicht ein bestimmtes Alter ausschlaggebend, sondern die Interessen einer Zielgruppe. Wenn Sie beispielsweise Volleybälle verkaufen, besteht ihre Zielgruppe aus Menschen, die diesen Sport gerne mögen. Dabei spielt es keine große Rolle ob diese Menschen fünfundzwanzig oder fünfundfünfzig Jahre alt sind. In einigen Fällen definieren Sie Ihre Zielgruppen auch über die Eigenschaften von bestimmten Personen. Carports verkaufen Sie vorzugsweise an Eigentümer von Ein- oder Zweifamilienhäusern.

Im ersten Schritt überlegen Sie sich also genau, wie Ihre Zielgruppe für Ihr Produkt aussieht. Bleiben wir beim Beispiel des Onlineshops für Olivenöl. Sie bieten qualitativ sehr hochwertiges Öl an zu höheren Preisen als beim Discounter. Dann besteht Ihre Kernzielgruppe beispielsweise aus Personen, die gerne anspruchsvolle Gerichte selbst kochen. Und die gleichzeitig auf eine hohe Qualität ihrer Zutaten achten. Somit könnten Sie Menschen ansprechen, die mehr als zweitausend Euro netto im Monat verdienen, die Wert legen auf regionale Produkte und grundsätzlich positiv gegenüber dem Naturschutz eingestellt sind.

Sobald Sie Ihre Zielgruppe definiert haben, überlegen Sie, wie Sie diese Menschen am besten erreichen. Nutzt ihre Zielgruppe bestimmte Internetseiten? Besucht Sie bestimmte Events? Sucht sie im Internet in Suchmaschinen wie Google nach bestimmten Suchbegriffen? Anhand der Antworten auf diese Fragen legen Sie Ihre Marketing-Strategie fest, das heißt wie Sie Ihre Zielgruppe am besten ansprechen. Behalten Sie dabei immer das Kosten-Nutzen-Verhältnis im Blick. Also wie viele Euro geben Sie aus, um eine Person in Ihrer Zielgruppe zu erreichen und wie groß ist der anschließende Verkaufserfolg?

Viele Marketing Maßnahmen sind deutlich teurer als der potentielle Umsatz, den Sie aus dem möglichen Verkauf erzielen. Testen Sie daher verschiedene Möglichkeiten. Optimieren Sie die Erfolgswahrscheinlichkeit Ihrer Werbeaktionen.

Sobald Sie Ihr Produkt an eine gewisse Anzahl von Menschen verkauft haben, prüfen Sie genau, ob es sich um diejenigen Menschen handelt, die Sie in Ihrer Zielgruppe festgelegt haben. Häufig stellt sich heraus, dass sich die Marketing-Zielgruppen und die tatsächlichen Käufer deutlich voneinander unterscheiden. Daher ist es wichtig, dass Sie ihre Marketing-Zielgruppe immer wieder nachjustieren und anpassen. Denn sonst geben Sie viel Geld aus, um Menschen anzusprechen, die Ihr Produkt überhaupt nicht kaufen.

Betrachten wir diese Punkte einmal konkret für unseren Anbieter von Olivenöl. Sie sind davon ausgegangen, dass es sich bei der Kernzielgruppe um Frauen und Männer im Alter zwischen fünfundzwanzig und fünfundfünfzig Jahren handelt, die mehrmals die Woche selbst kochen und immer wieder neue Rezepte ausprobieren, wenn Sie Freunde zu Gast haben. Nach einiger Zeit analysieren Sie die Menschen, die Ihr Öl tatsächlich gekauft haben. Sie stellen fest, dass es sich zu siebzig Prozent um Frauen mit mindestens zwei Kindern handelt, die zwischen fünfunddreißig und fünfundsechzig Jahre alt sind. Auf Basis dieser Erkenntnisse aktualisieren Sie Ihre Zielgruppe, die Sie mit Ihrer Werbung ansprechen.

Beachten Sie immer, dass es nicht genügt, die Kunden nur auf Ihr Produkt aufmerksam zu machen. Ihre Kunden müssen auch bereit sind, für Ihr Produkt Geld auszugeben und es tatsächlich kaufen. Denn nur wenn Sie ausreichende Umsätze erzielen, können Sie davon Ihre Kosten decken und ein profitables Geschäft betreiben.

Es gibt viele Dinge, die Menschen gerne nutzen, für die sie jedoch nicht oder nur wenig bezahlen möchten. Ein Beispiel sind Babysitter. Familien mit kleinen Kindern buchen immer wieder mal einen Babysitter. Doch dieser darf jedoch nicht zu teuer sein. Sobald eine Person einen zu hohen Stundenlohn als Babysitter fordert, würde sich keine Familie finden, die die Person bucht.

Viele Menschen gehen sehr gerne schwimmen. Sie sind jedoch nicht bereit, für den Eintritt ins Schwimmbad zu viel Geld in die Hand zu nehmen. Daher sind die meisten Schwimmbäder in Deutschland öffentlich betrieben und subventioniert, damit die Bäder Preise anbieten können, die die Menschen bereit sind zu zahlen. Ausgenommen sind besondere Spaß-Bäder mit vielen Rutschen und anderen schönen Dingen, in denen die Menschen einen ganzen Erlebnistag verbringen. Für solche Bäder zahlen Menschen durchaus auch mal vierzig Euro Eintritt.

Eine erste Orientierung, wofür Menschen wie viel Geld ausgeben finden Sie auf den Seiten des Statistischen Bundesamtes. Die Behörde veröffentlicht mehrere Statistiken über die Konsumausgaben der Deutschen. In feinster Beamtengründlichkeit finden Sie dort heraus, wie viel ein Einwohner in Deutschland durchschnittlich im Jahr für Schuhe ausgibt. Mit diesen Auswertungen haben Sie bereits einen ersten Anhaltspunkt für mögliche Preise, die Menschen für Ihre Produkte bezahlen. Oft glauben Gründer, dass die Zahlungsbereitschaft der Menschen viel höher liegt als sie eigentlich ist. Der Grund für diesen Glauben ist einfach. Der Gründer ist so überzeugt von seinem Produkt oder seiner Dienstleistung, dass er persönlich mehr dafür bezahlen würde als andere Menschen. Hier kommen wir wieder auf das Thema oben zurück, nämlich dass ein Gründer nicht von sich, sondern von seinen Käufern ausgehen sollte.

Schauen Sie auf die Fakten und die tatsächlichen Handlungen ihrer Kunden

Immer wieder tappen Gründer in die Falle, dass sie die

174

Erfolgsaussichten für ihre Produkte viel zu gut einschätzen. Selbstverständlich ist es richtig und wichtig als Gründer an sein eigenes Produkt zu glauben und nach außen optimistisch und positiv gestimmt aufzutreten. Wenn Sie jedoch für sich sind und an Ihrem Schreibtisch stehen oder sitzen, dann ist ein realistischer Blick gefragt. Und dabei zählt das tatsächliche Verhalten Ihrer Kunden. In Umfragen erzählen potentielle Kunden alles Mögliche. Dass sie sich gesund ernähren, dass sie regelmäßig zum Sport gehen und dass sie für regionale Produkte, die das Tierwohl beachten, mehr Geld ausgeben.

Die Realität sieht allerdings oft anders aus. Wie wir oben gesehen haben, kaufen Menschen überwiegend süße Snacks und Fleisch aus Massentierhaltung. Auch die Aussage, dass sie ein bestimmtes Produkt kaufen wollen, bedeutet noch lange nicht, dass sie es auch tatsächlich tun. Häufig erhalten Gründer sehr großen Zuspruch aus Ihrem Freundes- und Bekanntenkreis. Alle betonen, dass sie die Dienstleistung oder das Produkt des Gründers unbedingt kaufen wollen. Schnell überschätzt man jedoch das Potenzial für ein Produkt. Es erfordert mehr Aufwand als gedacht, Menschen dazu zu bringen, für ein Produkt Geld auszugeben, insbesondere für ein neues Produkt, das sie noch gar nicht kennen. Zumal in Zeiten hoher Inflation die Verbraucher sehr genau darauf schauen, was sie sich wirklich leisten können.

Den umgekehrten Fall gibt es selbstverständlich auch. Menschen unterschätzen manchmal, wie viel Geld sie zusätzlich bei bestimmten Käufen ausgeben. Sie buchen einen Pauschalurlaub und zahlen am Ende des Urlaubs noch mal fast genauso viel für zusätzliche Getränke im Hotel, für Ausflüge oder für Events wie für die eigentliche Reise. Beim Kinobesuch futtern die Kinogänger Popcorn, Chips und trinken eine Cola. Die Kosten dafür sind fast so hoch wie die Ausgaben für die Kinokarte.

Daher blicken Sie bei Ihren Szenarien und Analysen so gut es geht auf das tatsächliche Verhalten Ihrer Kunden. Die Auswertungen des Statistischen Bundesamtes geben Ihnen hier einen ersten Einblick.

Auch wenn Sie die Kosten eines Produkts berechnen, ist ein realistischer Blick wichtig. Für diese Kalkulation gehen Sie aus von den Erlösen Ihres Produktes abzüglich Umsatzsteuer und ziehen davon die Kosten ab. Ist das Ergebnis positiv, dann erzielen Sie mit einem Produkt Gewinn, was langfristig erforderlich ist, wenn Ihre Firma schwarze Zahlen schreiben soll. Berechnen Sie bei dieser Analyse auch Ihre eigenen Arbeitskosten. Viele Gründer arbeiten in der Startphase umsonst und zahlen sich kein Gehalt. Dies ist für den Start auch völlig in Ordnung. Wenn Sie jedoch Ihre Produkte oder Dienstleistungen kalkulieren, ist es wichtig, dass Sie immer mit einem Stundenlohn rechnen. Und seien es nur kalkulatorische zehn Euro pro Stunde. Nur dann wissen Sie wirklich, ob sich Ihr Produkt langfristig rechnet. Kalkulieren Sie Ihren eigenen Lohn unabhängig davon, ob Sie sich dieses Gehalt tatsächlich auszahlen, das steht auf einem anderen Blatt. Erst mal ist es wichtig, in der Kalkulation alle wichtigen Themen abzubilden. Und dazu gehört natürlich der Aufwand, den Sie betreiben, um das Produkt oder die Dienstleistung bereitstellen zu können.

Setzen Sie auf Wiederholungskäufer

Viele Firmen betreiben einen enormen Aufwand, um Kunden zu gewinnen. Sie schalten Fernsehwerbung, bieten Erstkäufern zusätzliche Rabatte oder eine besondere exklusive Version des Produktes. Viele Käufer kaufen das Produkt dann genau einmal. Wenn Sie alle Kosten mit einrechnen, verbucht die Firma schnell ein Verlustgeschäft. Der Aufwand, um einen Kunden einmal zu gewinnen war viel höher als der Gewinn, den das Unternehmen mit dem Produkt erzielt hat.

Obwohl Unternehmen Erstkunden häufig zu teuer einkaufen, vernachlässigen diese Firmen oft ihre Stammkunden. Die erhalten keine zusätzlichen Rabatte. Sie werden nicht umworben. Die Mitarbeiter danken es langjährigen Kunden oft nicht wirklich, dass sie so lange der Firma die Treue halten. Bestes Beispiel sind Banken, die ihren Kunden nach Jahrzehnten der Zusammenarbeit das Konto kündigen, weil der Kunde eine Erhöhung der Gebühren kritisch sieht. Wesentlich sinnvoller wäre es, mit dem Kunden das Gespräch zu suchen, die Hintergründe für die Kostensteigerung zu erläutern und ihm vielleicht ein kleines Geschenk anzubieten, wenn er die neuen Gebühren akzeptiert.

Was können wir für unser Unternehmen lernen, wenn es um das Verhältnis zwischen Neukunden und Stammkunden geht? Setzen Sie auf Stammkunden, die regelmäßig bei Ihnen einkaufen. Dabei ist es völlig egal, ob Sie Brötchen in einer Bäckerei verkaufen, einen Onlineshop für Olivenöl betreiben oder eine Autowerkstatt. Zufriedene Stammkunden empfehlen Ihre Leistungen automatisch weiter an Freunde, Familie und Bekannte. Sie profitieren also gleichzeitig von einem Werbeeffekt. Stammkunden wissen, was sie wollen. Sie kennen sich aus in Ihrem Sortiment. Der Aufwand, den Sie betreiben, um einem Stammkunden ein Produkt zu verkaufen, ist wesentlich geringer als bei Erstkäufern.

Überlegen Sie sich, mit welchen Maßnahmen Sie regelmäßige Käufer noch besser an sich binden können. Bleiben wir beim Beispiel unseres Olivenöl-Shops. Bieten Sie Stammkunden beispielsweise ein Olivenöl-Abo an. Legen Sie dem Abo immer wieder kleine Probierfläschchen mit neuen Sorten Olivenöl bei. Gratulieren Sie Ihren Kunden zum Geburtstag. Gewähren Sie Ihren Stammkunden Zusatzrabatte, wenn Sie bestimmte Umsätze innerhalb eines Jahres überschreiten. Bedanken Sie sich, wenn ein Kunde seit einem Jahr, seit drei Jahren oder seit zehn

Jahren bei Ihnen einkauft. Bieten Sie Ihren Stammkunden dann exklusive Events an, zum Beispiel ein Seminar mit einem Olivenöl-Experten. Teilnehmen dürfen ausschließlich Stammkunden, die seit mindestens zwei Jahren bei Ihnen regelmäßig einkaufen. Legen Sie Ihren Stammkunden immer eine gewisse Menge stark nachgefragter Ölsorten zurück. Zuerst dürfen Ihre Stammkunden entscheiden, ob Sie dieses Olivenöl kaufen möchten, danach erst kommen alle anderen Konten an die Reihe. Sie sehen, es gibt sehr viele Ideen und Möglichkeiten, Stammkunden an sich zu binden. Und es ist viel leichter, Stammkunden zusätzliche Produkte oder Services zu verkaufen als Erstkunden, die Sie erst überzeugen müssen. Viele Unternehmen nutzen diese Hebel viel zu wenig, obwohl sie Umsatz und Gewinn deutlich steigern könnten.

Beherrschen Sie die Finanzen

Wenn Sie ein Unternehmen gründen, ist es enorm wichtig, dass Sie selbst Ihre eigenen Zahlen verstehen. Im Grunde ist ein gutes Zahlenverständnis die Voraussetzung, ein Unternehmen zu führen, genauso wie Sie einen Führerschein benötigen, wenn Sie Auto fahren.

Viele Gründer überlassen die Welt der Zahlen komplett ihrem Steuerberater. Sie halten es für richtig, sich ausschließlich auf die Produkte und Leistungen ihres Unternehmens zu konzentrieren. Dies ist jedoch nicht sinnvoll. Es spricht überhaupt nichts dagegen, die Buchhaltung an einen Steuerberater zu geben. Gleichwohl ist es elementar wichtig, die Zahlen des eigenen Unternehmens zu verstehen.

Wenn Sie mit Ihrem Unternehmen noch klein starten, können Sie zunächst mit einer einfachen Einnahmen-/ Ausgaben-Rechnung beginnen. Ab einem gewissen Punkt benötigen Sie jedoch Know-how über Jahresabschlüsse in doppelter Buchführung, das beinhaltet ein Grundverständnis zu Bilanzen,

Gewinn- und Verlustrechnungen und Liquiditätsrechnungen. Dieses Wissen hilft Ihnen an vielen Stellen im Leben. Nicht nur dann, wenn Sie selbst ein Unternehmen gründen. Einerseits hilft Ihnen dieses Wissen um den Gewölbekeller Ihres Arbeitgebers zu entschlüsseln. Andererseits um Unternehmen einschätzen zu können, in die Sie investieren, wie wir gleich im Kapitel zur Geldvermehrung sehen werden. Auch wenn Sie eine größere Anschaffung planen, zum Beispiel einen Hausbau, können Sie sich die veröffentlichten Jahresabschlüsse Ihres Bauunternehmens vorab anschauen. So sehen Sie, ob ein Unternehmen gnadenlos überschuldet ist. Dieses Wissen ist unglaublich wertvoll, bevor Sie einen Bauvertrag unterschreiben.

Von daher lohnt es sich in jedem Fall, in die Welt der Unternehmensfinanzen einzutauchen. Am Anfang mag das Thema abschrecken. Es gibt jedoch sehr gute und einfache Videos dazu im Internet. Außerdem finden Sie im Literaturverzeichnis dieses Buches sehr gute Bücher, die Ihnen das Thema einfach und verständlich näherbringen.

Tauschen Sie nicht nur Zeit gegen Geld

Wenn Sie angestellt arbeiten, tauschen Sie immer Ihre Arbeitszeit gegen Geld. Bei Ihrem eigenen Unternehmen können Sie selbst beeinflussen, wie Sie Ihr Unternehmen aufstellen. Viele Gründer tappen jedoch in die Falle, dass Sie auch mit ihrer eigenen Firma letztlich Zeit gegen Geld tauschen. Dazu finden sich zahlreiche Beispiele. Egal, ob Coaching für andere Unternehmen, abgerechnet über Tagessätze, Innenarchitekt mit festem Stundenhonorar oder Handwerker, der nach Stundenlohn bezahlt wird – all diese selbständigen Tätigkeiten hängen stark von Ihrer eigenen Arbeitszeit ab. Sie können maximal eine bestimmte Anzahl Aufträge erledigen, für mehr Aufträge benötigen Sie mehr Personal. Ihre Kosten steigen also proportional mit den Umsätzen.

Selbst bei vielen Unternehmen, die Produkte verkaufen, tauschen Sie mehr oder weniger Zeit gegen Geld. Betrachten Sie zum Beispiel eine Würstchenbude. Sie können nur Würste verkaufen, wenn Sie anwesend sind. Gleichzeitig ist die maximale Menge, die Sie an Würsten an einem Tag verkaufen können, begrenzt. Denn Ihre Würstchenbude hat nur begrenzten Lagerplatz. Und Ihr Grill schafft auch nur eine bestimmte Menge. Somit ist bei einer Würstchenbude auch Ihr maximaler Umsatz und damit Ihr Gewinn limitiert. Gleiches gilt für einen einzelnen Laden, für eine handwerkliche Tätigkeit, die viel Handarbeit erfordert oder für kleine Cafés. Sie sind dann zwar Ihr eigener Chef, aber letztlich doch begrenzt in Ihren Einkommensmöglichkeiten.

Wählen Sie eine Geschäftsidee, mit der Sie Ihr Einkommen im Idealfall unbegrenzt steigern können. In der Fachsprache bezeichnet man dies als „Skalierung". Sie können beispielsweise eine Software programmieren, die Sie unbegrenzt oft kopieren und verkaufen. Oder über Ihren Onlineshop ein Produkt verkaufen, das Sie bei Ihrem Lieferanten in großen Mengen bestellen. Sie können auch ein Konzept für ein Restaurant entwerfen, das Sie an verschiedene Restaurantbetreiber in unterschiedlichen Städten lizenzieren. All diesen Produkten und Dienstleistungen ist gemeinsam, dass sich Ihr Aufwand pro Stück mit zunehmender Menge zwar erhöht, allerdings nur unterproportional. Je größer Ihre verkaufte Menge, umso geringer ist Ihr Aufwand pro Einheit. Und das ist gut für Ihre Umsätze und Ergebnisse.

Viele Gründer versuchen Geschäftsideen umzusetzen, die gut automatisierbar sind. Investoren und Geldgeber bewerten solche Firmen sehr hoch und sind gerne bereit, zu investieren. Gleichzeitig ist der Wettbewerb in bestimmten Produktkategorien sehr groß. Sie treten an gegen Startups, die viele Millionen auf dem Konto haben, um ihre Geschäfte groß zu machen.

Schauen Sie zum Beispiel auf Essen-Lieferdienste, die mit sehr viel Geld versuchen, in Deutschland und anderen Ländern Fuß zu fassen.

Aus diesem Grund bietet es sich an, als Gründer neue Wege zu gehen. Also einerseits automatisierbare Leistungen anzubieten, die jedoch auch eine menschliche Komponente beinhalten. In der Regel funktioniert eine Kombination aus Mensch und Maschine sehr gut.

Betrachten wir ein konkretes Beispiel um diesen Gedanken zu veranschaulichen. Angenommen, Sie möchten Coachings für Führungskräfte anbieten, in den Sie Führungskräften beibringen, wie sie Interviews mit Bewerbern führen. Bei einem voll skalierbaren Ansatz würden Sie dafür ein Training mit vorproduzierten Videos und einem standardisierten Abschlusstest als Online-Fragebogen entwickeln. Bei einer Umsetzung als klassisches Training würde ein Trainer mehrere Führungskräfte in persönlichen Seminaren vor Ort schulen. Dies wäre also wieder ein Zeit-gegen-Geld-Ansatz. Wieso kombinieren Sie nicht beide Ansätze, also Mensch plus Maschine? Ein Trainer begrüßt in einem Videocall die Teilnehmer, fragt ihre Bedürfnisse ab und wählt passende Schulungsvideos aus. Zwischendurch steht er für Fragen der Seminarteilnehmer zur Verfügung und begleitet praktische Übungen. Wenn Sie dieses Geschäftsmodell intelligent umsetzen, wird es Ihnen gelingen, dass ein Trainer mehrere Videoseminare gleichzeitig betreut, die zeitversetzt starten. Dadurch können Sie die Seminare günstiger anbieten als Schulungen vor Ort im Unternehmen. Solche Geschäftsmodelle können sehr erfolgreich sein, gleichzeitig ist Ihr Wettbewerb überschaubar, da sich große Startup-Investoren auf voll automatisierbare Geschäftsmodelle fokussieren.

Prüfen Sie also intensiv wie Sie eine Geschäftsidee umsetzen, die zumindest in Teilen automatisierbar ist. Wenn Sie einfach einen Zeit-gegen-Geld-Ansatz wählen, können Sie im Grunde gleich weiter als Angestellter arbeiten. Und das ist schließlich nicht Ihr Ziel.

Entwickeln Sie Ihr Unternehmen aus Ihrem Job heraus

Viele erfolgreiche Gründungen werden von Gründern umgesetzt, die vorher in einem ähnlichen Bereich als Angestellter gearbeitet haben. Von daher lohnt es sich in jedem Fall, intensiv zu prüfen, welche Probleme und Lösungen in Ihrer Branche existieren. Oft kennen Sie in Ihrem Arbeitsumfeld schon jede Menge wertvolle Kontakte, die Ihnen weiterhelfen können.

Der Geschäftsführer einer Werbeagentur, die seit mehr als dreißig Jahren erfolgreich ist, erzählte mir neulich, wie es damals zur Gründung kam. Er und einige andere Kollegen arbeiteten zuvor in einer anderen großen internationalen Werbeagentur. Mit viel Kreativität und Arbeit gelang es ihnen, einen renommierten neuen Werbekunden für die Agentur zu gewinnen, um für ihn Werbekampagnen zu planen. Der Geschäftsführer freute sich riesig über den neuen Vertrag und die erfolgreiche Akquise. Die Freude endete abrupt, als er mit der Zentrale in London über zusätzliche Mitarbeiter sprach, die er für den neuen Kunden benötigen würde. Eigentlich war es nur eine Formalie, denn im Vorfeld hatte er bereits von der Zentrale grünes Licht für dreißig zusätzliche Stellen bekommen. Nun liefen auf einmal innerhalb der internationalen Agentur die Geschäfte in der Türkei und in Indien nicht mehr rund. Deshalb sparte die Agentur in allen Ländern, auch in Deutschland. Und so wurden die neuen Stellen für die neuen Kunden für Deutschland nicht genehmigt. Was machte der Geschäftsführer? Er gründete zusammen mit ein paar anderen ehemaligen Kollegen seine eigene Agentur. Sie gewannen recht schnell neue Kunden. Das Geschäft wuchs und wuchs über die Jahre. Heute sagt er, dass die Gründung einer eigenen Agentur die beste Entscheidung seines Lebens war.

Was können wir aus dieser Geschichte lernen? Zum einen das eine Gründung oft etwas ungeplant und chaotisch verläuft. In diesem Beispiel als Reaktion auf die Absage der neuen Stellen aus der Zentrale. Zum anderen machten sich die damaligen Personen im Grunde mit der gleichen Geschäftsidee selbstständig, für die sie zuvor als Angestellte in der internationalen Agentur gearbeitet hatten. Sie wussten genau, auf was sie sich einlassen. Sie hatten die entsprechenden Kontakte in der Branche. Und die ersten Kunden standen auch schon vor der Tür. So gründeten Sie mit einem vergleichsweise geringen Risiko.

Es lohnt sich also immer, Geschäftsideen in Bereichen umzusetzen, in denen Sie sich bereits auskennen. Sie sparen sich so eine Menge Lehrgeld. Überlegen Sie sich, welche Probleme Ihrer heutigen Kunden Sie mit einer neuen Geschäftsidee lösen könnten. Vielleicht ist es Ihnen auch möglich, Ihre Geschäftsidee zunächst in Teilzeit zu testen. Je erfolgreicher Ihr eigenes Geschäft läuft, umso mehr Zeit stecken Sie in Ihr Unternehmen. Bis Sie irgendwann Vollzeit für Ihre eigene Firma arbeiten.

Alles dauert länger als gedacht

In Gründershows im Fernsehen sieht alles meist ganz einfach aus. Die Kandidaten zeigen ihre schönen Geschäftsmodelle. Alle Vorführungen klappen. Das Design der Produkte sieht gut aus. Die Vorstellungen wirken spannend, inspirierend und unterhaltend. Die Medien zeigen uns immer wieder Unternehmensgründer, die es geschafft haben. Beliebt sind Geschichten wie „Über Nacht zum Milliardär" oder „Mit sechzehn Jahren das erste Startup gegründet, mit achtzehn Millionär."

Sicher legen manche Unternehmen einen raketenartigen Start hin. Schnell zeigen sie große Erfolge. Das ist jedoch die Ausnahme und vergleichbar mit einem Sechser im Lotto. Die meisten Gründungen brauchen mehr Zeit als gedacht. Hinter einer inspirierenden Präsentation stecken viele Stunden Arbeit.

Und viele Versuche, die nicht funktioniert haben. Oft sorgen banale Dinge dafür, dass es viel länger dauert als geplant. Egal, ob der Computer nicht so funktioniert wie gewünscht, oder ob ein Tippfehler bei der IBAN Nummer dafür sorgt, dass Zahlungen nicht korrekt ausgeführt werden. Oft liefert ein Zulieferer nicht rechtzeitig oder nicht das richtige Bauteil, damit kann auch das Produkt nicht fertig gestellt werden.

Eine bekannte Werbeagentur in Düsseldorf gewann einen vor ein paar Jahren neuen Kunden. Die Agentur hatte dem Kunden versprochen, in ihren bestehenden Büros einen Bereich abzugrenzen in dem ausschließlich Mitarbeiter arbeiten, die den neuen Kunden betreuen. Der Kunde war begeistert. Als die Agentur mit dem Umbau begann, stellte sie völlig überraschend fest, dass schon die bisherigen Räume nicht mehr den aktuellen Brandschutzbestimmungen entsprachen. Es folgten monatelange Diskussionen mit Fachexperten der Feuerwehr. Erst als diese abgeschlossen waren, konnten die Umbauten beginnen und der neue Kunde betreut werden. Manchmal sind es sehr banale Dinge, mit denen niemand rechnet, die für unvorhergesehene Verzögerungen sorgen.

Rechnen Sie also immer damit, dass nicht alles so läuft wie Sie es geplant haben. Selbst bei Dingen, die Sie schon häufig gemacht haben. Gerade in der Startphase eines Unternehmens genügt ein kaputter Internetrouter, um Ihre gesamte Firma lahm zu legen.

Gibt es Möglichkeiten, sich vor solchen Verzögerungen zu schützen? Die Antwort lautet: teilweise ja. Es gibt keine allumfassende Sicherheit, aber ein paar Dinge, die Sie tun können. Setzen Sie auf Prozesse und Abläufe, die Sie schon probiert haben und mit denen Sie bereits Erfahrungen gesammelt haben. Beauftragen Sie bei kritischen Projekten lieber den Lieferanten, den Sie schon Jahre lang kennen, als einen neuen Lieferanten, selbst wenn er Ihnen bessere Preise verspricht. Setzen Sie auf bewährte Technik und IT. Es wirkt auf den ersten Blick verlockend, auf coole Rechner von Apple umzusteigen. Wenn Sie allerdings jahrelang vorher mit Windows gearbeitet haben, verschieben Sie dieses Experiment am besten in eine Zeit, wo es nicht auf jeden Tag ankommt. Beispielsweise in den Sommer, während alle im Urlaub sind.

Seien Sie insbesondere bei Software und Technik zurückhaltend, wenn es um größere Neuigkeiten geht. Meistens weisen neue Technologien die ersten ein bis zwei Jahre Kinderkrankheiten auf, die der Hersteller dann im Livebetrieb testet. Also an Ihnen. Das kann Sie eine Menge Lehrgeld kosten. Vielleicht erinnern Sie sich zurück, als die ersten Handys auf den Markt kamen. Wenn nicht schauen Sie sich dazu ein paar Bilder oder Videos im Internet an. Für den Alltag waren diese Geräte kaum zu gebrauchen. Sie waren zu schwer, das Funknetz hatte mehr Löcher als gute Verbindungen und die Akkus der Geräte hielten nur wenige Stunden. Egal, ob Autos mit Hybridmotoren, Smartphones mit Gesichtserkennung oder Streaming-Apps. In der ersten Zeit tauchen immer wieder unerwartete Probleme auf. Setzen Sie lieber auf Technik und Produkte, die schon viele Jahre zuverlässig läuft.

Eine weitere Möglichkeit, Problemen vorzubeugen, besteht darin, regelmäßig zu überlegen, welche Dinge alle schief gehen könnten und mit welchen Maßnahmen Sie vorbeugen können. Nehmen Sie als Beispiel den Zahlungsverkehr für Ihr Unternehmen. Wenn Sie keine Rechnungen überweisen oder Beträge empfangen können, steht Ihr Unternehmen nach kurzer Zeit still. Die meisten Bankgeschäfte erledigen Unternehmen heute rein digital über das Internet. Überlegen Sie nun, welche Fehler auftreten und wie Sie vorbeugen können. Die folgende Tabelle zeigt einige Beispiele mit entsprechenden Gegenmaßnahmen.

Dies sind einige wichtige Grundsätze, die Ihnen dabei helfen, ein erfolgreiches Unternehmen aufzubauen. Der Vorteil eines eigenen Unternehmens: Sie sind Ihr eigener Chef. Und wenn Sie es richtig anstellen, verdienen Sie deutlich besser als ein angestellter Mitarbeiter. Außerdem sind Sie zeitlich meist flexibler und können Familie und Beruf besser unter einen Hut bringen. Der größte Vorteil ist jedoch, dass Sie mit Ihrem Unternehmen selbst einen Wert schaffen. Sobald Ihr Unternehmen Umsätze und Gewinne erzielt, ist es für Investoren interessant, Anteile an Ihrem Unternehmen zu erwerben. Wenn Sie Ihr Unternehmen irgendwann komplett verkaufen, erhalten Sie eine sehr große Menge Olivenöl, wenn es gut läuft. Sie investieren Ihre Zeit also in etwas, das für Sie selbst Wert generiert. Dies ist als angestellter Arbeitnehmer nicht der Fall. Denn dann gehört Ihnen die Firma für die Sie arbeiten nicht.

Mögliches Problem	Maßnahme zur Vermeidung
Internetverbindung funktioniert nicht	Zugriff auf Onlinebanking bei zwei Mitarbeitern im Homeoffice einrichten
Hacker legen unsere Bank lahm	Einrichtung zweites Firmenkonto bei einer anderen Bank
Wichtige Mitarbeiter im Rechnungswesen fallen aus	Schulung eines Mitarbeiters aus der Personalabteilung als Backup

Tabelle: Mögliche Maßnahmen um Risken abzuwenden

Je mehr Olivenöl Sie einnehmen, umso besser für Sie und Ihren Gewölbekeller. Egal, ob angestellt, selbständig oder mit einem eigenen Unternehmen. Wenn Sie es schaffen, mehr Geld einzunehmen als Sie ausgeben, stellt sich die Frage, was Sie mit Ihrem überschüssigen Olivenöl anstellen. Darauf blicken wir nun im folgenden Abschnitt.

Gut gelaunt zum Wohlstand – Ihre Schlüssel zum Erfolg

- Entwickeln Sie sich weiter im Job, um Ihr Gehalt zu steigern. Wechseln Sie etwa alle fünf Jahres die Position, vorzugsweise verbunden mit einem Firmenwechsel.

- Versuchen Sie einmal im Jahr Ihr Gehalt neu zu verhandeln.

- Gründen Sie Ihr eigenes Unternehmen und steigern Sie Ihr Einkommen deutlich. Stellen Sie dabei den Kunden in den Mittelpunkt Ihres Unternehmens.

Geld vermehren

Eine dunkle Nacht Ende Mai. Der Regen prasselt gegen die Scheiben. Wir machen Urlaub auf einem Reiterhof mitten im nirgendwo. Um die Ferienhäuser herum kilometerweit nur Felder und Wald. Draußen ist es abgesehen vom Regen komplett still. Ich liege gemütlich auf dem Sofa und lese. Die Kinder sind gerade eingeschlafen nach einem langen Tag mit Reiten, Kinderdisco und Abenteuern zusammen mit ihren Freunden in der Natur. Das Licht ist recht schummrig, denn nur ein Teil der Glühlampen funktioniert. Halb eingeschlafen lese ich in einem spannenden Buch und bin kurz davor auch gleich in den wohlverdienten Schlaf zu fallen.

Plötzlich klopft es zweimal laut an der Fensterscheibe. Ich schrecke hoch. Als ich den Vorhang beiseite ziehe ist niemand zu sehen. Ich öffne die Haustüre. Nichts. Ich schaue in die Kinderzimmer. Ich prüfe zweimal, ob die Haustüre und alle Fenster wirklich verschlossen sind. Wilde Gedanken rasen mir durch den Kopf. Ein Überfall? Ein Notfall? Was soll das Klopfen bedeuten? Wer besucht uns so spät in der Nacht? Vielleicht jemand, der den Weg abkürzen wollte und mit dem Reißverschluss seiner Jacke gegen unser Fenster kam? Vielleicht sind es auch einfach nur Jugendliche, die uns einen Streich spielen.

Nachdem ich niemanden entdecke, lege ich mich wieder auf das Sofa. Doch etwa zwanzig Minuten später klopft es erneut laut am Fenster. Diesmal sogar etwas lauter als beim ersten Mal. Wieder schrecke ich hoch. Was würden Sie in dieser Situation unternehmen?

- Möglichkeit eins: Sie befürchten das Schlimmste. Ein Überfall oder eine versuchte Entführung. Sie rufen die Polizei, schließen sich ein und warten, bis die Helfer das abgelegene Dorf erreichen.

- Möglichkeit zwei: Sie tun gar nichts. Sie hoffen, dass niemand mehr an Ihr Fenster klopft.

- Möglichkeit drei: Sie verlassen Ihr Haus und suchen im Regen nach den Tätern.

Sie wissen nicht genau, was los ist. Gehen Sie lieber auf Nummer sicher und wählen Möglichkeit eins? Oder hoffen Sie darauf, dass niemand mehr klopft?

Schauen wir uns die Situation etwas genauer an. Würde jemand nachts in einem Feriendorf eine Familie überfallen? Oder versuchen Kinder zu entführen? Eher unwahrscheinlich. Irgendwer würde schnell die Polizei rufen. Die würde die flüchtenden Täter recht schnell mit Hunden oder einer Wärmebildkamera im umliegenden Wald aufspüren. Somit ist Möglichkeit eins nicht wirklich wahrscheinlich. Andere Erwachsene scheiden als Täter eigentlich auch aus. Vielleicht würden Sie einmal klopfen, um uns zu erschrecken, aber nicht ein zweites Mal. Die wahrscheinlichste Variante sind also Jugendliche, die sich einen Spaß erlauben. Wenn Sie gar nichts unternehmen, ist die Wahrscheinlichkeit groß, dass die Jugendlichen es nach einem zweiten Mal noch mal probieren. Sie würden also die ganze Zeit auf dem Sofa liegen und Angst haben, dass Sie erneut erschreckt werden. Und wahrscheinlich würden Sie mit einem sehr unguten Gefühl ins Bett gehen. Damit scheidet auch Möglichkeit zwei aus.

Ich nahm eine Taschenlampe und suchte in der dunklen Nacht. In einem Seitenweg entdeckte ich zwei Gestalten etwa vierzig Meter von mir entfernt. In der Dunkelheit erkannte ich, wie sie gerade weglaufen wollten, doch als ich die Taschenlampe einschaltete, blieben sie wie angewurzelt stehen. Das bestärkte mich in der Einschätzung, dass es sich um Jugendliche handelt, die nicht gefährlich sind. Sie wussten, dass sie die Tat im Grunde direkt zugeben, wenn sie weglaufen würden. Daher blieben sie stehen.

Ich lief auf die Jugendlichen zu und leuchtete ihnen mit meiner hellen Polizei-Taschenlampe kurz direkt ins Gesicht. Sie hielten die Hände davor, um nicht zu stark geblendet zu werden. Ich sah mir ihre Gesichter genau an und sagte gar nichts. Es waren zwei Jungs, etwa fünfzehn Jahre alt. Beide versuchten einen möglichst unschuldigen Blick aufzusetzen. „Was macht ihr hier?", fragte ich. „Wir sind gerade aus unserem Haus, weil wir draußen einen Knall hörten", meinte der eine. Ich nahm die Lampe herunter und sah beide eindringlich an. Dann antwortete ich: „Solltet ihr noch mal irgendeinen Knall hören, dann informiert uns bitte sofort, wir wohnen in dem Haus da vorne." Ich drehte mich um und ließ die verdatterten Jungs stehen. Zurück auf dem Sofa verbrachte ich noch einen ruhigen Abend, bevor wir alle ungestört in einen tiefen Schlaf fielen.

Was sagt uns diese Begebenheit? Und was hat sie mit dem Thema Geld vermehren zu tun? Zum einen veranschaulicht die kleine Episode vom Reiterhof, wie es sich anfühlt, unter Unsicherheit zu handeln. Sie haben mehrere Möglichkeiten, bei der Geldanlage sogar noch viel mehr als ich auf dem Reiterhof, und Sie wissen im Voraus nicht genau, welche Option die richtige Option ist. Sie können nur Wahrscheinlichkeiten abwägen, dann eine Option auswählen und sehen erst anschließend in der Rückschau, ob Sie eine gute Entscheidung getroffen haben.

Die zweite Botschaft dieser Begebenheit lautet: Tun Sie nur das was nötig ist. Gerade so viel, dass Sie ein Thema erfolgreich lösen. Und das gilt für Ihre Geldanlage genauso wie für Streiche von Jugendlichen. Schauen wir nochmal kurz auf meine Möglichkeiten, als ich die Jugendlichen entdeckte. Ich hätte sie zur Rede stellen können. Ich hätte ihnen erklären können, dass ihre Geschichte vom Knall völlig unglaubwürdig sei. Ich hätte ihre Eltern aus dem Schlaf holen können. Ich hätte mich am nächsten Tag bei den Verantwortlichen des Reiterhofs beschweren können. Doch wozu das alles? Die beiden Jungs wussten, dass ich sie entdeckt hatte. Ihnen war klar, dass ich mir ihre Gesichter genau angesehen hatte. Beim nächsten Vorfall hätte ich sie mir vorgeknüpft. Eine einzige Botschaft genügte: „Ich habe euch gesehen und weiß genau wer ihr seid". Diese Botschaft brauchte ich nicht mal auszusprechen.

Bei der Geldanlage ist es ähnlich. Konzentrieren Sie sich auf das, was Sie wirklich zum Ziel bringt. Alles andere können Sie sich sparen. Im Gegenteil, es kostet Sie meistens auch noch Zeit und Geld, wenn Sie zu viel machen. Sie können sich Tage und Wochen lang damit beschäftigen, bei welcher Bank Sie welches Finanzprodukt am günstigsten erhalten. Bei manchen Banken erwerben sie Anleihen besonders günstig, bei anderen Investmentfonds und bei der dritten Bank wiederum Einzelaktien. Am Ende spielt es jedoch kaum eine Rolle für den Erfolg Ihrer Geldanlagen, ob sie für eine Order Gebühren von fünfundzwanzig oder von zweiunddreißig Euro zahlen.

Besonders groß ist die Gefahr, zu viel zu tun, wenn Sie an der Börse investieren und ständig die Kursentwicklung Ihrer Anlagen betrachten. Viele Anleger lassen sich beeinflussen von aktuellen Nachrichten. Sie haben die Entscheidung getroffen, in eine bestimmte Aktie zu investieren. Jetzt fangen sie an, diese Entscheidung permanent zu hinterfragen. Im Normalfall führen mehr Informationen nicht dazu, dass Sie Ihre Kaufentscheidung verändern. Widerstehen Sie dem Gefühl, dass zusätzliche Aktivitäten mehr Gewinn bringen. Legen Sie sich stattdessen eine Strategie zu - wie diese aussieht betrachten wir gleich - und halten Sie Ihre Strategie eisern durch. Verschließen Sie ansonsten Ihre Augen und Ihre Ohren. Achten Sie nur auf die korrekte Ausführung Ihrer vorher festgelegten Strategie.

In Deutschland leben einige sehr reiche Familien, die diese Grundsätze seit vielen Jahrzehnten berücksichtigen. Sie halten

Beteiligungen an Firmen sie Bertelsmann, Miele, Tchibo oder anderen bekannten Firmen. Die Gründergeneration dieser Familien ist meist schon verstorben. Seit vielen Jahren führen angestellte Geschäftsführer die Geschäfte. Sie verwalten die Beteiligungen der Erben. Die Geschäftsführer prüfen, wann es an der Zeit ist, ein Geschäft zu verkaufen. Und sie suchen nach neuen Anlagemöglichkeiten. Die Mitarbeiter dieser Vermögensverwaltungen für die Familien sind meistens sehr erfahrene und etwas langweilige Menschen. Und das ist in diesem Fall genau richtig. Zu viel Aktivität würde den Erhalt des Vermögens gefährden. Die Coronakrise kommt. Plötzlich entstehen Gefahren für den Einzelhandel. Ist das jetzt nicht genau richtig, eine Beteiligung an einem Einzelhandelsunternehmen schnell zu verkaufen? Oder ein erfolgreiches Unternehmen steht zum Verkauf. Sollte man nicht jetzt sofort zuschlagen, um sich eine gute Möglichkeit zu sichern, bevor es ein anderer tut?

Erfolgreiche Vermögensverwalter entscheiden langsam und mit Bedacht. Kurzfristige Ereignisse führen nicht dazu, dass sie eine grundsätzliche Entscheidung überdenken. Sie legen sich ihre Strategie zurecht, stimmen diese mit den Familien ab und führen dann genau die Strategie aus.

Dadurch erzielen Sie im Laufe der Zeit große Gewinne. Die beteiligten Firmen wachsen nicht raketenartig, aber sie wachsen von Jahr zu Jahr. Und so steigern die Familien ihr Vermögen über Jahre und Jahrzehnte. Nicht durch hektisches an- und verkaufen.

Dieses Prinzip wenden wir nun auf unsere Geldanlage an. Im Normalfall brauchen Sie wenig bis gar nichts zu tun. Wer möchte, kann mit einem kleinen Teil seines Vermögens etwas kurzfristiger anlegen. Aber auch dann ist es wichtig, dass Sie Ihre definierte Strategie sauber ausführen und durchhalten.

Denken Sie an den nächtlichen Vorfall mit den beiden Jugendlichen. Tun Sie genau das Nötigste. Das erledigen sie konsequent. Verzichten Sie jedoch darauf, mehr zu tun als wirklich nötig ist. Dann läuft Ihre Geldanlage erfolgreich.

Was bedeutet es eigentlich Geld anzulegen?

Wenn Sie Ihr Olivenöl, das in Ihrem Gewölbekeller lagert, vermehren möchten, legen Sie Ihr Geld an. Was steckt eigentlich dahinter? Vereinfacht können Sie sich eine Geldanlage so vorstellen: In der Nähe Ihres Gewölbekellers stehen viele Menschen und Firmen, die Ihnen manchmal laut, manchmal leise zurufen: „Gib mir dein Olivenöl! Ich vermehre es und gebe Dir Dein Olivenöl nach der vereinbarten Zeit dann wieder zurück."

Bei einer Geldanlage stellen sich somit mehrere Fragen: Wer sind diese Menschen, die Ihnen Angebote unterbreiten? Wie sehen die Angebote von ihnen ganz genau aus? Wieso geben mir die Menschen überhaupt mehr Geld zurück als ich ihnen gegeben habe? Und vor allem: Kann ich diesen Menschen vertrauen? Wie wahrscheinlich ist es, dass sie mir mein Geld zurückgeben? Wie groß ist das Risiko, dass die Menschen mir weniger Geld zurückgeben als ich ihnen gegeben habe? Die Antworten auf diese Fragen betrachten wir in den folgenden Abschnitten.

Beginnen wir mit der Frage, warum Ihnen jemand mehr Geld zurückgibt als Sie ihm gegeben haben. Dahinter verbirgt sich der Zins. Wenn Sie jemandem Geld leihen, erwarten Sie im Normalfall, dass er Sie dafür entlohnt, dass Sie ihm Ihr Geld leihen. Der Kreditnehmer setzt darauf, dass er aus Ihrem Geld für sich selbst mehr Geld macht. Einen Teil des Gewinns behält er. Den anderen Teil gibt er Ihnen zurück in Form von Zinsen. Ähnlich funktioniert es, wenn Sie selbst eine Firma gründen. Dann nehmen Sie sich vielleicht einen Kredit auf. Sie spekulieren darauf, dass Sie selber einen Gewinn erzielen, der höher als der Zins ist. Einen Teil dieses Gewinns behalten Sie selbst. Den anderen Teil des Gewinns geben Sie Ihrer Bank zurück.

Letztendlich basiert unser gesamtes Wirtschaftssystem auf dieser Logik. Menschen oder Firmen verleihen Geld und vermehren es dadurch. Dieser Mechanismus führt auch dazu, dass reiche Menschen Ihr Geld für sich arbeiten lassen und immer reicher werden. Dies kritisieren immer wieder Kapitalismuskritiker. Sie sehen Zinsen als Ursache für soziale Ungerechtigkeit.

Es gibt jedoch auch Situationen, in denen Sie weniger Geld zurückbekommen als Sie einem Kreditnehmer gewährt haben. Die europäische Zentralbank legte ab 2014 für mehrere Jahre bis Mitte 2022 einen negativen Leitzins fest. Vereinfacht dargestellt leihen Sie der Bank einhundert Euro und bekommen zwei Jahre später nur noch siebenundneunzig Euro zurück. Ihr Geld wurde also automatisch weniger. Infolge der negativen Leitzinsen, die die Rendite anderer Anlageformen stark beeinflussen, sanken auch die Zinsen von Tagesgeldanlagen, Festgeldanlagen und Anleihen im gesamten Markt. Die Zentralbank beabsichtigte mit den negativen Zinsen die Wirtschaft wieder anzukurbeln. Die Idee war, einen Anreiz zu schaffen, dass Unternehmen ihr Geld lieber investieren als es auf der Bank liegen zu lassen. Hierdurch sollten Unternehmen wieder stärker investieren. Anleger verlieren bei negativen Zinsen Geld. Auf der anderen Seite kann es Anlegern auch etwas Wert sein, ihr Geld zumindest zum Teil sicher zu erhalten.

Ziele Ihrer Geldanlage

Wie sieht in diesem Umfeld unser Ziel für unsere Geldvermehrung aus? Im Idealfall erzielen wir mit unseren Anlagen eine positive Rendite. Das heißt, wir bekommen nach einer gewissen Zeit mehr Geld zurück, als wir jemandem geliehen haben. Wenn es sehr gut läuft, ist unsere Rendite höher als die Inflation. Denn durch die Inflation wird Ihr Geld immer weniger wert. Wenn ein Kilo Mehl heute neunzig Cent kostet und in drei Jahren einen Euro, können Sie sich weniger Mehl kaufen, wenn Ihr Olivenöl-Vorrat in diesen drei Jahren sich nicht erhöht hat. Wenn Sie die Geldvernichtung durch Inflation ausgleichen möchten, müsste Sie in diesem Beispiel Ihren Olivenölvorrat in drei Jahren um mindestens zehn Cent vergrößern. Denn dann können Sie sich genau die gleiche Menge Mehl wie vor drei Jahren kaufen.

Idealerweise erzielen wir sogar eine höhere Rendite, in dem wir nicht nur einen Euro, sondern vielleicht einen Euro und fünf Cent erwirtschaften. Dieses Ziel lesen Sie häufig in Ratgebern zur Geldanlage. Rechnerisch ist es völlig korrekt. Auf der anderen Seite stellt sich die Frage, ob Sie bereit sind, entsprechende Risiken bei Ihrer Anlage einzugehen. Es bringt Ihnen nichts, wenn Sie Geld durch riskante Strategien verlieren, und am Ende ist ihr Vermögen geringer, als der Inflationsverlust. Von daher macht es Sinn, die Inflation im Blick zu behalten und sich zu überlegen, wie man es schaffen kann, höhere Renditen zu erzielen. Es ist und bleibt jedoch Ihre eigene Entscheidung. Und es ist völlig in Ordnung, wenn Sie entscheiden, eine gewisse Entwertung Ihres Vermögens zu akzeptieren. Dafür legen Sie Ihr Olivenöl jedoch etwas sicherer an.

Blicken wir einmal auf ein paar konkrete Zahlen. Über viele Jahre hinweg lag die Inflation in Deutschland bei unter zwei Prozent pro Jahr. Durch Corona und den Konflikt mit Russland stieg die Inflation auf etwa sieben bis acht Prozent. So hoch war sie zuletzt in den siebziger Jahren des letzten Jahrhunderts in Zeiten der Ölkrise. Bei einer Inflation von acht Prozent müssten Sie also mit ihren Geldanlagen eine Rendite von etwa zehn Prozent erzielen, um den Wert ihres Vermögens zu steigern. Dies ist derzeit nur mit erheblichen Risiken möglich. Überlegen Sie sich also, ob Sie sich auch mit fünf Prozent Rendite zufriedengeben und in Kauf nehmen, real etwas Geld zu verlieren.

Überlegen Sie nun für sich selbst, welche Rendite Sie pro Jahr erzielen möchten. Bedenken Sie, dass die Risiken zunehmen, je höher die Rendite ausfällt. Kreuzen Sie Ihr Wunschwert an und schauen Sie ihn am Ende des Kapitels nochmal an.

Meine Wunschrendite pro Jahr für meine Geldanlagen liegt bei:

o 0 bis 2 Prozent   o 8 bis 10 Prozent

o 2 bis 4 Prozent   o 10 bis 12 Prozent

o 4 bis 6 Prozent   o 12 bis 14 Prozent

o 6 bis 8 Prozent   o _____

Verlassen Sie sich nur auf sich selbst

Gerade bei der Geldanlage fallen Menschen immer wieder auf Betrüger herein. Interessanterweise spielt dabei das Bildungsniveau von Anlegern kaum eine Rolle. Auch Professoren und erfahrene Geschäftsleute verloren schon viel Geld mit dubiosen Anlagen. Was ist der Grund dafür?

Wir alle wünschen uns das Besondere. Und grundsätzlich vertrauen wir auch anderen Menschen. Wenn es also einem anderen Menschen gelingt, unser Vertrauen zu gewinnen und dieser Mensch uns gleichzeitig etwas Besonderes anbietet, was man so nicht wieder bekommt, überhören wir schnell alle rot blinkenden Alarmsirenen. Oft befinden wir uns dann in einer bestimmten Stimmung, die dafür sorgt, dass wir nicht überlegt entscheiden. Übersteuerte Wohnungen in Ferienanlagen verkaufen die Anbieter meistens im Urlaubsland direkt vor Ort, weil sich die Käufer dann in einer lockeren Urlaubsstimmung befinden. Und dann sitzt auch die Geldbörse und der Kuli für Unterschriften recht locker. Ein ähnliches Phänomen zeigt sich bei Kaffeefahrten. Die Verkäufer nutzen die gute Ausflugslaune der

Teilnehmer aus und beglücken die älteren Herrschaften mit Wärmedecken, Topf-Sets und anderen tollen Produkten.

Gehen Sie immer davon aus, dass derjenige, der Ihnen eine Geldanlage verkauft, auch daran verdienen möchte. Niemand wird Ihnen einen hundert Euro Schein für neunzig Euro verkaufen. Die Verkäufer von Geldanlagen gehen dabei unterschiedlich geschickt vor. Bei einer überteuerten Wohnung in einem Ferienort rechnen Sie sich relativ einfach selbst aus, wie viele Urlaube Sie selbst einsparen, beziehungsweise wie oft Sie Ihre Wohnung vermieten müssten, um überhaupt nur den Kaufpreis rauszuholen. Anders sieht es aus, wenn Banken, Kapitalanlagegesellschaften und Versicherungen Ihnen Produkte anbieten. Diese Organisationen verfügen über jahrelange Erfahrung, Ihnen Ihr Olivenöl über versteckte Gebühren, Ausgabeaufschläge und unscheinbare Handelsspannen abzunehmen. Und dabei das ganze Geschäft noch so darzustellen, dass es für Sie positiv aussieht.

Manche Finanzanlage-Produkte laufen über sehr lange Zeiträume. Ein privater Vertrag für eine Riester-Rente begleitet Sie beispielsweise nahezu ein gesamtes Berufsleben. Über viele Jahre und Jahrzehnte zahlen Sie schließlich ein. Erst im Rentenalter kommt es zur Auszahlung. Und erst dann merken Sie, wie viel Geld Sie wirklich zurückbekommen. Dann ist es oft zu spät. Und es ist sehr mühsam herauszufinden, welche Bedingungen und Konditionen Sie vor dreißig Jahren bei Abschluss des Vertrags akzeptiert haben. Manche Annahmen und Parameter veränderten sich während der Laufzeit massiv, von denen Sie es bei Abschluss des Vertrages nie gedacht hätten.

Ein weiteres Beispiel sind Sparpläne, die Sparkassen über viele Jahrzehnte erfolgreich verkauft haben. In diesen Verträgen stiegen die Zinsen von Jahr zu Jahr, wenn bestimmte Beträge eingezahlt wurden. Keiner erwartete damals, dass die Zinsen so massiv sinken, wie es ab etwa 2015 der Fall war. Vermutlich auch die Sparkassen nicht, als Sie die Angebote vor vielen Jahren entwickelten. In der Folge konnten Sparkassen die versprochenen Zinsen nicht mehr bezahlen, ohne selbst drauf zu zahlen. Daraufhin kündigten die Banken einfach ihre langjährigen Verträge. Von daher: Hoffen Sie nicht darauf, dass jemand Ihnen langfristig etwas schenkt. Auch Banken und Anlagefirmen möchten Geld verdienen und etwas von Ihrem Olivenöl abhaben. Gelingt den Anbietern dies langfristig nicht, werden Sie Ihnen die entsprechende Anlage nicht mehr anbieten. Und selbstverständlich ist es auch in Ordnung, dass Banken auch etwas Geld verdienen. Schließlich müssen sie ihre Angestellten, Büros, Steuern und so weiter bezahlen. Die Frage ist nur, wieviel Sie abgeben. Dabei zählt jeder Cent.

Unterstellen Sie außerdem bei allen Angeboten, dass der Verkäufer Ihnen sein Produkt als das Beste verkauft. Er wird alles dafür tun, Ihnen ausschließlich die Vorteile seines Produktes zu präsentieren. Nachteile oder Risiken fallen dann gerne mal unter den Teppich oder werden nach hinten ins Kleingedruckte verschoben. Wenn Sie Obst auf dem Markt einkaufen, können Sie die Qualität von Äpfeln direkt sehen und fühlen. Bei Geldanlageprodukten ist das meist nicht so einfach. Sie müssten das Produkt, die Voraussetzungen und Annahmen alle bis ins Detail verstehen. Das ist in der Praxis kaum möglich, selbst für langjährige Anlageprofis.

Verlassen Sie sich ausschließlich auf schriftliche Zusagen. Am Ende zählt vor Gericht nur das, was Sie unterschrieben haben. Ihre Gesprächspartner, sofern Sie dann überhaupt noch auffindbar sind, werden immer behaupten dies und das gesagt zu haben. Dann steht Aussage gegen Aussage und Ihre Erfolgsaussichten, einen Prozess zu gewinnen, sinken. Wenn Sie mit einem Berater sprechen, lautet die wichtigste Frage daher: „An welcher Stelle in den Verträgen beziehungsweise Unterlagen finde ich das?" Achten Sie in den Unterlagen auf die genauen

Formulierungen. Was wird Ihnen wirklich garantiert? Wo gibt es nur eine unverbindliche Chance? Welche Risiken bestehen? Wie hoch sind Gebühren und Vergütungen?

Bei Geldanlagen ist es im Grunde wie bei der Partnerwahl. Nur Sie selbst können sich ein Bild machen von potentiellen Kandidaten. Nur Sie selbst können entscheiden, ob Sie die Vorteile, Nachteile, Chancen und Risiken akzeptieren. Und Sie selbst entscheiden, ob Sie eine Geschäftsbeziehung beenden oder weiterführen. Gleichwohl geben bei Geldanlagen viele Menschen diese Verantwortung ab. Sie hören auf Bekannte, Freunde oder Anlageberater, die hauptsächlich ihren eigenen Gewinn im Blick haben. In der Folge kaufen sie Anlagen, die nicht zu ihnen passen. Und nicht sinnvoll sind. Nutzen Sie Ihre Wohlstandszeit, die Anlagen wirklich zu verstehen. Fragen Sie so lange, bis Sie alles verstanden haben. Nicht immer wird Ihnen dies vollständig gelingen. Dann können Sie mit wenig Geld ein Produkt kaufen. Dabei lernen Sie mehr über die Chancen und Risiken beziehungsweise die Vor- und Nachteile.

Bei Fragen rund um die Geldanlage sind Sie nicht komplett alleine. Einige Organisationen liefern Ihnen vertrauenswürdige Informationen. Beispielsweise Verbraucherzentralen oder die Stiftung Warentest. Sie sind unabhängig finanziert und verdienen nicht an Ihren Geldanlagen. Damit bieten Sie Ihnen unabhängige Informationen.

Inzwischen bieten auch einige unabhängige Vermögensberater ihre Leistungen an. Gegen ein Stundenhonorar beraten sie neutral und unabhängig. Sie verdienen nicht an den von Ihnen gekauften Produkten. Allerdings hängt es sehr von der Qualität eines Beraters ab, ob er Ihnen wirklich weiterhelfen kann. Und natürlich hat der Berater ein Interesse, Ihnen möglichst viele Beratungsstunden zu verkaufen. Es kann also sein, dass er Zeit schindet mit unnötigen Analysen und anderen Themen, die nur Zeit kosten, Sie aber nur begrenzt weiterbringen.

Es spricht natürlich nichts dagegen, wenn Sie sich von einer Bank oder einem Anlageberater ein Angebot erstellen lassen. Wenn Sie die Angebote genau studieren, lernen Sie auf jeden Fall dazu. Es heißt ja noch lange nicht, dass Sie die Produkte dann auch kaufen.

Wem leihe ich mein Geld?

Sobald Sie Geld zum Anlegen haben, stehen eine Menge Leute vor Ihrem Gewölbekeller und möchten sich gerne Ihr Geld leihen und vermehren. Auf den ersten Blick sehen diese Menschen sehr unterschiedlich aus. Der sportliche junge Mann im schicken blauen Anzug mit Einstecktuch und der teuren Armbanduhr. Die Hippie Frau mit langen roten Haaren, deren orangenes Kleid hell in der Sonne leuchtet. Der nette Nachbar von nebenan, Mitte fünfzig, mit drei Tage Bart und den eleganten italienischen Lederschuhen.

Schauen Sie sich nun die folgenden Eigenschaften an und ordnen Sie diese den drei genannten Personen zu.

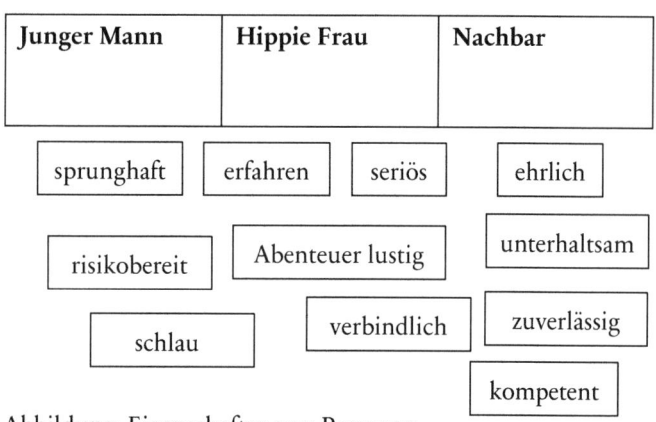

Abbildung: Eigenschaften von Personen

Wie haben Sie entschieden? Halten Sie beispielsweise die

200

Hippie-Frau für sprunghaft, schlau, aber nicht besonders verbindlich? Denken Sie, dass der Nachbar von nebenan seriös, erfahren und zuverlässig ist? Vielleicht fragen Sie sich, wie die richtige Lösung aussieht. Die Wahrheit ist: Es gibt keine richtige Lösung. Auch wenn wir andere Menschen intuitiv und sehr schnell in verschiedene Schubladen stecken, heißt das nicht, dass unsere Zuordnungen stimmen.

Bloß weil jemand einen schicken und teuren Anzug trägt, bedeutet das noch lange nicht, dass er kompetent und zuverlässig ist. Umgekehrt kann es genauso gut sein, dass eine Frau in Hippie-Klamotten in Geldanlagen extrem erfahren ist. Es ist schlichtweg nicht möglich, vom äußeren Schein auf die inneren Werte zu schließen. Dies gilt ganz besonders auch bei Geldanlagen.

Lassen Sie sich also nicht blenden von den üblichen Anzeichen, die Seriosität ausstrahlen. Es bedeutet überhaupt nichts, wenn jemand ein Luxus-Auto fährt, eine teure Uhr trägt und sich gewählt ausdrückt. Es spielt auch keine Rolle, ob eine Bank in einer spektakulären Immobilie residiert. Wenn Sie eine Geldanlage beurteilen, gehen Sie völlig unvoreingenommen vor. Blenden Sie alle Schubladen, die Sie im Kopf haben aus und prüfen Sie die Fakten.

Wie funktioniert das nun konkret, wenn Sie eine Anlage beurteilen möchten? Prüfen Sie als erstes, wer hinter einer Geldanlage steckt. Ist es eine Privatperson? Oder ist es eine Firma? Häufig sind bei Geldanlagen Vermittler aktiv, die Ihnen eine Anlage einer anderen Firma lediglich empfehlen. Ihr Vertragspartner ist am Ende nicht der Vermittler, sondern die Firma, die das Anlageprodukt herausgibt. Beherzigen Sie den Grundsatz, je weniger Vermittler, desto besser. Denn jeder Vermittler verdient an Ihrer Geldanlage mit, kostet also einen Teil der Rendite.

Prüfen Sie genau, von wem ein Anlageprodukt wirklich stammt. In den meisten Fällen sind es Kapitalanlagegesellschaften, die viele Finanzprodukte anbieten. Informieren Sie sich intensiv über diese Unternehmen. Prüfen Sie, ob das Unternehmen Jahresabschlüsse veröffentlicht. Dies ist beispielsweise bei den meisten börsennotierten Firmen der Fall. Werfen Sie einen Blick in die Jahresabschlüsse, um eine Idee zu bekommen, wie groß das Unternehmen ist, wie lange es schon am Markt ist und ob es vielleicht überschuldet ist. Auch für diese Prüfung ist es wieder von Vorteil, wenn Sie ein gewisses Grundwissen über Bilanzen sowie Gewinn- und Verlust-Rechnungen besitzen.

Wenn Sie den Eindruck haben, die Firma, die ein Anlageprodukt herausgibt, verbirgt wichtige Zahlen und zeigt sich nicht offen und transparent, lassen Sie die Finger davon. Geheimniskrämerei ist überhaupt kein gutes Zeichen. Umgekehrt gibt es genug seriöse Firmen, die transparent informieren, wer Sie sind und wie es dem Unternehmen wirtschaftlich geht. Wie Sie Unternehmen analysieren, deren Aktien Sie vielleicht kaufen, erfahren Sie später noch detaillierter.

Geben Sie in eine Suchmaschine den Namen des Unternehmens und das Wort „unseriös" ein. So finden Sie Einträge in Foren, Blogs, oder in Artikeln in denen eventuell zwielichtige Praktiken des Unternehmens beschrieben werden. Alternativ suchen Sie nach dem Namen des Unternehmens verbunden mit dem Wort „Erfahrungen".

Versuchen Sie herauszufinden, wem die Firma gehört, die Ihnen Anlageprodukte anbietet. Das ist bei Firmen, die an der Börse notiert sind, relativ einfach. Bei anderen Unternehmen finden Sie eventuell weitere Informationen im Handelsregister oder auf der Webseite des Unternehmens.

Ein Beispiel: Sie überlegen, eine Altersvorsorge bei der Firma Union Investment abzuschließen. Es handelt sich um eine größere Firma, die zu den genossenschaftlichen Volks- und Raiffeisenbanken gehört. Diese Banken wiederum gehören ihren Mitgliedern. Das sind in den meisten Fällen die Kunden dieser Banken. Was bedeutet das für Sie? Zunächst sind diese Banken nicht an der Börse notiert, brauchen sich also nicht an den Launen des Kapitalmarkts zu orientieren. Das ist gut. Auf der anderen Seite tendieren genossenschaftliche Strukturen oft dazu, größere Verwaltungsapparate aufzubauen. Diese Kosten müssen irgendwie wieder reinkommen, das heißt von Ihnen als Anleger. Von daher prüfen Sie intensiv die Höhe der Gebühren bei einer Anlage von Union Investment. Sie werden feststellen, dass diese nicht immer günstig sind.

Wie sicher sind meine Geldanlagen?

Wenn Sie sich nun fragen, ob Ihr Geld wirklich hundertprozentig sicher ist, wenn Sie es einer seriösen Firma anvertrauen, lautet die eindeutige Antwort „nein". Es gibt ein paar grundsätzliche Themen, die Sie zumindest kennen sollten. Ganz egal bei welchem Unternehmen oder Staat Sie Ihr Geld anlegen.

Das ganze Geldsystem ist eine Erfindung von Menschen. Wie der großartige Autor Harari in seinem Buch „Eine kurze Geschichte der Menscheit" schreibt, funktioniert Geld nur, weil alle daran glauben. Natürlich setzen Gerichte Ihre Rechte durch, wenn Ihnen jemand Geld, dass er Ihnen schuldet, nicht zurückzahlt. Das kann für Angeklagte harte Konsequenzen haben, bis hin zu einer Freiheitsstrafe im Gefängnis. Doch auch die Bestrafung ist letztlich eine soziale Festlegung unserer Gesellschaft. Letztlich bleibt das gesamte Finanzsystem eine Erfindung von uns Menschen. Sollten Menschen zu der Überzeugung kommen, dass eine Währung nichts mehr wert oder ist nicht mehr an das System glauben, werden unsere Geldscheine und Kontosalden ganz schnell nicht mehr zu gebrauchen sein.

Wenn Sie einer Regierung im Ausland Ihr Olivenöl ausleihen und das Land meldet Staatsbankrott an, werden Sie Ihr Olivenöl wahrscheinlich nie wieder sehen. Genauso wenn Sie eine

Aktie eines Unternehmens kaufen, das in die Insolvenz geht. Wirecard ist ein warnendes Beispiel. Auch Banken können pleitegehen. Sollten Sie solch einer Bank Ihr Geld in Form einer Festgeldanlage mit Verzinsung leihen, ist Ihr wertvolles Olivenöl erst mal futsch. In bestimmten Fällen greifen staatliche Sicherheitsgarantien, die Ihnen Ihr Geld zurückzahlen. Sollten jedoch mehrere Banken gleichzeitig pleitegehen und das gesamte Finanzsystem crashen, sind die Aussichten, dass Sie Ihr Geld wieder erhalten, alles andere als rosig.

Bislang war unser Finanzsystem überwiegend stabil. Es gab jedoch um 2008 herum in der Finanzkrise durchaus sehr brenzlige Situationen. Banken liehen sich untereinander kein Geld mehr. Die Zentralbanken mussten mit Notmaßnahmen aushelfen. Vielleicht wenden Sie jetzt ein, dass es doch unabhängige Währungen gibt, wie den Bitcoin und andere Kryptowährungen. Das ist richtig. Jedoch sind Sie auch bei Kryptowährungen darauf angewiesen, dass Ihnen irgendjemand entweder Waren für Ihre Bitcoins verkauft. Das ist heute nur in wenigen Fällen der Fall. Alternativ benötigen Sie jemanden, der Ihnen Kryptowährungen in normale Währungen umtauscht, zum Beispiel in Dollar oder in Euro. Und damit bleibt auch bei Kryptowährungen das gleiche Problem. Nur solange die üblichen Währungen funktionieren und akzeptiert werden, können Sie mit Kryptowährungen arbeiten, Ihr Geld darin anlegen oder es an andere Menschen weitergeben. Mehr dazu später.

Am Ende bleibt also immer ein gewisses Risiko, wenn Sie Ihr Olivenöl verleihen. Nämlich dass unser Währungs- und Finanzsystem weiterhin funktioniert wie bisher und nicht zusammenbricht. In der Weltwirtschaftskrise um 1929 verloren unsere Großeltern oft ihr gesamtes Hab und Gut, weil das Währungssystem kollabierte und das Geld seinen Wert verlor.

Mit extremen Ereignissen umgehen

Wie gehen wir damit um? Eine Möglichkeit wäre es, all Ihr Vermögen, also all Ihr Olivenöl in Gold, Silber oder andere Sachwerte anzulegen. Auch dann brauchen Sie allerdings jemanden, der Ihnen ein kleines Stückchen Gold in ein Brot eintauscht. Oder eben in eine Währung, die allgemein akzeptiert wird. Alternativ könnten Sie beispielsweise Ihr gesamtes Vermögen in Immobilien stecken. Die Thematik bleibt die gleiche. Von einer Immobilie werden Sie nicht satt, bekommen keine Kleidung und so weiter. Hinzukommt, dass Regierungen in Notsituationen auch den Handel mit Gold oder Immobilien beschränken können. Dies ist beispielsweise in Deutschland in der Zeit von 1923 bis etwa 1955 passiert. Ebenso kann es vorkommen, dass Regierungen Ihre Bürger verpflichten Edelmetalle abzugeben oder in Landeswährung zu tauschen. Menschen mit hohen Vermögen egal ob in Geld, Gold oder Immobilien wird dann einfach ein Teil Ihres Vermögens weggenommen. Es ist vielleicht nicht besonders wahrscheinlich, allerdings wäre es bezogen auf unser Beispiel mit dem Gewölbekeller in Extremsituationen vorstellbar, dass eine Regierung Ihnen irgendwann verbietet, mehr als drei Liter Olivenöl zu lagern. Alles was darüber hinaus geht, nimmt Ihnen der Staat weg und verteilt das Öl an Soldaten oder andere Menschen, die nicht genug haben.

Diese recht allgemeinen Risiken lassen sich nicht vollständig beseitigen. Wichtig ist nur, dass Sie diese recht unwahrscheinlichen Themen, immer im Hinterkopf behalten. Sollten Sie den Eindruck haben, dass das Finanzsystem zu kollabieren droht, handeln Sie zügig. Aktuell ist es für uns unvorstellbar, dass Deutschland als Land pleitegeht. Doch die Situation ändert sich schnell. Plötzlich läuft eine neue Pandemie durch unser Land und die Regierung ist gezwungen, hohe Schulden aufzunehmen. Ein Konflikt mit China oder Russland eskaliert.

Deutschland benötigt dann auf einen Schlag sehr viel Geld, um einen Krieg zu finanzieren. Oder ein ungewöhnliches Naturereignis wie schwere Stürme zerstören große Teile unseres Landes.

Gewiss, diese Gedanken hören sich erst mal recht absurd an. Doch denken Sie nur einmal zurück und versetzen Sie sich in das Jahr 2019. Damals gab es auch schon viele Untergangspropheten, die regelmäßig große Seuchen oder Pandemien vorhersagten. Für die Mehrheit der Deutschen war es jedoch völlig unvorstellbar, dass kurze Zeit später, Schulen und Geschäfte geschlossen und Ausgangssperren verhängt werden. Die Wahrscheinlichkeit für solche extremen Ergebnisse ist natürlich sehr gering. Anders als es viele Weltuntergangsfanatiker kommunizieren. Gleichwohl können solche Ereignisse immer wieder eintreten.

Wie gehen wir nun damit um? Es bringt kaum etwas, Weltuntergangszenarien für sehr wahrscheinlich zu halten. Dann müssten Sie Ihren Olivenölkeller noch etwas tiefer in den Boden eingraben, mit meterdicken Betonwänden sichern und hoffen, dass Sie die kommenden Katastrophen gut überstehen. Ist dies eine sinnvolle Strategie? Aus meiner Sicht aktuell nicht. Immer wieder hat die Menschheit erfolgreich bewiesen, dass Sie schlimme Ereignisse übersteht und sinnvolle Strategien entwickelt. Nehmen Sie nur den Corona-Impfstoff, den Firmen in Rekordzeit erforschten und produzierten. Damit reduzierten sich die Risiken für schwere Erkrankungen durch die Pandemie enorm. Die weltweite Vernetzung der Menschheit über das Internet hilft in Situationen wie einer Pandemie enorm, Lösungen für Probleme zu finden und diese schnell umzusetzen.

Bestimmte Risiken gehören zum Leben einfach dazu. Sie bleiben ja auch nicht den ganzen Tag zu Hause, weil Sie ein Auto überfahren könnte, wenn Sie auf die Straße gehen. Man kann nicht alle Risiken vollständig eliminieren. Man kann aber darauf achten, Risiken mit sehr schlimmen Konsequenzen möglichst zu vermeiden. Das ist unsere Strategie für die Geldanlage von Olivenöl. Nutzen Sie einerseits Chancen, um Ihr Olivenöl zu vermehren. Achten Sie gleichzeitig jedoch darauf, die Risiken so gut es geht zu kontrollieren. Dazu gehören auch die Möglichkeiten für einen Einstieg beziehungsweise Ausstieg.

Wie flexibel kann ich ein- oder aussteigen?

Am Markt existiert eine unglaubliche Vielzahl an Anlagemöglichkeiten. Prüfen Sie in jedem Fall, wie einfach Sie in eine Anlage einsteigen beziehungsweise aussteigen können. Je flexibler, desto besser. Gleichzeitig gibt es bestimmte Anlagemöglichkeiten, die Sie nur langfristig abschließen können.

Hier zwei Beispiele: Eine Aktie eines großen deutschen Unternehmens aus dem DAX-Index können Sie jederzeit kaufen und verkaufen, solange die Börsen geöffnet sind. Sie sehen immer, zu welchem Preis Sie Ihre Aktie kaufen oder verkaufen können. Die Gebühren für Ankäufe oder Verkäufe sind bei den meisten Onlinebanken vergleichsweise niedrig. Die meisten deutschen Börsen sind an Werktagen von Montag bis Freitag von 9:30 Uhr bis mindestens 18:00 Uhr offen. Darüber hinaus existieren auch noch andere Marktplätze, an denen Sie außerhalb dieser Zeiten Aktien handeln können. Und gegen etwas höhere Gebühren können Sie bei vielen Direktbanken Finanzprodukte sogar an ausländischen Börsen handeln. Sie sind also relativ flexibel. Kurzfristige Ankäufe oder Verkäufe sind im Grunde jederzeit problemlos möglich. Unabhängig, ob Sie auch sinnvoll sind. Doch dazu später.

Im Vergleich zu einer Aktie ist eine Anlage in Form einer Riester-Rente deutlich weniger flexibel. Sie schließen einen Vertrag ab, dann dauert es mehrere Tage, bis alles eingerichtet ist. Meist werden Ihre Einzahlungen monatlich abgebucht. Jährlich beantragen Sie staatliche Zulagen. Der Vertrag läuft im Normalfall viele Jahre, bis zu Ihrem Renteneintritt. Nur in außergewöhnlichen Situationen ist es möglich, die Einzahlungen zu pausieren. In bestimmten Fällen können Sie den Vertrag vorzeitig auflösen, meist verbunden mit zusätzlichen Gebühren oder dem Verlust von Zulagen.

Sie binden sich ebenso langfristig, wenn Sie eine Wohnung oder ein Haus kaufen. Sie benötigen einen Termin bei einem Notar. Zuvor muss der Kaufvertrag mit der anderen Partei ausgehandelt und finalisiert werden. Gleichzeitig fallen hohe Einmalige Kosten an, zum Beispiel die Grunderwerbsteuer. Selbst wenn Sie Ihre Immobilie nur ein halbes Jahr lang halten, müssten Sie die einmaligen Kosten beim Verkauf direkt mit verdienen, um eine positive Rendite zu erzielen.

Prüfen Sie also immer, wann und wie Sie ein Anlageprodukt kaufen und wann Sie es frühestens verkaufen können. Beziehen Sie diesen Aspekt in Ihre Entscheidungen mit ein. Gerade wenn überraschende Situationen auftreten, ist es sehr sinnvoll, flexibel handeln zu können. Wenn sich zum Beispiel abzeichnet, dass ein Krieg bevorsteht, können Sie Ihre Anlagen in Aktien rasch verkaufen. Bei einer Immobilie ist dies nicht so ohne weiteres möglich.

Was beeinflusst den Wert meiner Anlagen?

Ein weiteres Thema ist sehr wichtig zu verstehen, wenn Sie eine Anlagemöglichkeit für sich beurteilen möchten. Nämlich die Frage, wovon die Wertentwicklung einer Anlage abhängt. Meistens findet man keine komplett vollständige Antwort auf diese Frage, es lohnt sich jedoch, sich ein möglichst gutes Bild davon zu machen. Je mehr Einflussfaktoren Sie kennen und einschätzen können, umso besser wissen Sie über die Chancen und Risiken einer Anlagemöglichkeit Bescheid.

Zur Verdeutlichung betrachten wir ein einfaches Beispiel. Eine Bank bietet Ihnen eine Festgeldanlage an. Sie erhalten von der Bank 1,5 Prozent Zinsen pro Jahr, wenn Sie Ihr Geld für zwei Jahre fest anlegen. Wovon hängt die Wertentwicklung dieser Anlage ab? In diesem Fall ist die Antwort relativ simpel. Solange die Bank nicht pleitegeht, erhalten Sie am Ende der Laufzeit genau die versprochenen Zinsen und das eingezahlte Kapital zurück. Komplizierter wird es, wenn die Bank die Anlage nicht zurückzahlen kann oder will. Es könnte sein, dass ein Hackerangriff die Bank für mehrere Wochen lahmgelegt. Dann warten Sie auf Ihr Geld. Auch wenn die Bank Insolvenz anmeldet, könnte es sein, dass Sie Ihr Geld nicht wieder erhalten. Bei deutschen Banken springt bis zu einer Grenze von aktuell hunderttausend Euro pro Bank der deutsche Staat ein, sofern er dazu in der Lage ist. Die Wahrscheinlichkeit dafür ist im Normalfall relativ hoch. Allerdings kann es, wie wir oben gesehen haben, durchaus Situationen geben, in denen auch der Staat nicht mehr zahlen kann.

Wir schauen nun im Vergleich dazu auf eine Immobilie. Hier finden wir deutlich mehr Einflussfaktoren als im Beispiel zuvor für die Festgeldanlage. Den Wert einer Immobilie beeinflusst maßgeblich die Nachfrage im jeweiligen Stadtteil. Die Attraktivität eines Stadtteils wiederum hängt von vielen Faktoren ab, zum Beispiel dem Einkommensniveau der Bewohner, der Anzahl Restaurants, Cafés, den Einkaufsmöglichkeiten, der Erreichbarkeit, der Erholungsqualität, der Anzahl von Grünanlagen usw. Entwickelt sich ein Stadtteil nicht gut, kann es passieren, dass Sie Ihre Immobilie überhaupt nicht loswerden. Oder nur zu einem sehr geringen Preis. Hinzu kommen wertbildende Faktoren, die die Immobilie selbst betreffen. Welche Investitionen sind in den nächsten zehn bis zwanzig Jahren erforderlich? Ist demnächst eine teure Fenstersanierung dringend notwendig? Welchen Energiestandard bietet das Gebäude? Sie sehen, die Einflussfaktoren auf den Wert einer Anlage unterscheiden sich bei einer Festgeldanlage deutlich von einer Anlage in eine Immobilie.

Einflussfaktoren auf den Wert einer Geldanlage können sich auch im Zeitverlauf verändern. Daher ist es wichtig, sich immer selbst zum Zeitpunkt Ihres Kaufs ein aktuelles Bild zu machen. Heute ist es zum Beispiel enorm wichtig, ob eine Wohnung dazu geeignet ist, im Homeoffice darin arbeiten zu können. Bis zum Jahr 2019 interessierte sich kaum jemand dafür und hätte auch keinen höheren Preis für eine Wohnung mit schneller Internetanbindung und einem gesonderten Zimmer, das sich als Büro eignet, gezahlt.

Der Zukunft ist die Vergangenheit egal

Die Werte von Anlageprodukten, also von Aktien, Anleihen und so weiter entwickeln sich zum größten Teil zufällig und nicht planbar. Trotzdem versuchen viele Experten Prognosen für die Zukunft zu treffen und vorherzusagen, ob Kurse gleich bleiben, steigen oder fallen. Es ist recht amüsant, wenn am Anfang jeden Jahres Experten den Stand des Aktienindex DAX am Ende des Jahres vorhersagen. In den meisten Fällen gibt es wenige Prognosen, die einen starken Verlust vorhersagen, genauso wie wenige Vorhersagen einen größeren Anstieg erwarten. Der Großteil der Experten schätzt, dass der Aktienindex nur leicht nach oben oder nach unten gehen wird. Was kann man mit diesen Prognosen anfangen? Eigentlich gar nichts. Es handelt sich im Grunde um lustige Ratespiele. Wüssten die Experten tatsächlich, wie sich der DAX innerhalb eines Jahres entwickelt, wären sie alle längst mehrfache Millionäre, die keine Prognosen mehr abgeben müssten.

Bei sehr vielen Prognosen beziehen sich die Experten, die die Prognosen erstellen, auf die Vergangenheit. Sie versuchen Trends zu erkennen und diese fortzuschreiben. Und sie unterstellen einfache Zusammenhänge. Erwarten die Experten, dass sich die Leitzinsen in den nächsten Jahren erhöhen, schlussfolgern sie daraus, dass die Aktienmärkte sich unterdurchschnittlich entwickeln. In solch einer Prognose stecken mehrere Unbekannte. Erstens, ob die Leitzinsen wirklich steigen. Diese Entscheidung treffen die Zentralbanken. Zweitens, ob sich eine Veränderung der Leitzinsen auf die Aktienkurse auswirkt. Und wenn ja, wie. Je mehr Annahmen in Prognosen stecken, desto größer ist die Wahrscheinlichkeit von falschen Prognosen.

Sie fragen sich, was das für Ihre Geldanlage bedeutet? Der wichtigste Grundsatz lautet, dass die Zukunft nicht vorhersehbar ist. Sie hängt auch nicht von der Vergangenheit ab. Häufig argumentieren Experten wie folgt: „Diese Aktie ist stark unterbewertet. Nach drei mageren Jahren ist es an der Zeit, dass die Kurse für die Aktie bald steigen. Denn sie ist schon lange weit entfernt von ihrem fairen Wert." Damit meinen Experten, dass sich Kurse in eine bestimmte Richtung entwickeln, weil bestimmte Kennzahlen schon lange Zeit ungewöhnliche Werte aufweisen. Hört sich erst mal plausibel an. In Wahrheit ist es eigentlich totaler Quatsch. Natürlich kann es ein Indikator sein, wenn eine Aktie sehr günstig bewertet ist. Und natürlich können Sie solche Kennzahlen für Ihre Kaufentscheidungen nutzen. Vergessen Sie jedoch nie, dass es keinen Zwang gibt, dass sich eine Aktie in Richtung eines fairen Werts entwickelt. Der Zukunft ist es völlig egal, was in der Vergangenheit war. Es kann sein, dass Ihre Aktie auch noch die nächsten zehn Jahre unterbewertet bleibt. Es kann genauso sein, dass eine vermeintlich überbewertete Aktie noch weiter und weiter steigt. Niemand kann es seriös vorhersagen. Es gibt keine Gerechtigkeit an den Kapitalmärkten. Am Ende verhalten sich Märkte oft wie in einem Casino. Es ist mehr oder weniger ein Glücksspiel, obwohl alle vermeintlichen Experten behaupten, die Regeln und Einflussfaktoren genau zu verstehen. Viele Menschen sind erstaunt, wenn dann nicht das passiert, was sie sich erwartet haben.

Befreien Sie sich davon. Selbstverständlich können Sie Indikatoren aus der Vergangenheit heranziehen, um eine Entscheidung zu treffen. Wenn Sie dann eine Aktie gekauft haben, lassen Sie alle Ihre Analysen der Vergangenheit außen vor. Betrachten Sie lediglich, wie sich die Aktie in der Zukunft, also seit Sie sie gekauft haben, entwickelt. Auf dieser Basis treffen Sie die Entscheidung, ob Sie die Aktie weiter halten oder verkaufen.

Gehen Sie genauso auch bei anderen Anlagen wie Anleihen oder Zertifikaten vor. Schauen Sie nur nach vorne, sobald Sie ein Anlageprodukt gekauft haben. Blenden Sie alles aus, was die Vergangenheit betrifft. Sie gewinnen nichts dadurch. Außer schlaflosen Nächten.

Verluste und Gewinne sind erst real, wenn Sie verkauft haben

Bei Aktien und anderen Anlageprodukten ist es sehr wichtig, zu verstehen, wann Sie wirklich mehr oder weniger aus Ihrem Geld gemacht haben. Viele Anleger denken, wenn sie im Fernsehen die Nachricht hören, dass der DAX gestiegen ist, dass sie automatisch mehr Geld zur Verfügung haben. Genauso wie sie denken, dass sie sich mehr leisten können, weil der Wert ihres Hauses im Laufe der Jahre gestiegen ist. Doch da liegen sie nicht richtig.

Solange Ihr Geld nicht in Ihrem Gewölbekeller in einem Ihrer Behälter liegt, haben Sie weder einen Verlust noch einen Gewinn gemacht. Erläutern wir dies an einem konkreten Beispiel. Sie kaufen Aktien des Softwareherstellers SAP für insgesamt fünftausend Euro. Sie entnehmen also diese Summe aus Ihrem Gewölbekeller und geben das Geld an die Bank, die Ihr Depot führt und dort Ihre Aktie einbucht. Ihr Geld ist nun so lange weg, bis Sie Ihre SAP-Aktien wieder verkauft haben und die Bank Ihnen das Geld zurück überwiesen hat. Sie haben Ihr

Olivenöl an jemand anderen außerhalb Ihres Gewölbekellers gegeben. In diesem Beispiel Ihrer Depotbank, die dann die Aktien von SAP für Sie erwirbt.

Nehmen wir an, die Aktien von SAP verlieren fünfzig Prozent an Wert. Somit reduziert sich Ihr Olivenöl von fünftausend Euro auf zweitausendfünfhundert Euro. Allerdings erstmal nur auf dem Papier, denn Sie haben die Aktien ja noch nicht verkauft. Umgekehrt gilt es genauso. Steigen die SAP-Aktien um fünfzig Prozent, können Sie sich freuen über den Anblick Ihres Depots im Wert von siebentausendfünfhundert Euro. Noch haben Sie diesen Gewinn jedoch nicht realisiert. Sie können keine siebentausendfünfhundert Euro ausgeben, da das Geld nach wie vor in Ihren Aktien investiert ist. Erst wenn Sie die Aktien verkauft und von der Bank Ihr Geld nach Abzug von Steuern und Gebühren zurückerhalten haben, können Sie frei über Ihr Geld verfügen und entscheiden, in welches Gefäß Sie Ihr Olivenöl einlagern.

Analog gilt dieses Prinzip auch für alle andere Anlagen. Sofern Sie ein Produkt quasi jederzeit handeln können, wie zum Beispiel Aktien, steht es Ihnen frei, wie in unserem Beispiel die zweitausendfünfhundert Euro Gewinn mitzunehmen und zu realisieren. Ebenso können Sie frei entscheiden, ob Sie die Aktien mit Verlust verkaufen, zum Beispiel weil Sie befürchten, dass die Aktien weiter fallen und Sie Ihre Verluste lieber begrenzen. Sie können aber auch anders entscheiden und darauf hoffen, dass ihre SAP-Aktien sich wieder erholen und höher als zweitausendfünfhundert Euro steigen. Abgerechnet wird immer erst am Ende, wenn Sie tatsächlich verkauft haben.

Von daher stellt sich die Frage, wann der richtige Zeitpunkt für den Einstieg und wann der richtige Zeitpunkt für den Ausstieg ist. Zu diesen Fragen existieren wiederum Tausende von Ratgebern und Expertenmeinungen. Es gibt unzählige Theorien über Einstiegs- und Ausstiegszeitpunkte, die sich zum Teil auch widersprechen. Wie wir gesehen haben, entwickeln sich die Kurse von Anlageprodukten zum großen Teil zufällig. Von daher benötigen wir eine einfache Methode, die uns dabei hilft, Vermögen, das heißt mehr Olivenöl in unserem Gewölbekeller, aufzubauen. Dazu kommen wir etwas später.

Zuerst befassen welche uns jedoch mit der Frage, welche verschieden Arten von Anlagen es gibt. Wir haben Aktien und andere Anlageformen schon genannt, ohne eigentlich genau zu sagen, was dahintersteckt. Das holen wir jetzt nach. Danach blicken wir auf die konkrete Umsetzung, wie Sie Ihre Anlagen aufteilen. Und dann geht es im nächsten Schritt darum, wann Sie einsteigen und wann Sie aussteigen aus Ihren Anlagen. Nun also zuerst zu Aktien.

Investieren Sie mit Aktien in Unternehmen

Mit einer Aktie gehört Ihnen ein Anteil an einem börsennotierten Unternehmen. Es gibt auch Aktien von Unternehmen, die nicht an der Börse gehandelt werden, diese betrachten wir hier jedoch nicht weiter. Ihnen gehört mit einer Aktie also ein kleiner Teil einer Firma. Im Normalfall, bei so genannten Stammaktien, bestimmen Sie mit, was in Ihrer Firma passiert. Hört sich gut an, doch in der Praxis ist Ihr Anteil meistens so gering, dass Sie keine wesentlichen Entscheidungen beeinflussen können. Sie erhalten allerdings vollständige Transparenz über die Finanzlage des Unternehmens und können unter bestimmten Voraussetzungen Anträge für Entscheidungen einbringen.

Wenn Sie möchten, können Sie an Hauptversammlungen des Unternehmens teilnehmen. Das sind Versammlungen aller Aktionäre. Im Grunde dient auch dies zu Informationszwecken. Denn wirklich mitbestimmen können Sie erst, wenn Sie sehr viele Anteile an der Firma besitzen.

Es gibt unterschiedliche Formen von Aktien, insbesondere Stammaktien mit einem Stimmrecht und Vorzugsaktien ohne ein Stimmrecht, dafür meist mit einer höheren Dividende. Die meisten Firmen, die Aktien ausgeben, sind an einer oder an mehreren Börsen gelistet, das heißt sie können dort gekauft und verkauft werden. Aktien, die nicht an einer Börse gelistet sind, lassen wir im Folgenden außen vor. Es gibt bei solchen Aktien sehr viele Besonderheiten und oft höhere Risiken, die nicht in einem sinnvollen Verhältnis zu den Gewinnchancen stehen.

Wie vermehren Sie mit Aktien Ihr Vermögen? Grundsätzlich gibt es zwei Möglichkeiten. Zum einen zahlen manche Unternehmen so genannte Dividenden. Das ist eine Ausschüttung einer Firma an ihre Aktionäre, meistens aus dem laufenden Gewinn des Geschäftsjahres. Einige Firmen gewähren Anlegern keine Dividenden, entweder weil sie alle ihre Gewinne in ihr Geschäft investieren, wie zum Beispiel größere Technologiekonzerne wie derzeit Amazon, oder weil sie keine ausreichenden Gewinne erzielen, um Dividenden auszuschütten. Manche Firmen schütten dagegen Dividenden aus, obwohl sie nicht genug Gewinn erzielen. Dies ist oft ein Alarmzeichen, denn letztendlich lebt das Unternehmen dann über seine Verhältnisse von seiner Substanz.

Manche Anleger achten sehr auf die Dividenden von Unternehmen. Sie wünschen sich von Jahr zu Jahr eine Steigerung. Wenigen Unternehmen gelingt dies, insbesondere einigen Unternehmen in den USA, beispielsweise Colgate Palmolive. Diese Unternehmen erhöhen seit mindestens fünfundzwanzig Jahren jedes Jahr ihre Dividende. Solche Unternehmen nennt man „Dividenden Aristokraten". Bei hohen Dividenden stellt sich die Frage, ob das Unternehmen selbst keine Wachstumschancen mehr für sich sieht. Denn sonst würde es die eigenen Gewinne in einen Ausbau seines Geschäfts stecken. Wenn ein Unternehmen Ihnen eine Dividende zahlt, können Sie diese behalten und den Betrag wieder anlegen oder ausgeben. Dividenden sind lediglich zu versteuern, genauso wie realisierte Kursgewinne.

Neben den Dividenden ist auch der Kurs einer Aktie sehr wichtig für Sie als Anleger. Der Kurs ist vereinfacht ausgedrückt der Preis, zu dem Sie Ihre Aktie an der Börse kaufen oder verkaufen können. Beispielsweise kostete eine Aktie von Apple Anfang September 2022 etwa einhundertsechzig Euro. Der Kurs einer Aktie unterlegt erheblichen Schwankungen. Wobei niemand genau vorhersagen kann, ob Aktienkurse steigen oder fallen, wie wir bereits gesehen haben.

Welche Aktie ist die Richtige?

Die Frage, die unzählige Menschen beschäftigt, lautet: Mit welcher Aktie kann ich mein angelegtes Geld vermehren? Entweder über steigende Kurse oder über hohe Dividenden, am besten natürlich gleich beides zusammen. Mit der Antwort beschäftigen sich Wissenschaftler und unzählige Experten in der Finanzbranche. Allerdings schafft es niemand, über einen längeren Zeitraum Prognosen abzugeben, die richtig liegen, wie wir gleich sehen werden.

Im Grunde können Sie sich die Experten zum Aktienmarkt so vorstellen: Die Kurse von Aktien entwickeln sich überwiegend zufällig. Natürlich werden Sie beeinflusst von Ereignissen, die nicht gut sind für Unternehmen, zum Beispiel der Corona-Pandemie, und von Ereignissen die gut sind für Unternehmen, zum Beispiel niedrige Leitzinsen. Es gibt jedoch unzählige weitere Einflussfaktoren, die sich auf Aktienmärkte, bestimmte Branchen oder einzelne Unternehmen auswirken. Sie alle zu überschauen, zu gewichten und daraus eine Kursentwicklung vorher zu sagen ist schlichtweg unmöglich. Interessanterweise verdienen trotzdem eine Menge Leute genau damit ihr Geld.

Stellen Sie sich eine sehr große Universität vor. Mehrere tausend Professoren beschäftigen sich mit der Frage, wie sich Aktienkurse entwickeln. Jeder vertritt seine eigene Theorie. Manche Theorien lassen sich zu Gruppen zusammenfassen, weil sie gewisse Ähnlichkeiten aufweisen. Andere Theorien unterscheiden sich so stark, dass sie jeweils das Gegenteil voneinander behaupten. Die Theorien der Professoren sind meistens anhand von Daten und Fakten überprüfbar. Ihre Argumentation sind in der Regel logisch und schlüssig nachvollziehbar.

Vor der Universität stehen zusätzlich noch unzählige selbst ernannte Experten an ihren Ständen. Das sind die so genannten Aktiengurus. Sie verbreiten ihre Analysen und Empfehlungen über Börsenbriefe, Bücher und in Internet-Videos. Darin erklären sie ihre eigenen Theorien. Oft argumentieren Sie mit spannenden Geschichten und Anekdoten. Anders als die Professoren verwenden sie treffende und anschauliche Beispiele. Aus diesem Grund scharen sich viele Fans um ihre Stände.

Lassen Sie uns nun zusammen über das Gelände der Universität laufen. Wir schauen uns die verschiedenen Stände an. Natürlich können wir nur eine Auswahl besuchen. Daher wählen wir diejenigen Stände aus, an denen besonders viele Besucher stehen.

Schicke Anzüge allein helfen nicht

Behalten Sie immer im Hinterkopf: Seit Generationen beschäftigen sich Investoren damit, aus welchem Grund Aktienkurse steigen oder fallen. Unter dem Strich kennt die genauen Gründe niemand, denn sonst wäre er längst der reichste Mensch der Erde. Das geben die vermeintlichen Experten im Markt jedoch nicht gerne zu. Sie verstecken sich hinter Fachwörtern und komplizierten Analysen. Und achten auf eine seröse Fassade mit schicken Anzügen, Kostümen und beeindruckenden Büros. Und natürlich finden sie immer irgendeine kreative Erklärung, warum sich die Kurse gerade nicht so entwickeln, wie sie es noch vor ein paar Monaten vorhergesagt haben.

An der Börse tummeln sich viele Glücksritter, die alle versuchen, möglichst günstig einzusteigen und mit Gewinn zu verkaufen. Heute handeln nicht nur Menschen mit Aktien und anderen Finanzprodukten, sondern auch Computer. Deren Programme handeln nach bestimmten Regeln, die letztlich natürlich auch von Menschen vorgegeben sind. Das kann dazu führen, dass sich Aufwärtstrends verstärken, da Computer gemäß der ihnen vorgegebenen Regeln einfach immer weiter zukaufen. Umgekehrt kann es durch den Computerhandel auch schneller mit den Kursen nach unten gehen, als wenn nur Menschen handeln würden. Die Ausschläge vergrößern sich also in beide Richtungen.

Die häufigste Erklärung, was einen Aktienkurs bestimmt, ist die Theorie von Angebot und Nachfrage. Möchten viele Investoren eine Aktie kaufen und wenige Investoren die Aktie gleichzeitig verkaufen, steigt der Kurs so lange, bis Investoren die die Aktien besitzen, bereit sind zu verkaufen. Bei fallenden Aktienkursen möchten mehr Menschen die Aktie verkaufen als kaufen. Der Preis sinkt so lange, bis die Aktie so günstig ist, dass sich jemand findet, der sie kauft. Die Theorie von Angebot und Nachfrage hört sich erst mal einleuchtend an und steht so in vielen Lehrbüchern. Völlig offen bleibt jedoch, warum sich die Nachfrage oder das Angebot erhöhen. Von daher sind wir im Grunde auch mit dieser Theorie genauso schlau wie vorher. Schauen wir uns einige weitere Theorien und Schulen zum Thema Aktien an.

Eine weitere Annahme besagt, dass Unternehmen, die sich wirtschaftlich gut entwickeln, immer mehr Investoren anlocken. In der Folge steigt der Aktienkurs. Man nennt dies die fundamentalen Aktientheorie. Anhänger der fundamentalen Schule suchen Unternehmen, die geringe Schulden haben und deren Umsätze und Ergebnisse von Jahr zu Jahr wachsen. Außerdem sollen die Unternehmen einen hohen Cashflow aufweisen, also vereinfacht gesagt regelmäßig möglichst viel Geld auf ihrem Bankkonto einnehmen. Bei steigenden Gewinnen erhöhen die Unternehmen dann oft auch ihre Dividenden von Jahr zu Jahr. Zusätzlich hoffen die Anhänger der fundamentalen Theorie neben Dividenden auch auf steigende Kurse. Die fundamentale Sicht nutzen viele Anleger auch für ganze Märkte.

Andere Anleger schauen nicht so stark auf Unternehmensgewinne, sondern setzen sehr stark auf Unternehmen, deren Umsätze stark wachsen. Sie gehen davon aus, dass ein Unternehmen in den ersten Jahren einen Großteil seines relevanten Marktes erobern sollte. Deshalb darf das Unternehmen auch einige Jahre Verluste zu schreiben. Amazon ist hierfür ein gutes Beispiel. Das Unternehmen hat heute eine herausragende Marktstellung. Über viele Jahre schrieb Amazon jedoch Verluste und zahlt bis heute keine Dividende. Jeder Cent, den Amazon verdiente, nutzte das Unternehmen für die Finanzierung von Wachstum, also neue Logistikhallen, zusätzliche Server, mehr Werbung, um noch mehr Kunden zu gewinnen, und so weiter. Im Fall von Amazon ging diese Strategie auf. Der Aktienkurs entwickelte sich enorm nach oben, gerade in Zeiten der Corona-Pandemie.

Teure und günstige Aktien

Wiederum andere Investoren achten besonders darauf, wie hoch ein Unternehmen an der Börse bewertet wird. Meist setzen sie dazu die Gewinne eines Unternehmens in Relationen zum Aktienkurs. Diese Kennzahl lautet Kurs-Gewinn-Verhältnis. Beispielsweise sagt ein Kurs-Gewinn-Verhältnis von zehn, dass sich der Preis einer Aktie aus dem Jahresgewinn des Unternehmens pro Aktie multipliziert mit zehn ergibt. Dabei stellt sich natürlich die Frage, welchen Gewinn aus welchem Jahr man für die Berechnung ansetzt. Die genauen Werte liegen logischerweise nur für abgelaufene Zeiträume vor, andererseits möchten Investoren möglichst weit in die Zukunft blicken. Daher orientiert man sich bei der Berechnung des Kurs-Gewinn-Verhältnis meistens an einer Gewinnprognose für ein Geschäftsjahr, für das bereits erste Zahlen vorliegen, zum Beispiel das erste Halbjahr. Das zweite Halbjahr prognostizieren dann die Experten. Unter dem Strich bleibt es aber natürlich eine Gewinnprognose. Unvorhergesehene Ereignisse, wie beispielsweise die Corona-Pandemie, führen schnell dazu, dass solche Prognosen recht schnell überholt sind.

So gibt es immer wieder erstaunliche Situationen, wie hoch die Börse Aktien bewertet. Manche Unternehmen haben mehr Geld auf ihrem Bankkonto liegen, als das Unternehmen an der Börse wert ist. Der Wert eines Unternehmens setzt sich zusammen aus der Anzahl der ausgegebenen Aktien multipliziert mit dem aktuellen Aktienkurs. Eigentlich eine paradoxe Situation. Ein Unternehmen hat beispielsweise dreihundert Millionen Euro auf seinem Bankkonto liegen und keine Schulden. Gleichzeitig beträgt der Wert des Unternehmens an der Börse nur zweihundertfünfzig Millionen Euro. Somit würde es sich lohnen, das Unternehmen für zweihundertfünfzig Millionen aufzukaufen und den Geschäftsbetrieb sofort einzustellen. Man wickelt das Unternehmen ab und hat immer noch dreihundert Millionen auf dem Konto. Davon bezahlt man Abfindungen für Mitarbeiter und andere Auflösungskosten. Bei Einstellungskosten von zehn Millionen Euro bleibt immer noch netter Gewinn von vierzig Millionen Euro. Aber selbst eine solche Situation führt nicht automatisch dazu, dass Anleger mehr und mehr Aktien des Unternehmens kaufen, so dass der Kurs steigt.

Einen anderen Weg zur Auswahl von Aktien gehen die so genannten Charttechniker unter den Anlegern. Sie blicken nicht auf die Bilanzen eines Unternehmens, sondern ausschließlich auf die Kursentwicklung der Vergangenheit. Schauen Sie sich spaßeshalber einmal einige Internetseiten oder Videos unter dem Suchbegriff Charttechnik an. Ein bisschen sieht alles aus wie Malen nach Zahlen in der Kita. Beispielsweise ergibt sich angeblich ein Kaufsignal, wenn der Kurs einer Aktie die Linie eines gleitenden Durchschnitts im Zeitraum der letzten zweihundert Tage von unten nach oben durchbricht. Umgekehrt sollen Investoren Aktien verkaufen, wenn der Kurs eine Durchschnittslinie von oben schneidet. Darüber hinaus erfinden Charttechniker so genannte charttechnische Signale, gemeint sind damit Zeitpunkte für einen Ankauf oder für einen Verkauf. Beispielsweise Dreiecksformationen und Kursverläufe nach bestimmten Buchstaben. Letztlich ist die Idee hinter der Charttheorie, bestimmte Muster von Kursverläufen vorherzusagen. Daten dafür stehen natürlich nur aus der Vergangenheit zur Verfügung. Daher gleicht die Charttechnik mehr oder weniger einem Versuch, aus der Vergangenheit die Zukunft zu prognostizieren, was manchmal gelingt, oft aber auch nicht.

Der Einfluss von Nachrichten auf Aktienkurse

Kurse von Aktien schwanken regelmäßig auch, wenn es aktuelle Nachrichten zu einem Unternehmen gibt. Allerdings auch recht zufällig und schwer prognostiziert. Beispiele gefällig? Der Kurs einer Aktie steigt, weil die Umsätze im letzten Jahr über den Prognosen von Analysten lagen. Der Kurs einer Aktie sinkt, weil der Vorwurf im Raum steht, der Chef des Unternehmens habe Mitarbeiterinnen sexuell belästigt. Der Kurs von Unternehmen, die Waffen herstellen, steigt, weil ein größeres Land einen Krieg beginnt. Der Kurs einer Aktie sinkt, weil Vorwürfe im Raum stehen, dass das Unternehmen seine Bilanzen manipuliert hat. Ob die Zusammenhänge zwischen der Information und der Kursentwicklung wirklich so bestehen, oder ob ganz andere Ereignisse den Kurs nach oben oder nach unten getrieben haben, kann niemand genau sagen. Trotzdem erklären Börsenexperten regelmäßig mit ernster Miene die genauen Gründe für die Entwicklung einer Aktie.

Banken beschäftigen Mitarbeiter, die den ganzen Tag nichts anderes machen, als Aktien zu analysieren und Empfehlungen abzugeben, ob man eine Aktie kaufen oder verkaufen soll. Oder halten. Das sind so genannte „Analysten". Sie schauen sich alle möglichen Zahlen und Daten zu Unternehmen an, betrachten den Markt, sprechen mit der Unternehmensleitung und leiten daraus ihre Empfehlungen ab.

Interessanterweise sind Analysten meist unterschiedlicher Meinung, was man mit einer Aktie machen soll. Ein Teil der Analysten empfiehlt Verkaufen, der andere Teil Halten und wiederum ein paar Analysten setzen auf Kaufen. In einigen Fällen liegen Analysten auch extrem daneben. So empfahlen einige von ihnen jahrelang Aktien von Wirecard. Das Unternehmen ist heute insolvent, nachdem größere Bilanzmanipulationen und Betrugsfälle aufgedeckt wurden. Anleger haben oft ihr komplettes Geld verloren. Bis heute laufen Gerichtsverfahren gegen die ehemaligen Vorstände von Wirecard.

Die langfristige Perspektive

Eine interessante Theorie von Professor Robert Shiller geht davon aus, dass Aktien langfristig im Durchschnitt mit einem bestimmten Kurs-Gewinn-Verhältnis in Höhe von circa siebzehn bewertet werden. Shiller hat sehr lange Zeitreihen analysiert. Demnach sind Aktienmärkte in Summe überbewertet, wenn ihr Kurs-Gewinn-Verhältnis deutlich über dem langfristigen Durchschnitt liegt. Laut Shiller ist dann die Wahrscheinlichkeit hoch, dass die Kurse sinken. Umgekehrt steigen die Kurse von Aktien, wenn Sie geringer bewertet sind als der langfristige Durchschnitt des Kurs-Gewinn-Verhältnis. Als langfristiger Indikator macht diese Betrachtung durchaus Sinn. Allerdings gab es auch mehrjährige Zeiträume, in denen die Aktien über oder unter dem langfristigen Durchschnitt lagen. Und ob die These stimmt, dass Aktien immer zu einem langfristigen Durchschnitt streben, weiß auch niemand.

Hinzukommt, dass die Kurse und Bewertungen von Aktien immer auch von der Attraktivität anderer Anlagemöglichkeiten abhängen. Liegen beispielsweise die Leitzinsen sehr hoch, erzielen Investoren mit Anleihen hohe Renditen. Sie sind dann weniger auf Aktien angewiesen. Folglich sind hohe Leitzinsen für den Aktienmarkt im Normalfall nicht gut.

Wieder andere Experten glauben, dass Aktien eines Landes sich gut entwickeln, wenn ein Land wirtschaftlich wächst. In einigen Ländern leben sehr viele junge Menschen, die Wirtschaft ist noch sehr klein. Im Laufe der Jahre entstehen neue Firmen, die immer größer werden. Die Einkommen der Menschen und damit auch die Gewinne der Firmen steigen. Somit erhöht sich auch der Börsenwert der Firmen. Das sorgt für steigende Kurse. Aufgrund dieser Vorhersagen kauften viele Anleger Aktien aus Entwicklungsländern wie Brasilien, Indien, China und Südkorea, den so genannten „Emerging Markets".

Leider erwiesen sich auch diese Prognosen in vielen Fällen als nicht richtig. Die Aktienmärkte in einigen Emerging Marktes legten in den neunziger Jahren des letzten Jahrhunderts enorm zu. Es folgte ein Crash, von dem sich viele Märkte bis heute nicht wieder erholt haben. Durch Corona und den Krieg in Russland und der Ukraine arbeiten viele westliche Länder daran, unabhängiger vom Ausland zu werden. Somit ist auch die wirtschaftliche Entwicklung der Emerging Markets für die Folgejahre ungewiss.

Der Ansatz für wachsende Länder lässt sich auch auf wachsende Branchen übertragen. Auch damit beschäftigen sich bestimmte Gruppen von Börsenexperten. Sie gehen davon aus, dass Zukunftsbranchen an der Börse besonders gut laufen. Beispielsweise Aktien von Technologie-Unternehmen wie Google, Amazon, Apple oder Facebook. Zu bestimmten Zeiten, wie der Corona-Pandemie oder dem Konflikt zwischen Russland und der Ukraine, gehen die Experten davon aus, dass Aktien von Versorgungsunternehmen für Wasser und Nahrung besonders gut laufen. Oder eben auch Aktien von Waffenherstellern, die die Kriegsparteien beliefern, was fast schon makaber ist.

Halten wir also fest: Die Kurse von Aktien entwickeln sich überwiegend zufällig. Viele Profis versuchen die künftige Kursentwicklung vorher zu sagen. Dies gelingt jedoch in den meisten Fällen nicht. Zumindest nicht besser als eine zufällige Vorhersage. Manche Experten haben jedoch Glück und geben eine treffgenaue Prognose ab. Diese Profis werden oft berühmt und scharen dann eine Fangemeinde um sich. In Wahrheit haben sie einfach zufälligerweise eine Kursentwicklung richtig vorhergesagt. Und alle glauben nun daran, dass ihre Theorie richtig ist.

Das ist erstmal nachvollziehbar und es mag durchaus sein, dass manche Investoren über längere Zeiträume richtig liegen. Warren Buffett gilt bei vielen Investoren als Lichtgestalt, weil er über Jahrzehnte häufig richtig lag. Natürlich kann es auch daran liegen, dass in den letzten vierzig Jahren Aktien einen enormen Aufschwung erlebten. Und in diesem Aufschwung ist Warren Buffett mit seinen Aktien eben sehr gut mitgeschwommen.

Sie fragen sich, was die beste Strategie für Ihren Gewölbekeller ist, wenn die Situation am Aktienmarkt so wenig übersichtlich und vorhersehbar ist. Dazu kommen wir nun.

Setzen Sie auf die größten Unternehmen der Welt

Wir benötigen eine einfache Strategie, um Geld mit Aktien zu verdienen. Die Auswahl einzelner Aktien kostet sehr viel Zeit. Außerdem ist es quasi unmöglich, genau die richtigen Aktien zu finden. Selbstverständlich können Sie auch einzelne Aktien kaufen und verkaufen, dann jedoch am besten im Rahmen eines kleinen Spielgeld-Topfes. Dazu kommen wir später. Nun erst mal zur Strategie für den größeren Aktienanteil innerhalb Ihres Vermögens.

Wir möchten möglichst einfach und breit in Aktien investieren. Am besten gleich weltweit und über alle Branchen hinweg. Unsere Aktienanlage soll große und kleine Unternehmen beinhalten. Über viele Länder und Branchen hinweg. Außerdem sollen erfolgreiche Unternehmen automatisch gekauft und weniger erfolgreiche Unternehmen automatisch verkauft werden. Denn es genügt nicht, einfach zum Stand heute die größten Unternehmen der Welt zu kaufen und dann mehrere Jahre oder Jahrzehnte zu halten, es gilt die Auswahl der Unternehmen, in die wir investieren, regelmäßig an die aktuelle Marktsituation anzupassen.

Einfach investieren mit Exchange Traded Funds

Genau dies leisten so genannte Exchange Trades Funds, kurz ETFs. Diese Anlage-Produkte bilden die Wertentwicklung verschiedener Indices an der Börse ab. Ein Börsenindex gibt die Entwicklung bestimmter Aktien wieder. Beispielsweise misst der Deutsche Aktienindex DAX die Wertentwicklung der vierzig Unternehmen mit dem größten Börsenwert im deutschen Aktienmarkt. Ein ETF auf dem DAX steigt und fällt also parallel zur Entwicklung des Deutschen Aktienindex.

Inzwischen sind unzählige ETFs am Markt erhältlich, nicht nur auf Aktienindices, sondern auch auf Anleihen, Rohstoffe oder Edelmetalle wie Gold oder Silber. ETFs sind auch für bestimmte Anlagestrategien erhältlich, zum Beispiel auf Aktien, die eine besonders hohe Dividendenrendite aufweisen.

ETFs bieten mehrere Vorteile. Sie sind günstiger als Aktienfonds, bei denen ein oft gut bezahltes Expertenteam Aktien auswählt, kauft und verkauft. Die Gehälter dieser Experten und andere Kosten bezahlen Sie bei Fonds von Ihrem Olivenöl in Form von Gebühren. ETFs auf große bekannte Indices können Sie an den Börsen jederzeit kurzfristig kaufen oder verkaufen. Sie sind also sehr flexibel.

Bei ETFs wählen keine vermeintlichen Experten die enthaltenen Aktien aus, die ETFs orientieren sich schlicht und einfach am jeweiligen Index auf den sie sich beziehen. Die Indices werden nach bestimmten Kriterien immer wieder angepasst. Verliert ein Unternehmen stark an Börsenwert, fliegt die Aktie irgendwann aus dem Index raus, umgekehrt werden neue Unternehmen mit steigendem Wert aufgenommen. Ein ETF übernimmt bezüglich der Auswahl der enthaltenen Aktien genau die Kriterien des Index, denn er bildet ihn quasi eins zu eins ab.

Nun fragen Sie sich vielleicht, ob es nicht sinnvoll ist, auf ein Expertenteam zu setzen, das Aktien auswählt und versucht die richtigen Zeitpunkte für Ankäufe und Verkäufe zu finden. Die Antwort lautet in den allermeisten Fällen, dass ETFs, die nach sehr einfachen Regeln funktionieren, die bessere Performance bringen. Auch wenn sie es nach Außen anders darstellen, gelingt es Fondsmanagern in der Regel nicht, die Performance, also die Wertentwicklung eines Index, zu übertreffen. Da ein Fonds gleichzeitig teurer ist als ein ETF, müsste der Fonds schon alleine wegen seiner höheren Gebühren besser laufen als ein ETF, damit wir als Anleger die zusätzlichen Gebühren wieder herausholen. Dies ist jedoch meistens nicht der Fall. Es gibt nur sehr wenige Ausnahmen, zum Beispiel bei Aktienanlagen in exotischen Ländern mit kleinen Aktienmärkten. Dort lohnt es sich manchmal, einen Fonds mit aktivem Management zu kaufen, da die Wertentwicklung von wenigen einzelnen Aktien abhängt. In den meisten Fällen und Märkten sind ETFs eindeutig die bessere Wahl im Vergleich zu Fonds.

Die meisten Indices gewichten enthaltene Aktien nach der so genannten Marktkapitalisierung der Unternehmen. Je mehr ein Unternehmen an der Börse wert ist, desto größer ist sein Anteil im jeweiligen Index. Man kann lange darüber diskutieren, ob dies das richtige Kriterium ist. Es ist jedoch relativ simpel

und einfach umzusetzen. Unternehmen, die nicht mehr erfolgreich sind, verlieren an Marktwert. Ihr Gewicht sinkt. Aufstre-
bende Unternehmen, die eine gewisse Umsatzgröße überschreiten, vergrößern ihr Gewicht oder werden neu in einen Index
aufgenommen.

Über diesen Mechanismus lösen wir gleich ein weiteres
Thema. Wir möchten in diejenigen Unternehmen investieren,
die am Markt nachgefragt sind. Stellen Sie sich vor, Sie hätten
vor dreißig Jahren die Aktie des Filmherstellers Kodak erwor-
ben. Heute existiert die Firma nicht mehr. In den Jahren davor
sank der Börsenwert von Kodak immer weiter. Nach und nach
fiel das Unternehmen aus den relevanten Indices heraus. Genau
das was wir möchten. Dafür gibt es andere erfolgreiche Firmen
am Markt, die es vor dreißig Jahren noch gar nicht gab, wie zum
Beispiel Tesla. Dieses Unternehmen wurde als es einen bestimmen Börsenwert überschritt in Aktienindices aufgenommen.
ETFs passen sich somit immer an den jeweiligen Index an. Mit
ETFs verfügen private Anleger über ein günstiges und flexibles
Instrument, um in Aktienmärkte oder in andere Märkte zu investieren.

Was lacostet die Welt? Geld spielt keine Rolex!

Im nächsten Schritt stellt sich die Frage, auf welchen Index sich
unser ETF beziehen soll. Inzwischen existieren von vielen In-
dexanbietern unterschiedliche Indices. Und damit auch unzählige ETFs. Wenn wir breit in den Aktienmarkt investieren wollen, empfiehlt sich ein ETF auf einen weltweiten Index. Der
gängigste ist der sogenannte MSCI Word, ein Index des US-Fi-
nanzdienstleisters MSCI. Dieser Index umfasst etwa eintausend
sechshundert Aktien aus über zwanzig Industrieländern. Besonders hoch gewichtet sind Länder wie USA, Japan und Großbri-
tannien, da Unternehmen aus diesen Ländern im weltweiten
Vergleich am wertvollsten sind. Der noch etwas breitere Index

MSCI All Countries World Index (ACWI) beinhaltet darüber hinaus auch noch Länder wie China, Südkorea oder Mexiko. Er umfasst rund dreitausend Aktien.

Auf diese Indices existieren zahlreiche ETFs, die Sie über deutsche Banken erwerben können. Dabei gibt es unterschiedliche Arten von ETFs. Einige investieren direkt in die enthaltenen Aktien des jeweiligen Index. Das sind so genannte physisch replizierende ETFs. Andere ETFs bilden den Index mit Hilfe von Finanzinstrumenten nach, diese ETFs nennt man in der Fachsprache synthetisch replizierende ETFs. Physisch replizierende ETFs sind etwas sicherer, denn wenn die Firma, die den ETF herausgibt, in Schwierigkeiten gerät, gehören Ihnen immer noch die enthaltenen Aktien. Physische ETFs kosten minimal höhere Gebühren als die synthetisch replizierenden ETFs. Sie sind aber immer noch günstiger als Investmentfonds mit aktivem Management. Daher empfiehlt es sich, soweit wie möglich auf physisch replizierende ETFs zu setzen.

Darüber hinaus unterscheiden sich die ETFs danach, ob ausgeschüttete Dividenden direkt wieder angelegt werden (thesaurierender ETF) oder ob Dividenden an die Anleger ausgeschüttet werden (ausschüttender ETF). Für eine langfristige Anlage empfiehlt sich ein thesaurierender ETF. Dann brauchen Sie sich nicht darum zu kümmern, Dividenden neu anzulegen.

Die ETFs notieren in unterschiedlichen Währungen, meist in Dollar oder in Euro. Wenn Sie Ihr Geld für viele Jahre anlegen, spielt die Währung keine so große Rolle. Sie können in ETFs in Dollar investieren. Genauso ist auch eine Anlage in ETFs in Euro möglich.

Schauen wir uns einmal an, welches die größten Unternehmen sind, die im MSCI All Countries World Index enthalten sind. In absteigender Größe handelt es sich um Aktien der Unternehmen Apple mit etwa vier Prozent, Microsoft mit rund drei Prozent und Amazon mit zwei Prozent. Danach folgen

Alphabet, das ist die Firma hinter Google, Tesla und Nvidia (Stand Juni 2022). Sie sehen, ein Großteil der Unternehmen stammt aus den USA und kommt aus der Branche der Technologieunternehmen. Dieses sind im Augenblick die wertvollsten Unternehmen der Welt. In ein paar Jahren kann es schon wieder ganz anders aussehen. Vielleicht sind es dann Unternehmen aus den Bereichen Pharma oder regenerative Energieerzeugung.

Oft sehen Experten die hohe Bedeutung von US Unternehmen in den MSCI World Indices kritisch. Sie gewichten daher mit zusätzlichen Anlagen andere Regionen höher, zum Beispiel die Euroregion mit einem ETF auf einen europäischen Aktienindex. Die Einschätzung, dass das hohe US-Gewicht ein Problem sei, teile ich aus folgenden Gründen nicht:

- Der MSCI World Index besteht aus den wertvollsten Unternehmen der Welt, egal aus welchem Land diese kommen. Aktuell handelt es sich dabei um viele Unternehmen aus den USA, in ein paar Jahren ist die Situation vielleicht schon wieder ganz anders. US-Unternehmen sind aktuell sehr erfolgreich darin, Kunden auf der ganzen Welt zu gewinnen. Weil ihre Leistungen die Verbraucher in sehr vielen Ländern überzeugen. Solange das der Fall ist, erzielen die Unternehmen hohe Umsätze und Gewinne und sind damit als Anlageobjekte interessant.

- Anders als in Deutschland basiert das Rentenmodell für Amerikaner auch auf Anlagen in Aktien. Das Vermögen und die Altersvorsorge von US-Bürgern hängen maßgeblich von der Entwicklung der Aktienmärkte ab. Aus diesem Grund wird die Politik in den USA weiterhin dafür sorgen, dass Unternehmen in den USA gute Bedingungen vorfinden, um ihre Geschäfte erfolgreich zu betreiben. Dies hilft wiederum der Kursentwicklung von US Unternehmen an den Börsen.

Gleichwohl steht es Ihnen natürlich frei, mit Hilfe weiterer

ETFs andere Länder oder Regionen höher zu gewichten als dies im MSCI World Index der Fall ist. Genauso können Sie auch das Thema Klima- und Umweltschutz in Ihren Anlagen stärker gewichten, indem Sie in ETFs auf Indizes investieren, die ausschließlich Unternehmen aufnehmen, die nachhaltig handeln. Gleichwohl hat sich in Sachen Umweltschutz in den letzten Jahren schon sehr viel weltweit bei allen Großunternehmen getan. Dieser Trend setzt sich sehr wahrscheinlich fort.

Mit ETFs investieren Sie einfach und kostengünstig weltweit in Aktien. Sie fragen sich vielleicht, warum Sie nicht einfach nur in den Deutschen Aktienindex DAX investieren sollten? Schließlich wird dieser häufig bei uns in den Nachrichten genannt. Der DAX beinhaltet jedoch ausschließlich Unternehmen, die in Deutschland sitzen. Selbstverständlich betreiben diese Unternehmen auch im Ausland ihre Geschäfte und erzielen dort zum Teil sogar höhere Umsätze als in Deutschland. Allerdings sind deutsche Unternehmen im internationalen Vergleich eher Leichtgewichte. Daher empfiehlt es sich, Ihr Geld möglichst breit über mehrere Länder zu streuen. Auch wenn Sie vielleicht der Versuchung unterliegen, möglichst in bekannte Unternehmen zu investieren. Deutsche Unternehmen sind natürlich in Deutschland bekannter, als so manches Unternehmen aus den USA oder aus Taiwan. Wenn Sie nur in Deutschland investieren würden, hängen Sie stark von der Entwicklung der deutschen Wirtschaft ab. Es ist durchaus möglich, dass ein einzelnes Land besser oder schlechter als der gesamte weltweite Aktienmarkt abschneidet. Doch nur selten erzielten deutsche Unternehmen in den letzten Jahrzehnten herausragende weltweite Erfolge.

Wenn Sie sich entscheiden, in Aktien zu investieren, was aufgrund der Renditechancen sinnvoll ist, stecken Sie einen Großteil Ihres Olivenöls in einen weltweit anlegenden ETF. Damit setzen Sie bei Ihren Aktieninvestments quasi auf einen

Autopiloten. Günstig, einfach und ohne dass Sie sich groß drum kümmern brauchen.

So wählen Sie passende Aktienanlagen aus

Wir schauen uns nun an, wie Sie einen ETF konkret auswählen und kaufen. Wählen Sie einen ETF von einer großen Anlagefirma. Je größer die Firma umso größer Ihre Sicherheit, falls das Finanzsystem mal ins Wanken gerät. Politiker werden in so einer Situation eher großen als kleinen Firmen helfen.

Anlageprodukte, die Sie an der Börse kaufen können, verfügen in den meisten Fällen über eine besondere Kennnummer, um Verwechslungen zu vermeiden. In Deutschland war viele Jahre eine sogenannte Wertpapierkenn-Nummer gebräuchlich, verbreiteter ist jedoch inzwischen die International Securities Identification Number, kurz ISIN. In der folgenden Tabelle finden Sie eine Übersicht zu ETFs auf weltweite Aktienindices.

zugrunde-liegender Index	Wäh-rung	ISIN	Abbil-dungs-art	Anbieter
MSCI All Countries World	Dol-lar	IE00B44Z5B48	phy-sisch	SPDR
	Euro	LU1829220216	synthe-tisch	Lyxor
MSCI World	Dol-lar	IE00B4L5Y983	phy-sisch	iShares
	Euro	LU1681043599	synthe-tisch	Amundi

Tabelle: Beispiele für ETFs, die Dividenden wieder anlegen

Um sich mit ETFs ein wenig vertraut zu machen, rufen Sie die Seite einer Onlinebank auf, zum Beispiel comdirect.de oder consors.de. In das dortige Suchfenster geben Sie die ISIN ein. Schon finden Sie weitere Informationen zu den ETFs, den Anbietern und Sie können sich Grafiken mit der Wertentwicklung der ETFs für unterschiedliche Zeiträume ansehen.

Wenn Sie einen ETF tatsächlich kaufen möchten, können Sie dies an mehreren Handelsplätzen oder Börsen tun. Die gängige Empfehlung lautet, ETFs oder Aktien zu kaufen, wenn die Börsen sowohl in Deutschland als auch in den USA geöffnet sind. Das ist werktags zwischen 15.30 Uhr und 17:30 Uhr der Fall. Wählen Sie bei Ihrer Onlinebank einen Handelsplatz mit möglichst hohen Umsätzen aus, um einen guten Kurs zu bekommen. Dies ist in Deutschland oft beim Handelsplatz mit dem Namen Xedra gegeben. Aber auch außerhalb der genannten Zeiten oder an anderen Handelsplätzen können Sie kaufen oder verkaufen. Die Kurse sind dann vielleicht um ein paar Cent schlechter für Sie.

Wenn Sie eine einzelne Aktie kaufen möchten, gehen Sie genauso vor, wie eben für ETFs beschrieben. So lautet beispielsweise die ISIN des Unternehmens Apple US0378331005. Achten Sie bei allen Käufen penibel darauf, dass Sie die richtige ISIN verwenden, sonst kaufen Sie plötzlich nicht die Apple-Aktie, sondern ein anderes Finanzprodukt, das sich zwar irgendwie auf die Aktie bezieht, aber eben nicht die Aktie ist.

Nachdem wir uns bisher mit Aktien und ETFs beschäftigt haben, blicken wir jetzt auf Anlagen in Festgeldern.

Festgelder: Feste Verzinsung und feste Laufzeit

Relativ einfach und sicher investieren Sie Ihr Geld in Festgeld oder Tagesgeldanlagen. Verschiedene Banken bieten Ihnen eine Verzinsung, wenn Sie Ihr Geld über einen festen Zeitraum anlegen. In Internetportalen wie finanztipp.de finden Sie Vergleichsrechner, mit denen Sie die Verzinsung und Bonität der Angebote vergleichen können. Über die gesetzliche

Einlagensicherung sind bei Ausfällen der Banken meist bis zu hunderttausend Euro abgesichert. Dies gilt oft auch für Banken im europäischen Ausland. Achten Sie hier jedoch sehr genau auf die Bedingungen. Im Zweifel verzichten Sie auf ein paar zehntel Prozentpunkte bei der Verzinsung zu Gunsten einer besseren Bonität der Bank.

Anleihen: Verdienen Sie mit Geldverleih

Anleihen sind neben Aktien und Festgeldern eine weitere wichtige Anlageklasse. In den letzten Jahren waren Anleihen nicht besonders attraktiv, da sie nur geringe Renditen einbrachten. Dies war in der Zeit bis etwa 2013 anders. Mit Anleihen konnten Sie damals relativ sichere Verzinsungen zwischen drei und sieben Prozent erzielen. Sowohl Unternehmen als auch Staaten geben Anleihen heraus. Die Ausgabe von Anleihen erfolgt wie bei ETFs in unterschiedlichen Währungen, so dass sich auch positive oder negative Währungseffekte ergeben können, sofern Sie nicht einfach in Euro-Anleihen investieren.

Eine Anleihe weist meistens eine bestimmte Laufzeit und eine bestimmte jährliche Verzinsung auf, zum Beispiel vier Prozent pro Jahr. Zum Ende der Laufzeit wird Ihnen Ihre Anleihe zum Kurs von einhundert Prozent zurückgezahlt. Während der Laufzeit schwankt der Kurs einer Anleihe. In den meisten Fällen bewegt er sich zwischen neunzig und hundertzehn Prozent. Die Kursschwankungen hängen stark von den Leitzinsen ab. Allerdings wirken auch andere Faktoren auf die Kursentwicklung von Anleihen ein.

Anleger achten bei Anleihen logischerweise stark auf die Bonität, also die finanzielle Stabilität des Herausgebers der Anleihe. Verschiedene größere Firmen wie Standard & Poor's (S&P) oder Moody's bewerten regelmäßig Unternehmen und Staaten nach ihrer Zahlungsfähigkeit und vergeben entsprechende Bewertungen. Beispielsweise bedeutet ein dreifach A eine sehr gute Bewertung und damit eine hohe Wahrscheinlichkeit, dass das Unternehmen beziehungsweise das Land eine Anleihe zurückzahlen kann.

Manche Investoren setzen stark auf risikoreiche Anleihen. Solange alles gut geht, erzielen Sie damit hohe Verzinsungen. Manchmal ist es jedoch ein Spiel mit dem Feuer, wie beispielsweise mit Anleihen aus Griechenland.

In der Zeit kurz vor der Finanzkrise habe ich selbst mit Anleihen der Hypo Real Estate Gewinne erzielt. Mit mehr Glück als Verstand verkaufte ich die Anleihen kurz bevor die Finanzkrise ausbrach und die Bank nur durch staatliche Unterstützung gerettet werden konnte. Die Anleihen lösten sich in Luft auf.

Manche Anleihen werden nur an Anleger mit sehr viel Geld verkauft. Wenn Sie sich eine Anleihe aussuchen, achten Sie deshalb auf den Mindestanlagebetrag. Für Anleihen existieren auch verschiedene nationale und internationale Indices, die bestimmte Anleihen zusammenfassen. In diese können Sie auch über ETFs investieren. Selbstverständlich gibt es auch aktiv geführte Investmentfonds mit Anleihen. Bei sehr risikoreichen Anleihen aus Schwellenländern lohnt es sich mitunter, in einen solchen Fonds zu investieren, da es für diese Länder meist keine Anleihen-Indices gibt.

Weitere Möglichkeiten für Ihr Olivenöl

Neben Aktien, ETFs, Festgeldern und Anleihen existieren weitere Anlagemöglichkeiten. Diese sind für unsere Zwecke nicht so relevant, trotzdem ist es gut, sie zu kennen. Beginnen wir mit so genannten Zertifikaten. Sie können an der Börse nicht nur die Aktien selbst kaufen, sondern auch in Zertifikate, die sich nach bestimmten Regeln abhängig von der Entwicklung einer Aktie oder eines anderen Basiswerts entwickeln.

Im Bereich der Zertifikate gibt es unzählige Spielvarianten. Betrachten wir als Beispiel ein so genanntes Discount-Zertifikat.

Dieses weist eine bestimmte Laufzeit auf. Verglichen mit einer Direktanlage in eine Aktie ist Ihr Verlustrisiko bei einem Discount-Zertifikat geringer, gleichzeitig ist Ihre Gewinnchance nach oben begrenzt. Beachten Sie jedoch immer, dass diese Investitionen verschiedene zusätzliche Risiken bergen. Erstens hängen Sie auf Gedeih und Verderb an der jeweiligen Laufzeit des Zertifikats fest. Kommt es beispielsweise drei Wochen vor Ende der Laufzeit des Zertifikats zu einem Crash am Aktienmarkt, fahren Sie mit dem Zertifikat sichere Verluste ein und haben nicht mehr die Chance, das Zertifikat wie eine Aktie einfach länger zu halten und die Verluste auszusitzen. Sie realisieren dann - ob Sie es wollen oder nicht - in jedem Fall Ihren Verlust.

Zweitens investieren Sie bei Zertifikaten nicht direkt in ein Unternehmen als Inhaber wie bei einer Aktie, sondern Sie verleihen Ihr Geld an den herausgebenden Anbieter. Geht diese Firma pleite, verlieren Sie Ihre gesamte Investition, unabhängig davon, ob sich der Basiswerts des Zertifikats gut entwickelt. Von daher beschäftigen Sie sich vorher intensiv mit Zertifikaten, bevor Sie sie kaufen.

Neben Zertifikaten gibt es auch Anlageprodukte, um auf fallende Kurse zu setzen. Die Aktienmärkte entwickeln sich meist in Wellenbewegungen. Phasen des Aufschwungs und des Abschwungs wechseln sich ab. Mal gehen die Kurse hoch, dann wieder runter. Viele Anleger investieren nur bei steigenden Kursen. Genauso können Sie jedoch auch auf fallende Kurse setzen. Kaufen Sie dazu beispielsweise einen Short-ETF, der sich mit umgekehrten Vorzeichen wie die Aktienmärkte entwickelt. Fällt der Markt um zwei Prozent, so steigt der Short-ETF um zwei Prozent. Auch diese Anlageprodukte gibt es auf viele verschiedene Indices.

Die erfindungsreiche Finanzwelt bietet nicht nur Produkte auf steigende oder auf fallende Kurse. Ähnlich wie in einem

Casino gibt es unzählige Möglichkeiten und Produkte. Mit manchen erzielen Sie beispielsweise Gewinne, wenn sich die Kurse über einen bestimmten Zeitraum innerhalb eines gewissen Korridors bewegen, das sind sogenannte Seitwärtsmärkte. Menschen, die nebenbei noch arbeiten, um ihren Lebensunterhalt zu verdienen, fehlt meist jedoch die Zeit, sich intensiv mit solchen Spezialprodukten zu beschäftigen. Daher genügt es völlig, wenn Sie über weltweit anlegende ETFs simpel und kostengünstig in den gesamten Aktienmarkt investieren.

Wenn Sie jedoch Zeit und Lust haben, arbeiten Sie sich intensiv in verschiedene Finanzprodukte ein. Vor ein paar Jahren begegnete mir auf einem Seminar zu Zertifikaten eine auf den ersten Blick unscheinbare Seniorin. Sie war extra von weit her angereist, weil das Seminar von einem erfahrenen Produktentwickler einer Bank geleitet wurde. Er berichtete aus erster Hand über die Möglichkeiten von Zertifikaten. Es zeigte sich schnell, dass die ältere Dame das Seminar auch an seiner Stelle hätte halten könnte. Sie trieb den Experten mit Fragen soweit in die Enge, dass er irgendwann nicht mehr weiterwusste. Ob Sie nun Investitionen in Aktien, Zertifikate und andere Anlageprodukte zu Ihrem Hobby machen, bleibt Ihnen überlassen. Unser Ziel ist es einfach und gut gelaunt zu Wohlstand zu gelangen. Dafür genügt es völlig, wenn Sie einfach auf ETFs setzen und Ihr Geld für sich arbeiten lassen.

Wir blicken jetzt auf Anlagen in Immobilien. Mit selbst genutzten Wohnungen oder Häusern befassten wir uns bereits in Teil drei, Abschnitt A dieses Buchs. Hier schauen wir jetzt auf Immobilien als Geldanlage.

Immobilien als einzelne Investitionen sind in der Regel zu teuer für Ihre persönliche Geldanlage, außer Sie besitzen ein sehr großes Vermögen. Sie würden sonst einen sehr großen Anteil Ihres Geldes in eine einzelne Wohnung oder ein einzelnes Haus stecken. Sinnvoller ist es jedoch, Ihr Vermögen über mehrere Anlageklassen gut zu verteilen, damit auch Ihre Risiken verteilt sind.

Mit geringeren Anlagebeträgen können Sie in Immobilien einerseits über offene Fonds investieren. Mehrere Kapitalanlagegesellschaften bieten Fonds für Büro- oder Wohn-Gebäude an. Meistens investieren die Fonds nicht direkt in die Immobilie, sondern in ein Unternehmen, dass die Immobilien kauft und betreibt. Über viele Jahrzehnte lieferten solche Fonds solide Renditen, bei überschaubaren Schwankungen. Vor einigen Jahren kamen jedoch viele der Fonds im Zuge der Finanzkrise in große Probleme. Anleger wollten kurzfristig ihr Geld zurückhaben. Dies geht jedoch nur, wenn der Fonds Immobilien verkauft, was eben kurzfristig nicht oder nur mit großen Preisabschlägen möglich ist. Inzwischen gibt es in vielen Fällen bestimmte Vorgaben, so dass Sie Ihre Anteile an offenen Immobilienfonds nur mit einem gewissen Vorlauf oder mit Mindesthaltefristen verkaufen können. Damit sind offene Immobilienfonds nicht so flexibel wie andere Anlageprodukte, wenn sich irgendwelche Krisen im Markt abzeichnen und Sie schnell verkaufen möchten.

Hinzukommt, dass auch die Immobilienmärkte Risiken bergen. Während der Corona-Pandemie haben sich beispielsweise die Anforderungen an Büro-Immobilien deutlich verändert. Aktuell fragen Firmen Büroflächen überwiegend in sehr schönen Lagen nach, um ihre Mitarbeiter ins Büro zu locken. Büroflächen in Gewerbegebieten oder etwas außerhalb, die jahrelang gut vermietet werden konnten, werden immer weniger nachgefragt. Diese Veränderungen wirken sich auf Mieten und Verkaufspreise von Immobilien aus. In einigen Ländern sind die Immobilienmärkte außerdem sehr heiß gelaufen. Daher ist es gut möglich, dass die Preise irgendwann sinken werden.

Darüber hinaus existieren auch geschlossene Immobilienfonds. Diese können Sie nicht so einfach kaufen und verkaufen, sondern Sie sind langfristig im Fonds gebunden. Diese Fonds verlangen hohe Mindestanlagesummen und eignen sich daher nur für Anleger mit größeren Vermögen.

Neben Immobilienfonds gibt es seit einigen Jahren auch sogenannte REITs, diese Abkürzung steht für Real Estate Investment Trust. Es handelt sich dabei um Aktiengesellschaften, die im Immobilienbereich investieren und meist hohe Dividenden ausschütten. In den USA sind REITs schon viele Jahrzehnte auf dem Markt. Wenn Sie sich entscheiden, in Immobilien zu investieren, prüfen Sie immer genau, um welche Immobilien es sich handelt. Und wie sich die Marktsituation im jeweiligen Land darstellt.

Sie sehen, es gibt nahezu unendlich viele Möglichkeiten, Ihr Olivenöl anzulegen. Auch Edelmetalle wie Gold oder Silber, Rohstoffe wie Erdöl oder Weizen oder Kryptowährungen wie der Bitcoin stellen mögliche Anlagen für Ihr Geld dar. All diese Investitionen genauer zu beschreiben mit den jeweiligen Vor- und Nachteilen würde die Möglichkeiten dieses Buchs sprengen. Letztlich handelt es sich dabei immer um Wetten, ob eine hohe Nachfrage nach einer bestimmten Anlageform besteht. Denn die Nachfrage beeinflusst maßgeblich den Preis. Bedenken Sie jedoch, dass nur Aktien in produktive Unternehmen investieren, die - wenn es gut läuft - Gewinne und damit Dividenden erwirtschaften. Alle anderen Anlagen setzen entweder voraus, dass Ihnen jemand Zinsen zahlt (zum Beispiel Anleihen) oder dass der Preis eines Gutes aufgrund von hoher Nachfrage steigt.

Die beiden Töpfe: So verteilen Sie Ihr Olivenöl

Wir schauen uns nun an, wie Sie Ihr Vermögen sinnvoll verteilen. Wir betrachten hier ausschließlich Geld, dass Sie nicht kurzfristig benötigen. Also Olivenöl, dass Sie für sich arbeiten lassen können. Bedenken Sie, dass Sie immer noch Ihre eiserne

Notreserve Olivenöl zur Verfügung haben, wenn es mal eng wird, siehe Abschnitt A in Teil drei dieses Buchs.

Auf welche Anlagen Sie Ihr Vermögen aufteilen, hängt im Wesentlichen davon ab, wie hoch Ihre Bereitschaft ist, Risiken einzugehen. Es gibt hier keine pauschale Lösung. Denn jeder Mensch tickt anders. Wir zeigen Ihnen eine mögliche Aufteilung an einem Beispiel. Ebenso schauen wir uns an, wie Sie in etwa das maximale Risiko für dieses Beispiel abschätzen können. Anhand dieses Beispiels können Sie sich dann eigene Lösungen zusammenstellen und die Risiken prüfen. Sie können mehr oder auch weniger Risiko eingehen. Schauen Sie sich an, wie sich Kurse in der Vergangenheit entwickelt haben. Berechnen Sie mit einer Tabellenkalkulation, welche Risiken für Sie entstehen könnten. Am besten nicht nur in Prozent, sondern tatsächlich in Euro. Absolute Beträge sind für uns wesentlich greifbarer. Es ist ein großer Unterschied, ob ich Ihnen sage, Sie haben zehn Prozent Ihres Vermögens verloren oder alternativ sechstausend Euro. Der absolute Betrag von sechstausend Euro gibt Ihnen sofort eine Vorstellung, wieviel die Summe wert ist. Zwei Urlaube, die Miete für sechs Monate, das neue HighTech eBike oder die neue Wohnzimmer-Einrichtung.

Blicken wir nun auf die Aufteilung Ihres frei verfügbaren Vermögens. Wir teilen es in zwei Töpfe auf. Einen langfristigen Topf und einen kurzfristigen Topf, siehe Abbildung. Wenn Sie es sich so einfach wie möglich machen wollen, legen Sie Ihr Olivenöl nur in einem langfristen Topf an. Den kurzfristigen Topf können Sie nämlich auch weglassen, wenn Ihnen die Zeit oder Lust dafür fehlt. Dann packen Sie Ihr gesamtes Vermögen ausschließlich in einen Topf mit langfristigen Anlagen.

Im Folgenden gehen wir davon aus, dass Sie beide Töpfe für Ihre Vermögensanlage nutzen. Wir schauen zuerst auf den langfristigen Topf. Dieser dient dazu, über viele Jahre Ihr Vermögen zu vergrößern. Selbst einschneidende Ereignisse wie zum

Beispiel eine Pandemie oder ein Krieg in einem Nachbarland beeinflussen Ihre langfristige Vermögensanlage nicht, auch wenn solche Ereignisse gerne mal zwei bis drei Jahre dauern. Ihr Zeithorizont für den langfristigen Topf liegt bei mehreren Jahrzehnten. Kurzfristige Schwankungen sitzen Sie einfach aus. Da sich die Kurse kurzfristig zufällig entwickeln, sparen Sie sich auch die Arbeit, die richtigen Zeitpunkte für den Ein- oder Ausstieg zu finden. Die Gewinne und Verluste für Ihren langfristigen Topf stehen viele Jahre erst mal nur auf dem Papier. Nämlich dann, wenn Sie sich den Wert Ihres Depots anschauen. Da Sie die Anlagen aus dem langfristigen Topf erst in vielen Jahren verkaufen, realisieren Sie die Gewinne oder eventuelle Verluste auch erst dann.

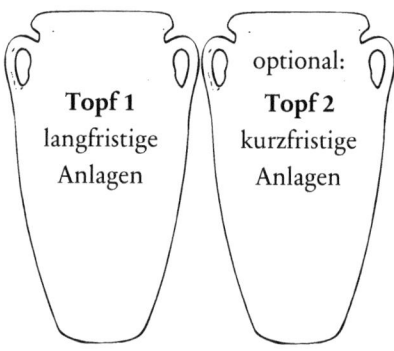

Abbildung: Ihre Vermögensaufteilung in Topf eins und Topf zwei

Wann ist der richtige Zeitpunkt, Geld aus dem langfristigen Topf zu entnehmen? Wenn Sie als Angestellter arbeiten, beginnt irgendwann im Alter zwischen sechzig und siebzig Jahren Ihre Rentenzeit. Die gesetzliche Rente fällt von Jahr zu Jahr geringer aus. Daher können Sie dann Ihr aufgebautes Vermögen nutzen, um ein schönes Leben zu führen. Ob Sie das Geld dann selbst nutzen, Ihren Kindern vererben oder einen Teil an eine gemeinnützige Organisation spenden, ist Ihre Entscheidung.

Sie können Olivenöl aus dem Topf auch schon früher nutzen. Mein ehemaliger Chef verkaufte kurz nach seinem fünfzigsten Geburtstag alles was er hatte, besorgte sich ein Segelboot und reist seitdem als Aussteiger an die schönsten Flecken unserer Erde. Vielleicht möchten Sie sich auch selbst verwirklichen und ein Atelier auf einer kanarischen Insel eröffnen. Denkbar ist auch, dass Sie für einen Schicksalsschlag Ihr Geld benötigen, zum Beispiel weil Sie oder ein Familienangehöriger Pflege oder eine Wohnung, die sich für Behinderte eignet, benötigen. Ihr langfristiger Topf ist jedoch nicht gedacht für kurzfristige Konsumausgaben wie Urlaube oder ein neues Auto.

Ziel für den langfristigen Topf ist es, dass Sie über mehrere Jahre investieren und Ihr Vermögen wachsen lassen. Für diesen Topf brauchen Sie nicht viel zu tun, Sie brauchen nur zu entscheiden, welche Beträge Sie in welche Anlagen investieren. Stellen Sie sich vor, Sie pflanzen mehrere Bäume. Von Jahr zu Jahr werden Ihre Bäume immer größer. In manchen Jahren vielleicht etwas weniger. Manchmal befällt eine Krankheit einzelne Bäume, so dass diese eine gewisse Zeit nicht wachsen. Im Laufe der Jahre werden sie jedoch immer kräftiger und ihr Stammdurchmesser nimmt weiter zu.

Sie möchten natürlich, dass alle Ihre Bäume im langfristigen Topf wachsen und gedeihen. Und natürlich schauen Sie sich regelmäßig den Wert Ihres Topfes an, also Ihren Depotwert. Wir möchten gut gelaunt unseren Wohlstand erreichen. Daher legen Sie für sich selbst fest, welche Risiken Sie maximal innerhalb des Topfes eingehen möchten. Angenommen, der Wert Ihres langfristigen Topfs halbiert sich auf dem Papier. Halten Sie das über längere Zeit aus? Schlafen Sie trotzdem gut? Wenn nicht, ist es wichtig, die Risiken in Ihrem langfristigen Topf zu reduzieren. Gleichzeitig reduzieren Sie natürlich auch Ihre Chance auf Gewinne. Denn je höher die Risiken, desto höher sind auch Ihre Gewinnmöglichkeiten.

So funktioniert Ihr langfristiger Topf

Wir schauen uns nun an, wie Sie bei Topf eins praktisch vorgehen. Angenommen Ihr gesamtes frei verfügbares Vermögen beträgt fünfzigtausend Euro. Sie entscheiden sich, fünfundsiebzig Prozent davon in den langfristigen Topf und fünfundzwanzig Prozent davon in den kurzfristigen Topf zu investieren. Somit stecken Sie 37.500 Euro in Ihren langfristigen Topf und den Rest in Topf zwei.

Wie könnte eine Aufteilung innerhalb des langfristigen Topfs aussehen? Nehmen wir an, Sie möchten die Gewinnchancen der Aktienmärkte nutzen und investieren daher sechzig Prozent Ihrer gesamten Summe für Topf eins in Aktien. Dies entspricht 22.500 Euro. Die übrigen vierzig Prozent, also 15.000 Euro, legen Sie in sicheren Anlageformen wie Festgeld oder Anleihen an. Die folgende Tabelle zeigt Ihnen einen Überblick über Ihre Anlagen in beiden Töpfen.

Schauen wir uns die Gewinnchancen für diese Aufteilung an. Bei einer Investition in weltweite Aktien ist eine langfristige Rendite von circa sieben Prozent pro Jahr durchaus möglich. In unserem Beispiel wären dies pro Jahr 1.575 Euro Gewinn ohne Berücksichtigung von Steuern sowie von An- und Verkaufsgebühren. Im sicheren Teil von Topf eins ist beim aktuellen Zinsniveau eine Rendite von etwa zwei Prozent pro Jahr vorstellbar. Dies wären 300 Euro Zinsgewinn vor Steuern. In Summe erwarten Sie also in Ihrem langfristigen Topf eine Zielrendite von 1.875 Euro pro Jahr, was einer Rendite von fünf Prozent bezogen auf die Anlagesumme in Topf eins entspricht. Sofern Sie eine höhere Zielrendite wünschen, können Sie entweder den Anteil der Investitionen in Aktien erhöhen oder Sie investieren nicht in weltweit breit gestreute Indices, sondern in attraktive Einzelaktien oder in Zertifikate. Damit steigt gleichzeitig allerdings auch Ihr Risiko, Verlust zu erleiden.

Gesamtvermögen 50.000 €

37.500 € (75%)	12.500 € (25%)
Topf 1: langfristige Anlagen	Topf 2: kurzfristige Anlagen
Aktien (60%)	Apple Aktie 3.125 €
ETF MSCI World 11.250 €	LVMH Aktie 3.125 €
ETF MSCI All Countries World 11.250 €	Walt Disney Aktie 3.125 €
	Bitcoin-Zertifikat 3.125 €
Festgeld/ Anleihen (40%)	
Festgeld 7.500 €	
Anleihe Allianz 7.500 €	

Tabelle: Beispiel Vermögensaufteilung

Angenommen, Sie erzielen tatsächlich die oben angegebenen Zielrenditen. Dann haben Sie in zehn Jahren aus Ihren 37.500 Euro eine Summe von 61.084 Euro gemacht. Toll, oder? Dabei haben wir unterstellt, dass Sie die jährlichen Gewinne wieder im gleichen Verhältnis von sechzig zu vierzig Prozent in Aktien und in sicheren Anlagen anlegen. Nicht berücksichtigt haben wir dabei die Inflation, die gegenläufig den Wert Ihres Vermögens verringert.

Betrachten wir nun einmal in unserem Beispiel das Risiko. Also wie groß sind mögliche Verluste in Ihrem langfristigen Topf, auch wenn Sie erst mal nur auf dem Papier stehen? Berechnen wir zunächst ein düsteres Szenario, das heißt den maximal vorstellbaren Verlust für den langfristigen Topf. In der Vergangenheit verloren weltweite Aktienindices wie der MSCI World immer wieder mal deutlich an Wert, egal ob beim Crash der New Economy im Jahr 2001, bei der Finanzkrise 2008 oder zu Beginn der Corona-Pandemie in 2020. Die Verluste bei diesen extremen Ereignissen betrugen etwa vierzig bis fünfzig Prozent, ausgehend von den vorherigen Höchstständen, immer abhängig davon, welchen Zeithorizont Sie genau betrachten. Wobei es nicht unbedingt wahrscheinlich ist, dass Sie genau dann einsteigen, wenn sich die Kurse gerade auf dem absoluten Höhepunkt befinden. Trotzdem gehen wir davon aus und nehmen für unsere Rechnung einen maximalen Verlust von fünfzig Prozent für die beiden ETFs auf den MSCI World bzw. den MSCI All Countries World an.

Auch bei Anleihen sind zwischenzeitliche Verluste durchaus möglich. Wir nehmen hier einen recht hohen maximalen Verlust von zehn Prozent an. Bei Festgeldern gibt es keine Kursrisiken, es besteht lediglich das Risiko, dass die Bank, der wir unser Olivenöl leihen, pleitegeht. Dieses Risiko lassen wir hier außer Acht, da es sehr unwahrscheinlich ist.

Nehmen wir nun an, Sie investieren in Ihren langfristigen Topf und kurz danach kommt es zum großen Crash bei Aktien und Anleihen. Dann verlieren Sie etwa die Hälfte Ihrer Aktienanlagen, das heißt etwa 11.250 Euro und etwa zehn Prozent Ihrer Allianz Anleihe, was etwa 750 Euro entspricht. In Summe verlieren Sie dann im langfristigen Topf maximal 12.000 Euro, also zweiunddreißig Prozent Ihres langfristigen Topfes. Überlegen Sie sich, ob Sie bereit sind dieses Risiko einzugehen. Wie gesagt, es heißt nicht, dass Sie die 12.000 Euro real verlieren. Sie verlieren das Geld erst, wenn Sie zu diesem Zeitpunkt alle Anlagen verkaufen. Gleichwohl benötigen Sie genug Durchhaltevermögen und Willensstärke, um solche Verluste auszusitzen. Das kann durchaus ein paar Jahre dauern. Zumal bei einem

Verlust von fünfzig Prozent eine Steigerung von hundert Prozent erforderlich ist, um wieder auf das Ausgangsniveau zurück zu kommen. Eine Steigerung der Aktienmärkte von hundert Prozent benötigt in jedem Fall eine gewisse Zeit, vor allem wenn Sie in große Gesamtmärkte wie den MSCI World investieren.

Anteil Aktien	Anteil Festgeld/ Anleihen	Zielrendite pro Jahr		Maximales Risiko		Wert in zehn Jahren
in %	in %	in %	in Euro	in %	in Euro	in Euro
60%	40%	5,0%	1.875	-32%	12.000	61.084
70%	30%	5,5%	2.063	-37%	13.688	64.055
90%	10%	6,5%	2.438	-46%	17.063	70.393
50%	50%	4,5%	1.688	-28%	10.313	58.236
30%	70%	3,5%	1.313	-19%	6.938	52.897

Tabelle: Unterschiedliche Szenarien für Topf eins

Die Tabelle zeigt Ihnen unterschiedliche Szenarien für Topf eins unter den bisherigen Annahmen im Überblick. In der ersten Zeile sehen Sie die Ergebnisse unserer bisherigen Analyse. Verändern Sie nun die Aufteilung zwischen Aktien und Festgeld/ Anleihen, so verändern sich die Werte. Möchten Sie Ihre Gewinnchance steigern und erhöhen den Aktienanteil beispielsweise auf neunzig Prozent, steigt der Wert Ihres Gesamtvermögens in Topf eins auf über siebzig tausend Euro nach zehn Jahren. Gleichzeitig vergrößert sich auch Ihr theoretisches Risiko. Sie können bei einem Aktienanteil von neunzig Prozent voraussichtlich bis zu 17.063 Euro auf dem Papier verlieren. Möchten Sie nur ein geringes Risiko eingehen und legen siebzig Prozent Ihres Vermögens in Topf eins in Festgeld oder Anleihen an, so können Sie maximal knapp siebentausend Euro im Depot verlieren. Auf der anderen Seite erzielen Sie nach zehn Jahren nur noch ein Gesamtvermögen von 52.897 Euro. Das sind über siebzehntausend Euro weniger als bei einem Aktienanteil von neunzig Prozent.

Bisher sind wir von recht konservativen Annahmen ausgegangen, sowohl was die möglichen Zielrenditen also auch die theoretischen Risiken angeht. Schauen wir nun auf ein etwas sportlicheres Szenario. Diesmal investieren wir im Aktienblock nicht nur in weltweite Aktienindices, sondern auch in aussichtsreiche Einzelaktien. Dadurch steigern wir die Zielrendite unseres Aktienanteils auf zehn Prozent pro Jahr.

Außerdem unterstellen wir, dass Sie im Festgeld-/ Anleihen-Block Zielrenditen von vier Prozent erzielen können, beispielsweise, weil Sie auch Fremdwährungsanleihen oder andere etwas risikoreichere Anleihen beziehungsweise Festgelder als im vorherigen Beispiel kaufen. Gleichzeitig passen wir die maximalen Risiken etwas nach unten an. Bislang sind wir von recht hohen Werten ausgegangen, um auf Nummer sicher zu gehen. Die folgende Tabelle zeigt die Ergebnisse bei diesen veränderten Annahmen. Wenn Sie diese mit der vorherigen Tabelle vergleichen, erkennen Sie, wie groß über den gesamten Zeitraum von zehn Jahren der Einfluss der Renditeannahmen ist.

Auf Basis dieser Überlegungen und Szenarien können Sie nun nachvollziehen, wie Sie Ihr Geld vermehren und für sich arbeiten lassen. Dabei gibt es kein richtig oder falsch. Sie selbst entscheiden, welche Chancen und Risiken Sie eingehen möchten.

Berücksichtigen Sie dabei auch, dass sich die Annahmen für Zielrenditen im Zeitverlauf verändern können. Nehmen wir als Beispiel den Anleihenmarkt. Bis etwa 2013 waren bei Anleihen Zielrenditen zwischen fünf und sieben Prozent durchaus möglich und realistisch. Aktuell sind die möglichen Renditen deutlich niedriger. Um trotzdem eine attraktive Gesamtrendite zu erzielen, bleibt Ihnen nichts anderes übrig, als verstärkt in risikoreichere Anlagen wie Aktien zu investieren. Allerdings können die Anleihenmärkte in fünf Jahren wieder ganz anders aussehen und vielleicht wieder hohe Renditen ermöglichen. In diesem Fall können Sie Ihren Aktienanteil reduzieren.

Annahmen sportliches Szenario
Summe Topf 1 in Euro: 37.500
Zielrendite Aktien: 10%
Zielrendite Festgeld/ Anleihen: 4%
Maximales Risiko Aktien: 40%
Maximales Risiko Festgeld/ Anleihen: 6%

Ergebnisse

Anteil Aktien	Anteil Festgeld/ Anleihen	Zielrendite pro Jahr		Maximales Risiko		Wert in zehn Jahren
in %	in %	in %	in Euro	in %	in Euro	in Euro
60%	40%	7,6%	2.850	-25%	9.450	78.011
70%	30%	8,2%	3.075	-29%	10.838	82.471
90%	10%	9,4%	3.525	-36%	13.613	92.088
50%	50%	7,0%	2.625	-22%	8.063	73.768
30%	70%	5,8%	2.175	-14%	5.288	65.900

Tabelle: Ergebnisse Topf eins mit sportlichen Annahmen

Setzen Sie bei Topf eins auf bewährte Anlageformen. Es gibt im Finanzbereich immer wieder Innovationen wie Zertifikate oder Kryptowährungen. Das ist schön und gut. Doch oft zeigen sich die Probleme neuer Produkte erst nach ein paar Jahren. Beispielsweise weil sich Annahmen und Voraussetzungen ändern, die die Erfinder zum Zeitpunkt der Einführung überhaupt nicht auf dem Zettel hatten. So gingen einige Handelsplattformen von Kryptowährungen pleite, weil Hacker ihre Systeme zerstörten. Im Extremfall erleiden Sie dann einen Totalverlust.

Setzen Sie daher bei Topf eins auf erprobte und bewährte Anlageformen wie zum Beispiel Anleihen oder ETFs. Für Experimente und neue Anlageformen nutzen Sie Topf zwei. Dazu gleich mehr.

Jetzt sind Sie an der Reihe. Nutzen Sie Ihre Wohlstandszeit, um sich zu überlegen, wie Sie Ihren Topf eins für langfristige Anlagen ausgestalten.

Wie sieht Ihr langfristiger Topf konkret aus? Legen Sie eine Verteilung fest und schätzen Sie Chancen und Risiken ab.

Anlage-produkt	Anlage-betrag in Euro	Anteil am Topf in %	Ge-winn-chance pro Jahr in %	Maxi-males Risiko in %	Maxi-males Risiko in Euro
…	…	…	…	…	…
Summe		100%			

Gewinne mitnehmen im kurzfristigen Topf

Schauen wir uns im nächsten Schritt den optionalen kurzfristigen Topf etwas genauer an. Alle Anlagen in diesem Topf managen wir aktiv, das heißt wir legen vorher fest, wann wir in eine Anlage einsteigen und wann wir wieder aussteigen. Im langfristigen Topf sitzen wir Verluste einfach aus. Im kurzfristigen Topf begrenzen wir dagegen aktiv unser Risiko, indem wir Anlagen verkaufen, sofern sie von uns festgelegte Untergrenzen unterschreiten. Der Vorteil an dieser Strategie ist, dass Sie niemals mehr Geld verlieren als Sie vorab festgelegt haben. Umgekehrt nehmen Sie Gewinne mit und steigern so Ihr Vermögen, das Sie dann wieder anlegen können.

Im kurzfristigen Topf probieren Sie Ihre selbst entwickelten Strategien nach Herzenslust aus. Die Empfehlung lautet daher, nur einen kleinen Teil Ihres Vermögens für solche Abenteuer zu verwenden und mögliche Verluste immer aktiv zu begrenzen. Wie das funktioniert betrachten wir gleich. Zuerst schauen wir auf mögliche Anlagestrategien für Ihren kurzfristigen Topf zwei. Sie finden hier einige Beispiele. Es gibt natürlich noch viele andere Möglichkeiten.

Wählen Sie Aktien aus, die sehr günstig bewertet sind. Suchen Sie Unternehmen, deren Gewinne, Umsätze und Cash-Flows sich in den letzten Jahren sehr gut entwickelt haben und die gleichzeitig ein vergleichsweise niedriges Kurs-Gewinn-Verhältnis aufweisen. Als Kaufsignal nutzen Sie den gleitenden Kursdurchschnitt der letzten zweihundert Tage. Wird diese Linie auf dem Chart der Kursentwicklung von unten durchbrochen, kaufen Sie die ausgewählte Aktie.

Alternativ können Sie in Unternehmen investieren, die zu klein sind um langfristig eigenständig zu überleben. Oft gibt es Unternehmen, die mehr oder weniger dasselbe anbieten. Solange die Nachfrage nach Produkten im Markt hoch ist, können diese Unternehmen alle gut überleben. Doch sobald die Nachfrage irgendwann zurück geht, ist die Wahrscheinlichkeit hoch, dass marktführende Unternehmen ihre Konkurrenten aufkaufen und so ihre Marktmacht vergrößern.

Diese Entwicklungen lassen sich zum Beispiel im Markt für Handys sehr gut beobachten. Ab Ende der neunziger Jahre des letzten Jahrhunderts kaufte sich mehr oder weniger die gesamte

Welt ein Handy. Entsprechend viele Hersteller produzierten die Geräte und verkauften sie an Konsumenten. Im Laufe der Jahre hatten alle Menschen in den westlichen Ländern ein Handy, manche Menschen sogar mehrere. Und so kauften einige Handy-Hersteller ihre Wettbewerber wie Motorola oder Nokia einfach auf. Manche Marken gibt es heute noch, es stecken allerdings andere Unternehmen als früher dahinter, manche Handymarken sind heute ganz von der Bildfläche verschwunden wie zum Beispiel Handys von Siemens.

Solche Entwicklungen sind immer wieder in verschiedenen Märkten zu beobachten. Oft steigen die Aktienkurse von Unternehmen, die demnächst übernommen werden. Betrachten Sie also ein entsprechendes Marktsegment für das Sie eine Konsolidierung erwarten. Darin wählen Sie am besten Unternehmen aus, die kleiner sind als die drei größten Wettbewerber. Denn bei diesen Unternehmen ist die Wahrscheinlichkeit, dass sie übernommen werden, besonders groß.

Die zwei Elemente Ihrer Strategie für Topf zwei

Egal, welche Anlagestrategie Sie sich überlegen, mit dem kurzfristigen Topf zielen Sie auf kurzfristige Gewinne. Diese können Sie entweder nutzen, um Ihren langfristigen Topf aufzustocken oder Sie können sich etwas Schönes leisten wie einen Urlaub oder ein ausgedehntes Wellness-Wochenende. Anders als beim langfristigen Topf handeln Sie beim kurzfristigen Topf aktiv, das heißt, Sie verfolgen eine bestimmte Strategie, wann Sie kaufen und wann Sie verkaufen. Wie diese Strategie aussieht, legen Sie selbst fest. Sie können auch unterschiedliche Strategien innerhalb des kurzfristigen Topfes anwenden.

Entscheidend sind dabei jedoch zwei wesentliche Elemente. Definieren Sie erstens einen maximalen Gewinn, den Sie mit einer Anlage erzielen möchten. Sobald Sie diesen erreicht haben, verkaufen Sie Ihre Anlage und nehmen die Gewinne mit.

Schauen Sie danach nicht mehr zurück und ärgern sich vielleicht darüber, dass die Kurse noch weiter gestiegen sind. Das
spielt keine Rolle mehr. Umgekehrt legen Sie zweitens auch einen maximalen Verlust fest, den Sie bereit sind zu akzeptieren.
Ist dieser Verlust erreicht, ziehen Sie die Reißleine und verkaufen Ihre Anlagen. Auch dann schauen Sie nicht mehr zurück
und grübeln vielleicht darüber, wieso die Aktie dummerweise
wieder ordentlich gestiegen ist, kurz nachdem Sie sie verkauft
haben. Mit dieser Strategie nehmen Sie im kurzfristigen Topf
einerseits Gewinne mit. Andererseits begrenzen Sie Ihre Verluste. Sie gehen nur diejenigen Risiken ein, die Sie selbst für sich
festlegen. So können Sie auch risikoreichere Anlagen kaufen,
ohne Ihr gesamtes Vermögen zu verlieren.

Wir verdeutlichen diese Strategie für Topf zwei an unserem
Beispiel. Sie haben fünfundzwanzig Prozent Ihres Anlagever-
mögens für den kurzfristigen Topf vorgesehen. Dies entspricht
12.500 Euro. Diesen Betrag teilen Sie in vier gut handhabbare
Portionen auf, also jeweils 3.125 Euro. Nun entscheiden Sie sich
für vier unterschiedliche Anlagen entsprechend Ihrer Anlagestrategie. Nehmen wir an, Sie entscheiden sich in drei Aktien
(Apple, LVMH und Walt Disney) und in eine Kryptowährung
(Bitcoin) zu investieren.

Nun legen Sie für jede der vier Investitionen den maximalen
Gewinn und den maximalen Verlust fest. Sie entscheiden sich
beispielsweise für die in der Tabelle dargestellten Werte. Für
Ihre Apple Aktie legen Sie in diesem Fall aufgrund der Kurshistorie der Aktie fest, dass Sie maximal fünfzehn Prozent Ihrer Anlagesumme bereit sind zu verlieren und maximal fünfundvierzig Prozent gewinnen möchten.

Vielleicht fragen Sie sich, wie Sie sinnvolle Unter- beziehungsweise Obergrenzen festlegen. Wichtigstes Kriterium ist Ihre persönliche Risikobereitschaft, das heißt wie viel Geld Sie bereit
sind, höchstens zu verlieren. Betrachten Sie außerdem die

Kurshistorie Ihrer Anlage, also wie stark eine Aktie oder andere Anlage nach oben oder nach unten schwankt. So kommen Sie zu realistischen Werten für Ihre Unter- beziehungsweise Obergrenze.

Anlage innerhalb von Topf zwei	Maximaler Verlust, bei dem Sie verkaufen	Maximaler Gewinn, bei dem Sie verkaufen
Apple Aktie	-15%	+45%
LVMH Aktie	-10%	+30%
Walt Disney Aktie	-8%	+30%
Bitcoin-Zertifikat	-15%	+50%

Tabelle: Maximale Verluste und Gewinne bei Topf zwei

Bezogen auf unser Beispiel reduzieren sich Ihre 12.500 Euro, wenn alle vier Investments die Untergrenze erreichen, auf elftausend Euro. Sie riskieren theoretisch also höchstens 1.500 Euro. Beachten Sie dabei, dass Sie diese Werte nicht auf den Euro genau erreichen werden. Wenn Sie mit sogenannten Limit-Werten bei Ihren Kauf- beziehungsweise Verkaufsordern arbeiten, werden Sie nie ganz exakt einen bestimmten Kurs erreichen. Außerdem lassen wir in unseren Beispielen der Einfachheit halber Ankaufs- und Verkaufsgebühren, sowie Kursunterschiede zwischen An- und Verkauf außen vor. Bei einem günstigen Broker fallen diese Gebühren nicht so sehr ins Gewicht. Auch eventuelle Steuern betrachten wir nicht.

Achten Sie darauf, dass Sie Ihre Untergrenze nicht zu niedrig setzen. Betrachten Sie die Kursentwicklung Ihrer Anlagen in den letzten zwei bis drei Jahren, lassen Sie dabei Extremereignisse wie zum Beispiel den Beginn der Corona-Pandemie zunächst außen vor. Sie bekommen dann ein Gefühl dafür, wie stark Ihre Anlage üblicherweise schwankt. Im nächsten Schritt betrachten Sie, wie sich Ihre Anlage bei Extremereignissen verhalten hat, zum Beispiel während der Finanzkrise oder zum Start von Corona. Auf die normalen Kursschwankungen schlagen Sie auf dieser Basis noch einen kleinen Risikopuffer drauf. Diesen Wert sollten Sie mindestens als Untergrenze ansetzen, denn sonst führen schon normale Kursveränderungen dazu, dass Sie Ihre Anlage verkaufen. Damit machen Sie zwar Ihre Bank reich, die an jedem Ankauf und an jedem Verkauf verdient, aber nicht sich selbst.

Wir betrachten nun im Weiteren Ihre Investitionen in die Aktie von Apple. Sie investieren 3.125 Euro zu einem angenommenen Kurs von 125 Euro je Aktie. Somit kaufen Sie fünfundzwanzig Apple-Aktien. Direkt nach dem Kauf der Aktie geben Sie eine Verkaufsorder mit einem Limit ein. Dieser Schritt ist enorm wichtig. In unserem Beispiel verkaufen Sie die Aktie, wenn ein Kurs von 106,25 Euro unterschritten wird, dies entspricht einem Verlust von fünfzehn Prozent, der unsere Untergrenze darstellt. So stellen Sie sicher, dass Sie nie mehr als fünfzehn Prozent Ihres eingesetzten Vermögens verlieren. Vorausgesetzt Sie haben frühzeitig Ihre Verkaufsorder aufgegeben. Viele Anleger verzichten darauf und wundern sich anschließend über ihre Verluste.

Einige Direktbanken bieten auch sogenannte Stop Loss-Order an, die sich automatisch anpassen (Trailing Stop Loss-Order). Sie können beispielsweise einen Prozentwert festlegen, der immer vom höchsten Kurs Ihrer Aktie angesetzt wird. Angenommen die Apple Aktie steigt unmittelbar nachdem Sie sie gekauft haben von 125 Euro auf 130 Euro, so erhöht sich Ihre Stopp Loss-Order automatisch von 106,25 Euro auf 110,50 Euro, also fünfzehn Prozent unter dem Höchstwert von 130 Euro. Dieser hervorragende Mechanismus sorgt dafür, dass Ihre maximale Verlustuntergrenze automatisch vom System angehoben wird. Eine dynamische Anpassung Ihrer Order durch Ihre Bank ist sehr sinnvoll. Beschäftigen Sie sich deshalb damit, welche Funktionen die Bank bei An- und Verkäufen ermöglicht.

Schauen wir nun auf den positiven Fall. Was passiert, wenn Ihre Apple-Aktie steigt? Wir haben in unserem Beispiel festgelegt, dass wir bei einem Gewinn von fünfundvierzig Prozent aussteigen und die Aktie verkaufen. Dies entspricht einem Kurs von 181,25 Euro.

Sobald Sie Ihre Verkaufsorder zur Absicherung eingegeben haben, lassen Sie die Börse für sich arbeiten. Sie brauchen nicht minütlich auf die Kursentwicklung zu schauen, denn Ihre Strategie ist festgelegt. Wenn es gut läuft, vermehren Sie Ihr Geld, wenn nicht ist Ihr Verlust begrenzt. Bleiben Sie bei den maximalen Verlusten unbedingt bei Ihrer Strategie. Es ist verlockend, nachdem Sie die Aktie gekauft haben, die Untergrenze weiter hinunter zu setzen, in der Hoffnung, dass der Kurs irgendwann doch noch wieder steigt. Meistens geht diese Hoffnung jedoch nicht auf und Sie verlieren mehr Geld als geplant. Etwas flexibler können Sie sich bei den maximalen Gewinnen zeigen. Wenn Sie den Eindruck haben, die Aktie ist schon sehr gut gelaufen, liegt aber noch unter Ihrem festgelegten maximalen Gewinn, können Sie schon vorab Gewinne realisieren und verkaufen.

Sollte Ihr Kursziel von 181,25 Euro überschritten werden, können Sie mit der richtigen Order-Einstellung Ihre Gewinne maximieren. Nehmen wir an, Ihre Apple Aktie hat sich gut entwickelt und steht bei 185,00 Euro. Nun geben Sie eine Trailing Stop Loss-Order mit einem Verkaufskurs von 181,25 Euro ein, also Ihrem ursprünglichen Verkaufsziel. Als Trailing-Abstand legen Sie zwei Prozent fest, das ist der Abstand zwischen dem aktuellen Kurs zu Ihrem ursprünglichen Verkaufsziel, also das Ergebnis von 185,00 Euro minus 181,25 Euro (= 3,75 Euro) geteilt durch 185,00 Euro, multipliziert mit einhundert.

Falls Ihre Apple-Aktie nun von 185,00 Euro auf 181,25 Euro fällt, verkaufen Sie über Ihre Order zum Kurs von 181,25 Euro, was genau Ihrem früher festgelegten Zielkurs entspricht. Steigt die Aktie von Apple dagegen weiter an, zum Beispiel von 185,00 Euro auf 190,30 Euro, hebt das System Ihrer Bank den Preis zu dem ein Verkauf erfolgt automatisch an. Nämlich immer um zwei Prozent ausgehend vom Höchstkurz der Apple-Aktie. In diesem Beispiel also auf 186,49 Euro (= 190,30 Euro multipliziert 0,98). Dies ist der neue Preis, zu dem verkauft wird, falls die Apple-Aktie später wieder fällt.

Im Ergebnis verkaufen Sie mit dieser Strategie Ihre Aktie mindestens zum Preis von 181,25 Euro oder eben auch zu einem höheren Kurs, wenn die Apple-Aktie weiter steigt.

Gewinnen Sie mit einer klaren Strategie

Viele unerfahrene Anleger kaufen Aktien oder andere Anlageprodukte nach Lust und Laune und ohne Strategie. Sie sehen im Fernsehen einen interessanten Beitrag über ein Unternehmen oder lesen einen spannenden Artikel und investieren einen geschossenen Betrag in die Aktie. Dann warten sie ab, was passiert. Ohne klar definierte Grenzen für Gewinnmitnahmen oder eine Verlustbegrenzung. Dies führt meist dazu, dass diese Anleger zu selten Gewinne realisieren und oft größere Verluste anhäufen. Mit der Zeit bleiben in ihrem Depot lauter Zombie-Investitionen übrig, also Aktien oder andere Anlagen, die stark gefallen sind. Die Verluste sind dann so groß, dass die Anleger sie gedanklich einfach abschreiben. Auf diese Weise kann man investieren. Es hat jedoch wenig mit einer sinnvollen Strategie zu tun. Außerdem verlieren Sie dann nach einiger Zeit sehr wahrscheinlich die Lust am Investieren.

Diese Erfahrung habe ich vor vielen Jahren Ende der neunziger Jahre des letzten Jahrhunderts übrigens selbst durchlebt. Ein Freund empfahl mir einen ganz besonders heißen und

geheimen Aktientipp. Nämlich eine Firma, die spezielle Video-
konferenzsysteme herstellte, mit denen Ärzte von weit weg andere Ärzte während einer Operation live im Operationssaal beraten konnten. Die Idee fand ich damals revolutionär und
investierte in die Aktie. Der Kurs verdoppelte sich innerhalb eines knappen Jahres. Ich überlege zu verkaufen, entschied mich
jedoch dagegen, in der Absicht weitere Gewinne mitzunehmen.
Dann ging es ganz schnell. Die Firma meldete Insolvenz an, die
Aktie war nur noch ein paar Cent wert. Jetzt übernahm ein Hersteller von Hundefutter aus Italien die Firmenhülle. Ich blieb
weiter dabei, immer in der Hoffnung, dass sich meine Aktie wieder erholt. Doch das tat sie nicht. Irgendwann war nämlich auch
der Futterhersteller pleite. Offenbar schmeckte den Tieren sein
Futter nicht. Meine Aktie wurde vom Markt genommen. Sie
steht bis heute in meinem Depot mit einem Wert von Null Euro
und einem Totalverlust. Meine Bank fragt regelmäßig an, ob sie
die Aktie kostenfrei ausbuchen darf. Bisher lehne ich jedoch immer ab. Ich sehe die Aktie als ewiges Mahnmal, dass ich anders
als damals immer mit Einstiegs- und Ausstiegskursen arbeite.

Sie fragen sich vielleicht, zu welchem Zeitpunkt Sie genau
Ihre ausgewählten Aktien oder Produkte in Topf zwei am besten
kaufen. Wie wir schon gesehen haben, entwickeln sich die Kurse
an der Börse überwiegend zufallsbedingt. Es lohnt sich also
nicht, zu viel Mühe auf das richtige Timing zu verwenden. Stecken Sie lieber etwas mehr Arbeit in die Auswahl Ihrer Finanzprodukte. Natürlich spricht nichts dagegen, wenn Sie sich für
das Timing bestimmte Regeln definieren. Beispielsweise indem
sie sich wie im Beispiel oben an gleitenden Durchschnitten orientieren. Alleine deshalb schon, weil auch andere Investoren
solche Signale für Käufe oder Verkäufe nutzen. Aber erwarten
Sie nicht zu große Zusatzgewinne durch ein passendes Timing.

Sie können sich beim Festlegen Ihre Zeitpunkte für Ankäufe
und Verkäufe auch zu Nutze machen, dass viele

Investmentfonds darauf abzielen, in bestimmten Zeiträumen eine gute Performance aufzuweisen. In einigen Studien wurde nachgewiesen, dass sich Aktien in vielen Jahren im Zeitraum zwischen Oktober eines Jahres und Juni des Folgejahres besonders gut entwickeln. Somit kaufen einige Investoren Anfang Oktober und verkaufen wieder Ende Juni. Doch wie immer existieren auch Ausnahmen zu dieser Regel. So trat der Rückgang durch die Corona-Pandemie beispielsweise im März und April 2020 auf, also mitten in einer Phase, in der Kurse in normalen Jahren eigentlich steigen.

Der Turbo für Topf zwei

In unseren Beispielen haben wir überwiegend Aktien von großen und bekannten Unternehmen verwendet. Das muss nicht so sein. Sie können sich auch gezielt auf kleinere Nebenwerte spezialisieren. Oft sind hier die Gewinnchancen höher, allerdings auch die Risiken. Je größer ein Unternehmen ist, in das Sie investieren, umso geringer sind im Normalfall die Kursschwankungen. Alleine schon deswegen, weil sehr viele Anleger kaufen oder verkaufen müssen, damit sich der Kurs nennenswert bewegt. Bei kleineren Firmen, die nicht in großen Indices vertreten sind, genügen deutlich weniger Käufer oder Verkäufer, um größere Kursveränderungen auszulösen.

Wählen Sie für Ihren kurzfristigen Topf Aktien oder andere Anlageprodukte, die möglichst endlos laufen. Bei Optionsscheinen oder Zertifikaten gibt es oft ein festgelegtes Enddatum, zu dem die Papiere auslaufen, wie bereits erläutert. Damit gehen Sie eine weitere Wette ein, nämlich, dass sich Ihre Anlage innerhalb einer bestimmten Zeit entsprechend entwickelt. Mit endlos laufenden Produkten kann es Ihnen egal sein, ob Sie Ihren Gewinn innerhalb von zwei Wochen oder innerhalb von sieben Monaten erzielen. Die Zeit, die Ihr Investment in Topf zwei läuft, kann kurz oder lang sein. Entsprechend wählten wir in unserem Beispiel ein Bitcoin-Zertifikat, das endlos läuft.

Überhaupt empfiehlt es sich nicht, in sehr risikoreiche Anlagen zu investieren. Die Gewinnchancen sind ähnlich wie im Casino. Mein Onkel Bernhard machte diese Erfahrung am eigenen Leib am elften September 2001, dem Tag des Anschlags auf das World Trade Center in New York. Der Dow-Jones-Index, der große US-Unternehmen beinhaltet, sackte in kurzer Zeit deutlich ab, als das erste Flugzeug im ersten Turm einschlug. Mein Onkel glaubte, dass nun eine gute Gelegenheit zum Einstieg sei. Er orderte telefonisch einen Optionsschein auf steigende Kurse, obwohl ihm sein Bankberater eindringlich empfahl, dies nicht zu tun. Mein Onkel bestätigte seine Order. Dann schlug das zweite Flugzeug in den zweiten Turm ein. „So schnell hab ich noch nie fünfzehn tausend Mark vernichtet", sagt Bernhard heute.

Blicken Sie in den Rückspiegel, welche Anlagen gut funktionierten

Bei allen Geldanlagen, die Sie tätigen, ist eine Erfolgskontrolle sehr wichtig. So lernen Sie, was gut funktioniert und was nicht. Die Zeiten ändern sich für Anleger immer wieder. Noch vor einigen Jahren waren beispielsweise Genussscheine eine tolle Anlageform, derzeit lohnt sich eine Investition in Genussscheine so gut wie überhaupt nicht. Dafür kommen neue spannende Möglichkeiten auf dem Markt. Beispielsweise Kryptowährungen.

Zur Umsetzung Ihrer Erfolgskontrolle legen Sie sich am besten eine Tabelle an, in die Sie alle Ihre Investitionen eintragen, sobald Sie diese wieder verkauft haben. Notieren Sie, wie lange Sie beispielsweise eine Aktie gehalten haben, wie viel Gewinn oder wie viel Verlust Sie damit erzielt haben. Außerdem schreiben Sie in die Tabelle Ihre mögliche Erklärung für die Wertentwicklung Ihrer Investition. Ein Beispiel zeigt die folgende Tabelle.

Diese schonungslose Übersicht hilft Ihnen sehr dabei, für künftige Investitionen zu lernen. Menschen neigen grundsätzlich dazu, ihre Verluste schnell zu vergessen und die Gewinne dafür umso schöner zu erinnern. Ich merke es bei mir selbst. Vor über zwanzig Jahren verdiente ich viel Geld mit Aktien von Mannesmann, bevor die Firma von Vodafone übernommen wurde. Davon kaufte ich mir als Student ein neues Auto. Diese Geschichte erinnere ich nach wie vor und weiß noch genau, wie es sich anfühlte, das erste Mal viel Geld zu haben, für das ich nicht gearbeitet habe. Auf der anderen Seite habe ich in all den Jahren mit meinen Anlagen auch immer mal wieder Geld verloren. Hauptsächlich, weil ich keine Ausstiegsstrategie definiert und umgesetzt hatte. Ohne meine Übersicht mit allen Investitionen hätte ich diese Fehlschläge längst verdrängt und vergessen.

Anlage	gekauft am	verkauft am	Gewinn/ Verlust	mögliche Gründe
Apple-Aktien	15.11.21	18.01.22	+1.100 €	gute Umsätze in 2021 nach Corona
Bitcoin-Zertifikat	30.06.22	23.12.22	-300 €	alle Kryptos unter Druck
Short ETF Euro Stoxx	03.01.22	04.05.22	+2.400 €	erneute Lockdowns in China
…	…	…	…	…

Tabelle: Tabelle zur Erfolgskontrolle Ihrer Anlagen

Sobald Sie eine gewisse Anzahl an Investitionen umgesetzt haben, blicken Sie regelmäßig in Ihre Erfolgstabelle. Überlegen Sie genau, ob es weitere Gründe für die Wertentwicklung gibt, die Sie bislang noch nicht erfasst haben. Prüfen Sie, welche Ursachen für Wertentwicklungen von Profis, zum Beispiel von Journalisten, genannt werden. Bilden Sie sich eine Meinung, ob Sie diese Meinung übernehmen würden. So lernen Sie im Laufe der Zeit dazu und verbessern Ihre Entscheidungen für Investitionen immer weiter.

Soweit unsere Ausführungen zu Topf zwei. Sie sehen, kurzfristige Anlagen können erfolgreich sein, wenn Sie eine klar definierte Strategie verfolgen. Für die Umsetzung dieser Strategie benötigen Sie Zeit im Rahmen Ihrer Wohlstandszeit. Rechnen Sie mit etwa zwanzig Minuten alle zwei Wochen, wenn Sie eine einfache Strategie mit rund fünf Anlageprodukten wie in unserem Beispiel beschrieben umsetzen. Sofern Ihnen diese Zeit zu viel erscheint, oder falls Sie keine Lust haben, sich detaillierter mit Geldanlagen zu beschäftigen, setzen Sie einfach nur auf ein Anlagemodell im Rahmen von Topf eins. So bleiben Sie gut gelaunt auch bei Ihren Anlagen zur Geldvermehrung.

Gut gelaunt zum Wohlstand – Ihre Schlüssel zum Erfolg

- Prüfen Sie sorgfältig, wem Sie Ihr Geld anvertrauen.

- Verfolgen Sie bei Ihren Geldanlagen eine vorab klar festgelegte Strategie. Setzen Sie diese kompromisslos um, auch wenn Sie manchmal mit Verlust verkaufen.

- Nutzen Sie die Gewinnchancen am Aktienmarkt. Begrenzen Sie mögliche Verluste, wenn Sie in risikoreiche Anlagen investieren.

TEIL III: IHR LEBEN IM WOHLSTAND

Genießen Sie Ihren Gewölbekeller

Ihr Schlüsselbund ist komplett. Sie kennen jetzt alle wichtigen Schlüssel und Bausteine für Ihren Wohlstand. Nach einer Einführung in Teil eins blickten wir in Teil zwei dieses Buchs auf wichtige Grundsätze, die beim Thema Geld wichtig sind, um Wohlstand mit Spaß zu erreichen. Danach schauten wir uns an, wie Sie möglichst viel Olivenöl für sich sammeln. Entweder indem Sie Ihre Ausgaben senken oder indem Sie Ihre Einnahmen steigern. Im letzten Abschnitt betrachteten wir, wie Sie Ihr Geld anlegen und vermehren.

Wir steigen nun noch einmal zusammen hinab in Ihren Gewölbekeller. Sie blicken regelmäßig in Ihre Behälter mit Olivenöl, egal ob in Ihrer Wohlstandszeit oder zwischendurch. Sie erzielen einen positiven Saldo, das heißt Sie bekommen mehr Olivenöl rein, als Sie ausgeben. Ihre eiserne Reserve Olivenöl haben Sie ganz hinten im Gewölbekeller sicher verstaut. Einen Großteil Ihres Überschusses an Olivenöl legen Sie an. Das heißt, Sie geben Ihr Olivenöl weg und bekommen es später wieder. Je nach Anlageform bekommen Sie genau die Menge, die Sie weggegeben haben plus eine kleine Verzinsung zurück. Oder Sie entscheiden sich für risikoreichere Anlagen wie Aktien-ETFs oder sogar einzelne Aktien. Dann erleiden Sie auch mal einen kleinen begrenzten Verlust, aber Sie gewinnen auch häufig Olivenöl dazu. Mit zunehmender Erfahrung bekommen Sie immer wieder deutlich mehr Olivenöl zurück als Sie weggegeben haben.

So bauen Sie Ihren Wohlstand immer weiter auf. Ihr Lieferant für neue Behälter freut sich, weil Sie bei ihm immer wieder neue Behälter kaufen, in denen Sie Ihr Olivenöl aufbewahren. Wenn es sehr gut für Sie läuft, können Sie irgendwann auf Ihr Einkommen aus Arbeit verzichten. Dann leben Sie ausschließlich von Ihren Erträgen aus Aktien, Anleihen, Immobilien und anderen Anlageformen. Und wenn es extrem gut für Sie läuft, wissen Sie irgendwann nicht mehr, wohin mit Ihrem vielen Olivenöl. Spätestens dann ist es an der Zeit, zu überlegen, wie Sie anderen zu einem besseren Leben verhelfen können.

Die Bandbreite der Themen, die für Ihren Wohlstand wichtig sind, ist relativ groß. Vielleicht dachten Sie beim Lesen dieses Buchs, wie Sie nur so viele Wissensgebiete beherrschen können, von Immobilienkäufen, über das richtige Auftreten bis hin zum Handeln von Finanzprodukten zur Geldanlage. In der Tat ist die Vielfalt an Themen groß. Zum Glück ist es nicht erforderlich, dass Sie alles gleichzeitig wissen. Eine Immobilie kaufen Sie meist erst, wenn Sie ein paar Jahre gearbeitet haben. Für die ersten Geldanlagen benötigen Sie mindestens rund zehntausend Euro auf der hohen Kante. Daher genügt es, wenn Sie sich ein neues Thema immer erst dann anschauen, wenn es soweit ist.

Außerdem ist es nicht erforderlich, dass Sie jedes Thema komplett verstehen. Starten Sie mit den wichtigen Basics. Ausgehend von den Grundlagen steigen Sie tiefer in diejenigen Aspekte ein, die Sie für besonders wichtig halten. Und dann legen Sie los. Wie ein Tischler oder Schreiner, der das erste Mal in seinem Leben ein Bett baut. Mit Sicherheit wird dieses erste Bett seinen Zweck erfüllen. Beim zweiten und dritten Bett kommen dann nach und nach Luxusfeatures wie die indirekte LED-Beleuchtung oder die kunstvoll gedrechselten Bettpfosten hinzu.

Jetzt oder nie

Vielleicht sind Sie noch nicht ganz überzeugt und denken sich, wieso unnötige Risiken eingehen? Ich lasse einfach alles weiterlaufen wie bisher. Wenn Sie Ihren Wohlstand aufbauen, liegen die größten Herausforderungen in der Geldanlage und in der Steigerung Ihres Einkommens. Ihre Ausgaben zu senken ist deutlich einfacher. Im schlimmsten Falle haben Sie einen Vertrag gekündigt, den Sie dann einfach wieder abschließen. Deshalb beginnt unser Buch auch damit, wie Sie Ihre Kosten reduzieren. Hier haben Sie alle Stellhebel selbst in der Hand. Anders sieht es bei der Geldanlage aus. Denn dort geben Sie Ihr wertvolles Olivenöl in fremde Hände. Es ist nicht immer leicht, zu durchschauen, wem Sie vertrauen können. Denn jeder möchte etwas von Ihrem Olivenöl abhaben. Auch bei Ihrem laufenden Einkommen sind Sie von anderen abhängig, die Sie überzeugen müssen, Ihnen mehr Gehalt oder umfangreichere Aufgaben zu geben.

Ein hohes Einkommen ist unter allen Bausteinen zum Aufbau Ihres Wohlstands besonders wichtig. Stellen Sie sich vor, Sie steigern Ihr Gehalt um eintausend Euro brutto pro Monat. Wir unterstellen vereinfachend Steuern und Abgaben in Höhe von vierzig Prozent, so dass Ihnen von Ihrem zusätzlichen Gehalt monatlich sechshundert Euro netto übrigbleiben. Bei einer Verzinsung von vier Prozent pro Jahr ergibt sich in zehn Jahren in Summe ein Vermögen von über sechsundachtzigtausend Euro, wenn Sie Ihr zusätzliches Einkommen vollständig anlegen und vermehren. Dies ist ein enormer Betrag, den Sie mit Einsparungen nicht so leicht erzielen werden. Außer Sie schränken Ihren Lebensstil extrem ein, so dass es wahrscheinlich keinen Spaß mehr macht. Denken Sie nun etwas größer und stellen sich vor, dass Sie Ihr Einkommen nicht nur um eintausend Euro pro

Monat steigern, sondern um viertausend Euro. Mit dieser Gehaltssteigerung erreichen Sie in zehn Jahren bei Zinsen in Höhe von vier Prozent ein Vermögen von über dreihundertzwanzig tausend Euro. An diesen Beispielen erkennen Sie, wie groß der Einfluss Ihres Einkommens auf Ihren Wohlstand ist.

Wenn Sie Wohlstand aufbauen möchten, kommen Sie nicht umhin, bei der Geldanlage Dinge zu tun, die Risiken bergen. Davor haben manche Menschen Respekt. Oft zurecht. Mit Investitionen an der Börse haben einige Anleger schon viel Geld verloren. Und natürlich erinnern Menschen ganz besonders die seltenen aber spektakulären Fälle mit großen Verlusten wie Wirecard. Generell halten sich manche Menschen bei Geldangelegenheiten lieber etwas zurück. Es könnte ja etwas passieren, wenn man sich beim Kauf eines ETFs vertippt. Und plötzlich viel zu viele Anteile kauft, die man gar nicht haben möchte. Ja, selbstverständlich kann es vorkommen, dass Sie Fehler machen. Gleichzeitig sichert Sie ein Vorgehen wie in diesem Buch beschrieben bestmöglich ab.

Nutzen Sie Ihre Wohlstandszeit, um sich vorab ausführlich zu informieren. Probieren Sie neue Dinge zunächst aus. Wenn Sie das erste Mal an der Börse handeln, kaufen Sie einen ETF oder eine Aktie für vierhundert Euro oder einen anderen geringen Betrag. Testen Sie dann, wie alles funktioniert, von der Auswahl Ihrer Anlage, über den Kauf, bis später zum Verkauf. So lernen Sie Stück für Stück, wie Geldanlagen gelingen. Beginnen Sie mit der Anlage in relativ sicheren Anlagen. Erst dann wagen Sie sich an Einzelaktien. Investieren Sie am Anfang mit einer geringeren Aktienquote. Setzen Sie eher auf Sicherheit, zum Beispiel mit Festgeldanlagen. Sobald Sie sich sicher fühlen, steigern Sie den risikoreicheren Teil.

Vielleicht ergeben sich im Verlauf Ihrer persönlichen Reise Fragen oder Risiken, die Sie nicht sofort einschätzen können. Auch hierfür ist Ihre Wohlstandszeit gedacht. Formulieren Sie mögliche Risiken konkret, vor denen Sie vielleicht Angst haben. Anschließend beschäftigen Sie sich ausführlich damit. Prüfen Sie, wie groß das Risiko wirklich ist. Überlegen Sie, mit welchen Maßnahmen Sie das Risiko reduzieren können. Ein Beispiel: Wenn Sie Einzelaktien kaufen, können diese natürlich schnell an Wert verlieren. Es besteht das Risiko, dass Sie Verluste erleiden. Indem Sie unmittelbar nach dem Kauf einer Aktie direkt eine Verkaufsorder eingeben, die die Aktie verkauft, sobald ein gewisser Kurs unterschritten wird, legen Sie automatisch Ihren maximal möglichen Verlust fest. So begrenzen Sie mit geeigneten Maßnahmen die finanziellen Risiken für sich selbst.

Beim Aufbau Ihres Wohlstands ergeht es Ihnen sehr wahrscheinlich ähnlich, wie bei einer neuen Sportart, die Sie lernen. Denken Sie zurück, als Sie Fahrradfahren lernten. Zuerst fuhren Sie auf geraden und ebenen Straßen, meist in der Nähe von Mama oder Papa. Danach wagten Sie sich auf Sandwege oder ins Gelände. Ein paar Mal wären Sie fast runtergefallen, konnten sich aber gerade noch auffangen. Ein paar Mal sind Sie tatsächlich umgefallen und erlitten ein paar Schrammen, die nach zwei Wochen wieder verheilt waren. Heute blicken Sie wahrscheinlich mit Freude zurück, wenn Sie an Ihre ersten Fahrversuche auf dem Fahrrad zurückdenken. Ähnlich wird es Ihnen gehen, wenn Sie Ihren Wohlstand aufbauen und mehr und mehr Olivenöl ansammeln.

Reiche Menschen haben genau dies verinnerlicht. Sie trainieren ständig ihre Fähigkeiten, entweder wenn es darum geht Kosten zu sparen, mehr Geld zu verdienen oder verdientes Geld erfolgreich anzulegen. Von daher, legen Sie los und starten Sie Ihre persönliche spannende und erlebnisreiche Reise zum Wohlstand direkt heute.

Wohlstand ausgeben

Wir biegen jetzt auf unserer Wohlstandsreise in die Zielgerade ein. In den letzten Abschnitten haben Sie erfahren, wie Sie Wohlstand aufbauen. Wenn Sie Ihren Gewölbekeller gut gefüllt haben, stellt sich die Frage, was Sie mit Ihrem Wohlstand anfangen.

Zu Beginn unserer Reise überlegten Sie sich eine Vision für Ihren persönlichen Wohlstand. Blättern Sie nun einmal zurück und blicken Sie auf Ihre Gedanken. Vielleicht möchten Sie Ihre Ziele noch etwas anpassen. Nehmen Sie dann ein Blatt Papier und malen Sie sich einen Zeitstrahl auf, ausgehend von heute bis zu Ihrem wahrscheinlichen Lebensende. Natürlich wissen Sie nicht genau, wie lange Sie noch leben, allerdings können Sie davon ausgehen, dass Sie spätestens mit Mitte neunzig Jahren keine größeren Bergwanderungen mehr unternehmen werden. Mindestens bis Mitte achtzig können Sie jedoch ein aktives Leben führen. Und wer weiß, vielleicht findet irgendwer in fünf Jahren den Schlüssel, wie wir unser Leben zehn Jahre verlängern. Tragen Sie im nächsten Schritt auf Ihrem Zeitstrahl wichtige Zwischenziele zur Verwirklichung Ihrer Vision ein, also was Sie wann erreichen möchten. Und überlegen Sie nun ausgehend von Ihren Zielen, wie Sie Ihre Vision konkret umsetzen.

Behalten Sie dabei im Hinterkopf, dass mehr Besitz nicht automatisch für ein glücklicheres Leben sorgt. Sie schlafen nicht doppelt so gut, weil Ihre Matratze doppelt so teuer war. Sie leben nicht zehn Jahre länger, wenn Sie nur das feinste Essen genießen. Sie stehen genauso im Stau in der Autobahn, ob Sie in einem Auto für zwanzigtausend oder für zweihunderttausend Euro sitzen. Auch wenn Sie in Ihrer Traumvilla im Nobelstadtteil wohnen, kann es Ihnen passieren, dass Ihr neuer Nachbar ein paar Häuser weiter dreimal die Woche bis tief in die Nacht ausschweifende laute Partys feiert.

Auf der anderen Seite ermöglicht Ihnen Geld mehr Freiheit. Wenn Sie feststellen, dass Ihr Job Ihnen nicht mehr so viel Spaß macht, suchen Sie sich etwas Neues. Selbst wenn es zwei Jahre dauert. Pflegen Sie Hobbys, die Ihnen Spaß machen und Lebensqualität bringen. Umgeben Sie sich mit Menschen, die Sie gerne mögen. Verbringen Sie Zeit mit Ihrer Familie und mit Freunden. Treiben Sie eine Sportart, die Sie gerne mögen, egal ob in einer Mannschaft oder allein.

Einige Menschen streben danach, genug Wohlstand zu erreichen, um nicht mehr arbeiten zu müssen. Sie leben extrem sparsam, maximieren ihr Einkommen und hoffen irgendwann ausschließlich von den Zinsen ihres Vermögens leben zu können. Wer möchte, kann solch ein Lebensziel selbstverständlich verfolgen. Auf der anderen Seite bietet Arbeit oft auch eine schöne Erfüllung im Leben. Es macht Spaß, sich im Job selbst zu verwirklichen oder ein Unternehmen aufzubauen und Kunden zu begeistern. Von daher überlegen Sie sich gut, ob Sie ein Leben ohne Arbeit anstreben. Nehmen Sie Ihr Leben in die Hand und leben Sie es. Ein Leben im Dauerurlaub bis zum Lebensende macht auch irgendwann keinen Spaß mehr.

Sobald Sie einen ausreichenden Olivenölvorrat aufgebaut haben, geben Sie etwas an andere weiter, denen es nicht so gut geht. Helfen Sie Kindern aus schwierigen Familien. Kümmern Sie sich um einsame Menschen. Begeistern Sie andere mit Ihren Talenten. Es gibt viele Möglichkeiten, ein sinnvolles und wertvolles Leben zu führen.

Selbstverständlich ist es in Ordnung, sich etwas zu gönnen, wenn Ihr Gewölbekeller voll genug ist. Ich persönlich verwende ausschließlich Gewinne aus dem zweiten Topf für solche Luxuskäufe. Egal, ob hochwertige mechanische Uhren aus der Schweiz oder schöne Urlaube. Geld und Wohlstand alleine machen nicht glücklich, aber Sie helfen enorm dabei, ein selbstbestimmtes und unabhängiges Leben zu führen.

Wie wir am Anfang gesehen haben, gibt es nicht den einen Tag, an dem Sie das Ziel Wohlstand erreicht haben. Manche Menschen träumen davon, Millionär zu sein. Doch eine Million ist auch nur eine Zahl. Angenommen Sie besitzen ein Vermögen von 990.000 Euro. Nun erreichen Sie die eine Million. Ändert sich dadurch etwas? Nein. Es spielt keine Rolle, ob Sie ein paar Euro mehr oder weniger in Ihrem Gewölbekeller haben.

Hinzu kommt, dass aller Besitz vergänglich ist. Stellen Sie sich vor, dass Ihr Leben zu Ende geht. Das kann ganz plötzlich passieren durch einen Unfall. Oder Sie bekommen eine unheilbare Krankheit. Mit viel Glück endet Ihr Leben einfach durch Altersschwäche. Nichts von dem, was Sie in Ihrem Gewölbekeller angesammelt haben, nehmen Sie dann mit auf Ihre letzte Reise. Aller Besitz ist vergänglich, genauso wie Ihre Gesundheit. Vor diesem Hintergrund lohnt es sich, Ihren Gewölbekeller zu füllen. Allerdings nur soweit, wie Sie sich für Ihr Leben wünschen. Immer nur mehr Geld anzuhäufen, nur um des Geldes willen, ergibt wenig Sinn.

Und nun liegt es an Ihnen. Starten Sie Ihre eigene Reise zum Wohlstand. Mit guter Laune und immer mit viel Spaß. Dabei wünsche ich Ihnen viel Erfolg. Legen Sie los und nutzen Sie Ihre Wohlstandszeit um Stück für Stück Ihren Wohlstand aufzubauen.

Weitere spannende Empfehlungen für Bücher finden Sie im letzten Teil dieses Buches. Ein Bankanalyst würde vielleicht feststellen, dass viele gute Bücher von Autoren stammen, deren Nachname mit dem Buchstaben G beginnt. Entsprechend würde er Aktien von Verlagen empfehlen, die viele Autoren mit G betreuen. In Wahrheit ist der Anfangsbuchstabe der Autoren rein zufällig. Der Anlagevorschlag macht also wenig Sinn. Wenn Sie diesen Gedankengang nachvollziehen können, dann können Sie sich beglückwünschen. Sie haben in diesem Buch etwas dazugelernt.

Auch ich lerne schon mein ganzes Leben lang mit Lust und Freude. Daher freue ich mich über Ihre Meinungen, Gedanken oder Verbesserungsvorschläge. Schreiben Sie mir unter augustusquandt@web.de. Sie erhalten innerhalb von sechsunddreißig Stunden eine Antwort.

Ergänzende Hinweise

Dieses Buch ersetzt keine fundierte Beratung im Einzelfall. Es stellt keine Anlageempfehlungen bereit und übernimmt nicht die Verantwortung des Anlegers. Bevor Sie sich für bestimmte Geldanlagen entscheiden, lesen Sie die vom jeweiligen Anbieter bereitgestellten Informationen und treffen dann auf Basis einer sorgfältigen Abwägung Ihre persönliche Entscheidung für oder gegen den Kauf.

Alle Informationen in diesem Buch wurden sorgfältig geprüft. Der Autor leistet jedoch keine Rechts-, Finanz- oder sonstige fachliche Beratung. Maßgeblich sind ausschließlich die jeweils gültigen rechtlichen Vorgaben. Dieser Text enthält Daten aus der Vergangenheit. Daraus lassen sich keine Rückschlüsse auf zukünftige Entwicklungen ziehen.

Das Buch enthält die persönlichen Ansichten des Autors. Die Inhalte sind nicht als Empfehlungen im Sinne des Wertpapierhandelsgesetzes zu verstehen. Für Schäden und Verluste, die aus der Anwendung der Inhalte dieses Buches resultieren übernehmen weder der Verlag noch der Autor die Verantwortung oder Haftung.

SPANNENDE BÜCHER ZUR VERTIEFUNG

Die meisten Strategien und Vorgehensweisen in diesem Buch haben ihren Ursprung in den Überlegungen vieler großartiger Autorinnen und Autoren. Eine Auswahl sehr lesenswerter Bücher, die verschiedene Themen aus diesem Buch vertiefen, finden Sie hier.

Jonah Berger, Invisible Influence: The Hidden Forces That Shape Behavior, Riverside 2016.

Spannender Überblick, welche Faktoren menschliches Verhalten beeinflussen

Karen Berman und Joe Knight, Financial Intelligence, Revised Edition, Boston 2013.

Eine einfach verständliche Einführung, um Jahresabschlüsse von Unternehmen zu verstehen

Robert B. Cialdini, Die Psychologie des Überzeugens, Bern 2017.

Liefert die Antwort auf die Frage, wie Sie andere Menschen überzeugen

Rolf Dobelli, Die Kunst des klaren Denkens, München 2021.

Praktische Tipps für ein erfülltes Leben

Charles Duhigg, Die Macht der Gewohnheit, München 2020.

Faszinierende Darstellung, warum wir bestimmte Dinge tun

Scott Galloway: The Four: Die geheime DNA von Amazon, Apple, Facebook und Google, Kulmbach 2020.

Wieso sind die großen Techfirmen in sehr vielen Ländern so erfolgreich? Antworten finden Sie in diesem Buch

J. Paul Getty, How to be rich, New York 1966.

Dieses Buch erklärt, worauf es bei der Geldanlage ankommt

Marshall Goldsmith, Was Sie hierhergebracht hat, wird Sie nicht weiterbringen, München 2022.

Gute Tipps zur persönlichen Weiterentwicklung

Daniel Goleman, Emotionale Intelligenz, München 2015.

Erläutert wichtige Eigenschaften unserer Persönlichkeit

Yuval Noaḥ Harari, Eine kurze Geschichte der Menschheit, München 2015.

Beschreibt unter anderem eindrucklich die Erfindung von Geld

Tim Harford, Adapt: Why Success Always Starts with Failure, London 2012.

Ausprobieren und immer weiter verbessern – diese Strategie eignet sich für viele Bereiche im Leben

Peter Kralicek, Bilanzen lesen - Eine Einführung: Keine Angst vor Kennzahlen, München 2009.

Ein weiteres Buch zum Verständnis der Zahlen von Unternehmen

Felix Martin, Geld, die wahre Geschichte: Über den blinden Fleck des Kapitalismus, München 2014.

Gibt Einblicke in unser Geld- und Finanzsystem

Tal Ben-Shahar, Glücklicher, München 2007.

Sehr gute Darstellung, worauf es ankommt, um glücklich zu sein

Kay-Sölve Richter und Christoph Münzner, Viel mehr als nur Körpersprache – executive presence, Offenbach 2020.

Verbessern Sie Ihr Auftreten und Ihre Wirkung gegenüber anderen Menschen